김일환 회고록

월 강 月 剛 김일환 金一煥

일러두기

▪ 이 책은 김일환 장관이 1914년부터 1965년까지 자신의 삶을 회고하며 쓴 육필 원고를 토대로, 윤대엽 박사가 원문의 내용 및 문체를 가급적 살리고 중복되는 내용을 적절히 솎아 정리한 것이다. ▪ 각 장이 시작되는 면은 김일환 장관이 생전에 자서전을 준비하면서 작성한 목차 원고를 활용하여 꾸몄다. ▪ 이 책에 실린 사진의 저작권은 김일환 장관의 유가족에게 있으며, 그렇지 않은 경우 해당 사진 설명글에 따로 저작권자나 출처를 표기했다. ▪ 본문에 인용한 성경 구절은 개역한글판을, 찬송가는 통일찬송가를 기본으로 하였다.

김일환 회고록

대한민국
국가건설기의
역할을 중심으로

홍성사.

남기신 자취를 되새기며

–탄생 100주년 되는 해에

선친께서는 나라를 빼앗긴 설움 속에
30년 가까운 세월을
남의 나라(만주)에서 성장하셨습니다.

해방이라는 감격 속에
대한민국 국군 창군과 제1공화국 정부 행정에
'죽도록 충성'하는 기쁜 사명이
믿음이 되고 소망이 되셨습니다.

이 길이 대한민국 국민을 위한
봉사의 길이며 사랑의 사역임을
믿고 실천하셨습니다.

선친께서 한평생 의지하신 성경 말씀입니다.
"네가 죽도록 충성하라.
그리하면 내가 생명의 면류관을 네게 주리라"
(요한계시록 2장 10절).

선친에게

100년 전 생명을 주시고

13년 전 영생을 주신 하나님께

의영, 의광, 의득, 의순, 의정, 의성과 함께

감사하며 기도합니다.

기리는 글을 주신 이상훈 장관님, 이재철 목사님

해제를 주신 김세중 교수님

육필원고를 정리해 주신 윤대엽 박사님

출판해 주신 홍성사

모두 깊은 감사를 드립니다.

2014년 여름

김의창

(김일환 장로의 장남)

회고록을 시작하며(육필원고)

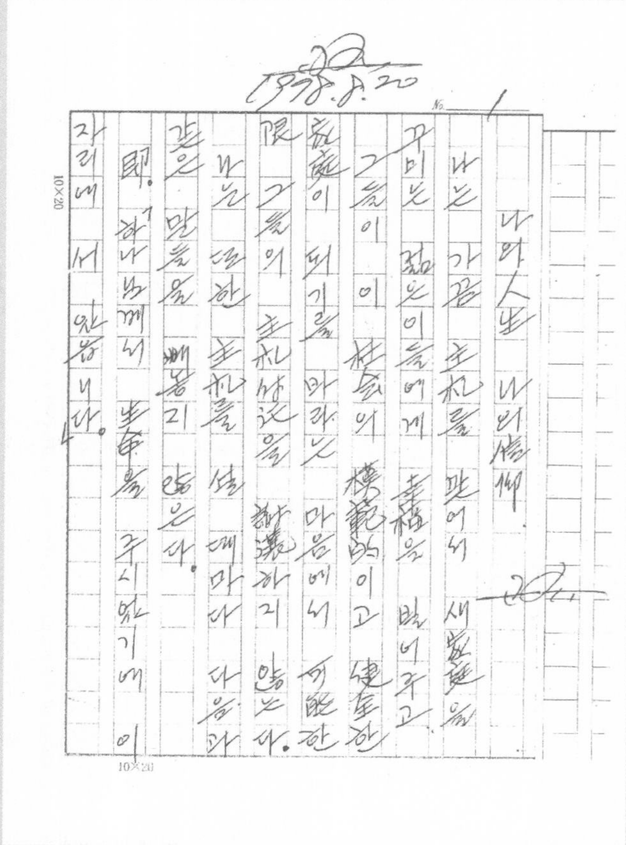
1978.8.20

No. 1

나의 人生 나의 信仰

나는 가끔 主礼를 맡아서 새家庭을 꾸미는 젊은이들에게 幸福을 빌어주고 그들이 이 社會의 模範的이고 健全한 家庭이 되기를 바라는 마음에서 可能한 限 그들의 主礼付託을 辭讓하지 않는다. 나는 대한 主礼를 설 때마다 다음과 같은 말을 빼놓지 않은다. 即. 하나님께서 生命을 주시었기에 이 자리에 서 있읍니다.

세로로 쓰인 이 글은 우측에서 좌측으로 읽음—편집자

No. 2.

先生이 놓아 주시고 길러 주시었기에 이와 같이 어른이 되었읍니다。 오늘은 周圍 사람들의 사랑과 指導가 있었기에 오늘 새로운 家庭을 이루게 된 것입니다。

이 얼마나 感謝한 일입니까? 이 感謝한 마음은 永遠히 간직되어야 하고 萬事에 感謝하는 마음으로 生活하세요。

그리고 円滿한 家庭을 이루기 위해서는 서로 尊敬하고, 서로 믿고, 서로 사

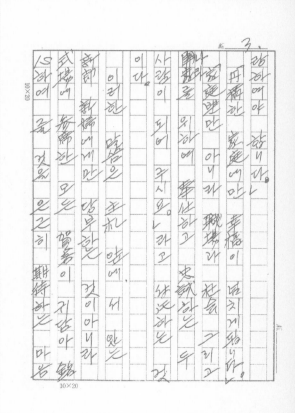

No. 3.

랑하여야 합니다。 円滿한 家庭에만 幸福이 넘치게 됩니다。 家庭뿐만 아니라 職場과 社會 그리고 國家를 위하여 奉仕하고 忠誠하는 두 사람이 되어 주시오。 라고 付託하는 것이다。

이러한 말씀은 主禮 앞에 서 있는 新郎 新婦에게만 당부한 것이 아니라 式場에 參席한 모든 賀客이 귀담아 錄하여 둘 것을 은근히 期待하는 마음

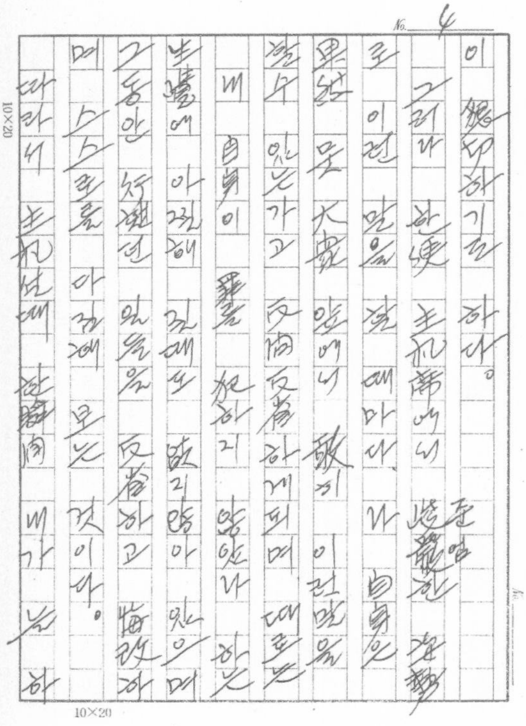

이 懇切하기로 하다。
그러나 한便 主祈禱에서 嚴肅한 姿勢로 이런 말을 할 때마다, 나 自身은 果然 뭇 大衆 앞에서 敢히 이런 말을 할 수 있는가고 反問反省하게 되며 때로는 내 自身이 罪를 犯하지 않았나 하는 生活에 아찔해 질 때도 많으며 그동안 行爲된 일들을 反省하고 悔改하며 스스로를 다짐해 보는 것이다。
따라서 主祈禱 때 祈禱時間 내가 늘 하

는 이 말씀은 바로 나 스스로의 干證이기도 하며 나의 人生을 다짐해 보는 나 自身의 가장 貴重한 時間이기도 한 것이다。
대, 이 같이 나의 人生觀을 集約한 全部이며 나의 信仰生活에서의 日常 마음가짐이기도 하다。 이러한 緣由에서 앞서 말한 바대로 主祈禱文을 [illegible]게 [illegible] 주는 것이다。

No. 6

나는 지난 봄이 故國에 돌아오니 滿三十二年이 된다. 그러니까 내가 滿洲로 간 것이 一九一九年十月이며 아직 철들기 前인 다섯살 때의 일이다. 바로 己未年 萬歲事件 가을 할머니와 어머니를 따라 故鄕인 江原道 鐵原을 떠났던 것이다. 先親께서는 이미 그 前해에 滿洲로 亡命해 계시기 때문에 그를 찾아 나섰던 것이다. 나의 젊은 本來 마음의 家庭은 아니

No. 7

었으나 先親께서는 일찌기 新學問 工夫를 한다고 서울 靑年學院(YMCA)에서 修學하신 적도 있었으며 故鄕에서도 當時의 新潮 新文化運動에 앞장서신 분中 한 분이기도 하다. 基督教學校에서 教鞭을 잡았고 校長을 [illegible] 있다고 한다. 어머님과 두분은 서울 어느 禮拜堂에서 新式으로 結婚式을 올렸다고 하며 그때 寫眞을 어렸을때 본! 記憶이 난다. 나는 滿洲에 哈爾濱이라는 國際都市에서

No. 8

拙稿 進步稿 = . 四半世紀에 처음으로 그
곳의 唯一한 韓國敎會에 다닐으며 나는
여기서 비로소 믿음의 世界와 福音의
世界로 指導받게 되었는 것이다。 只今도
그때의 일들이 記憶나며 어느날 牧師任
이 하시던 說敎말씀중의 한 말씀이 아
직도 生生하게 잊혀지지 않는다。
即. 어느 기름장사가 설날이 되어 홋
두루마기를 흰옷위에 걸쳐입었는데 얼마
되지않아 두루마기에 기름이 배여 기름

No. 9

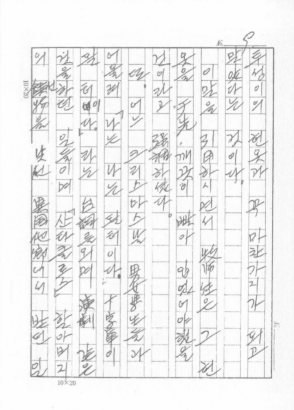

투성이의 헌옷과 꼭 마찬가지가 되고
말았다는 것이다。
이 말을 引用하시면서 牧師任은 그 헌
옷을 = 于先, 깨끗이 빨아 입었어야 했을
것이라고 强調하셨다。
또, 어느 크리스마스날 男女學生들과
어울려 「나는 나는 될테이다. 十字軍이
될테이다」라는 台詞를 외며 演劇같은
것을 하던 일들이며 「산타클로스」할아버지
의 선물을 生社 異國他鄕에서 받던 일

No. 10

들이 生覺난다. 이러한 어린 時節의 記憶은 나의 一生을 通하여 貴重히 간직하고 있은 寶物 같은 것들이다.」

그러다가 五學年이 된後 日本勢力이 차츰 이 地方에도 들어오기 始作하면서 그만 敎會학교는 문마저 中斷하고 말았다. 그後 그곳 滿洲땅에서 延邊가 訪에 나고 어엿한 靑年으로 자라 當時 周圍 形勢는 끝내 나로하여금 滿洲軍人이 되게 하였으며 八·一五 光復 무렵에는 滿蘇國

No. 11

境 가까운 자무스(佳木斯)라는 都市에 있었다. 當時 陸軍經理學校서 勤務하던 우리 部隊가 激戰끝에 投降함으로써 蘇聯軍의 捕虜가 되었던 것이다. 그러나 急迫한 狀況속에서도 僥倖히 九死一生으로 살아남아 二十七年이라는 긴 歲月을 살아온 고장을 등지고 故國을 떠나서 처음으로 光復을 찾은 祖國땅에 드디어 돌아오게 된 것이다.

No. 12

하나님! 불쌍한 우리 同胞들을 살려주시고 우리 祖國을 光復시켜주시고 이 生命을 저바리지 아니하시고 繼續살려 내 祖國 내 故鄕에 다시 돌아오게 하여주신 것을 無限히 感謝합니다.

이 나의 短切한 가슴에 맺힌 感激行爲는 그때부터 오늘까지 끊임없이 되뇌이는 것이며 이 生命 다 할때까지 繼續될 것이다.

No. 13

故國에 돌아온後 나는 外國에서 터득한 軍事知識을 이번에는 나의 祖國을 위하여 바치게 된 것을 감히 感謝하며 굳은 決心을 갖고 곧 軍에 入隊하여 當時 우리 國軍의 搖籃이었던 國防警備隊 또는 國防部에서 일하게 되었던 것이다. 그야말로 祖國을 위하여 나의 모든 것을 바치겠다는 覺悟이었으며 이러한 다짐을 할수있게 된것을 感謝한다.

No. 14

그後 法律이 成熟하는 生活을 이어 왔다. 그러하던 중 一九五〇年에 六·二五 動亂을 맞아 우리 家族이 또 試鍊의 소용돌이에 휩쓸려 釜山까지 避難갔어야 했던 이듬해인 一九五一年 五月(當時國防部 法務局長 陸軍少將) 당시에 軍服을 벗고 國防部法務局에 就任하게 되었으며 이때가 나로서는 오랜 軍人生活에서 처음으로 行政官職은 勿論 우리나라 政界와 一般社會에의 社會進出이었다.

10×20

No. 15

當時의 狀況속에서의 이 莫重한 所任은 弱冠三十七歲의 나로서 能力이 不足한 人間世界의 한 사람으로서 穩全하게 [illegible] 當한다는 것은 到底히 감당하는다고 느께. 나 스스로를 反省하고 悔改하였으며 任命되던 그 主日부터 다시 敎會에 나가게 되었다.

(釜山海軍敎會 當時 鄭達斌牧師)

10×20

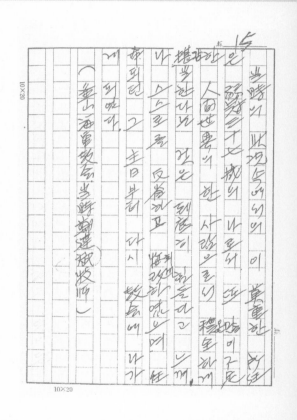

No. 16

힘으로도 能으로도 되지 아니하고 오직 하나님의 靈으로 되느니라」는 말씀을 依支하며 오늘 이 時間 아니 어느 한 瞬間에도 오로지 하나님께 매달리고 있는 것이다. 그리고

「죽도록 忠誠하라 그리하면 내가 生命의 면류관을 네게 주리라」 이 聖經 말씀을 나의 가슴 속 깊이 새겨 恒常 스스로를 다짐하는 것이다.

나는 繼續하여 그것이 작은 일이든

No. 17

큰 일이든, 여러가지 일을 하루도 쉬지 않고 일하고 있다. 맡은바 職責 외에 奉仕의 일도 많이 하고 있다.

나는 스스로 能力 不足한 사람」이라고 生覺하고 있으며 그 때문에 다만 眞實과 勤勉만이 나의 財産이라고 여기고 있다.

내가 오늘날까지 社會나 나라 일에 조금이나마 盡力할 수 있었던 것이 바로 나 自身의 能力 때문이었다고 生覺한 일은 한번도 없다.

No. 18

내가 國際部次官에 任命받고 即時 敎会에 다니기 始作한것도 바로 이 때문이었다. 따라서 나의 家族도 한사람 빠짐없이 모두 敎会에 다니고 있다。하나님의 引導하심을 받어 眞実과 勤勉을 더욱 崇奉하게하고 살았던 것이다. 또 이러한 나의 人生観과 나의 信仰은 앞으로도 変함이 없을 것이다。그리고 다시 말해서 앞에서 말한 主礼辭는 경건한 마음으로 들이는 나의

No. 19

祈禱이기도하다

一九七六. 八. 一五

光復節 社主日

金一[illegible]

([illegible] 씀)

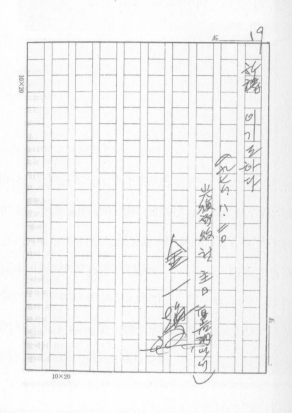

나의 인생, 나의 신앙

나는 가끔 주례를 맡아 새 가정을 꾸미는 젊은이들에게 행복을 빌어 주고, 그들이 이 사회의 모범적이고 건전한 가정이 되기를 바라는 마음에서 가능한 한 그들의 주례 부탁을 사양하지 않는다.

나는 주례를 설 때마다 다음과 같은 말들을 빼놓지 않는다. 즉, "하나님께서 생명을 주시었기에 이 자리에 서 있습니다", "부모님이 낳아 주시고 길러 주시었기에 이와 같이 어른이 되었습니다", "많은 주변 사람들의 사랑과 지도가 있었기에 오늘 새로운 가정을 이루게 된 것입니다", "이 얼마나 감사한 일들입니까? 이 감사한 마음은 영원히 간직되어야 하고, 범사에 감사하는 마음으로 생활하세요", "단란한 가정을 이루기 위해서는 서로 존경하고, 서로 믿고, 서로 사랑해야 합니다", "단란한 가정에만 행복이 넘치게 됩니다", "가정뿐만 아니라 직장과 사회 그리고 나라를 위하여 봉사하고 충성하는 두 사람이 되어 주세요"라고 부탁하는 것이다.

이러한 말씀은 주례 앞에 서 있는 신랑과 신부에게만 당부하는 것이 아니다. 식장에 참석한 모든 하객이 귀담아 듣고 명심하여 줄 것을 은근히 기대하는 마음이 간절하기도 하다. 그러나 한편 주례석에서 준엄한 자세로 이런 말을 할 때마다 '나 자신은 과연 뭇 대중 앞에서 감히 이런 말을 할 수 있는가?'라고 반문하고 반성하게 되며, 때로는 '나 자신이 죄를 범하지 않았나?' 하는 생각에 아찔해질 때도 없지 않으며, 그동안 행한 일들을 반성하고 회개하며 스스로를 다짐해 보는 것이다.

따라서 주례를 설 때마다 내가 늘 하는 이 말은 바로 나 스스로의 간명肝銘이기도 하며, 그 시간은 나의 인생을 다짐해 보는 가장 귀중한 시간이기도 한 것이다. 이것이 나의 인생관을 집약한 전부이며 나의 신앙생활에서의 마음가짐이기도 하다. 이러한 연유에서 앞서 말한 바대로 주례 부탁에 즐겁게 응해 주는 것이다.

선친께서는 일찍이 신학문 공부를 한다고 서울 청년학원인 YMCA(추후 확인한바 상동청년학원이 맞음)에서 수학했으며 고향에서도 소위 신개화운동에 앞장선 이들 가운데 한 분이다. 그리고 초등학교에서 교편을 잡고 교장을 지내신 적도 있다. 선친은 어머님과 서울 상동尙洞교회에서 신식으로 결혼식을 올렸다고 하며, 그때 사진을 어렸을 때 본 기억이 난다.

나는 다섯 살 때 부모님을 따라 만주로 옮겨 간 후 하얼빈哈爾濱이라는 국제도시에서 초등학교 3, 4학년 시절 처음으로 그곳의 유일한 한국 교회에 다녔으며, 거기서 믿음과 복음의 세계로 인도받게 되었다. 지금도 그때의 일들이 기억나며, 어느 날 주일학교 전도사님이 하시던 설교 말씀 중 한 내용이 생생하게 잊혀지지 않는다. 어느 기름장수가 설날이 되어 홑두루마기를 헌옷 위에 걸쳐 입었는데 얼마 되지 않아 두루마기에 기름이 배여, 기름투성이의 헌옷과 꼭 마찬가지가 되고 말았다는 것이다. 이 말씀을 인용하시면서 전도사님은 그 헌옷을 우선 깨끗이 빨아 입어야 했을 것이라고 강조하였다.

또 어느 크리스마스 날 남녀 학생들과 어울려 '나는 나는 될 터이다. 십자군이 될 터이다'라는 대사를 외우며 연극을 하던 일들이며, 산타클로스 할아버지의 선물을 낯선 이국 타향에서 받던 일들이 생각난다. 이러한 어린 시절의 기억은 나의 일생을 통하여 소중히 간직하고 싶은 보물 같은 것이다. 그러다가 초등학교 5학년이 된 후 일본이 차츰 이 지방에도 들어오기 시작하면서, 교회 다니는 것마저 그만 중단되고 말았다.

그 후 만주 땅에서 잔뼈가 굵고 어엿한 청년으로 자란 나는 8·15광복을 앞둔 급박한 상황 속에서도 요행히 구사일생으로 살아남아, 27년이라는 긴 세월을 살아온 고장을 등지고 광복을 찾은 조국 땅에 드디어 돌아오게 된 것이다. '하나님! 불쌍한 우리 동포를 살려 주시고, 우리 조국을 광복시켜 주시고, 이 생명을 저버리지 아니하시고 계속 살려 내 조국, 내 고향에 다시 돌아오게 하여 주신 것을 무한히 감사드립니다.' 내 가슴에 맺힌 이 간절한 기도는 그때부터 지금까지 끊임없이 되뇌는 것이며, 이 생명 다할 때까지 계속될 것이다.

고국에 돌아온 후 나는 외국에서 터득한 군사 지식을 나의 조국을 위하여 바치는 것을 진심으로 감사하며, 굳은 결심으로 군에 입대하여 당시 우리 군의 요람이었던 국방경비대에서 일하게 되었다. 그야말로 조국을 위해 나의 모든 것을 바치겠다는 각오였다.

그 후 한결같이 감사하는 생활을 이어왔다. 그러던 중 1950년 6·25전쟁을 맞아 우리 민족이 또 시련의 소용돌이에 휘말려 부산까지 피난 가야 했고, 이듬해인 1951년 6월 뜻밖에 군복을 벗고 국방부 차관에 취임하게 되었으며, 이때가 나로서는 오랜 군인생활에서 행정관직은 물론 우리나라 정계와 일반사회에의 첫 출발이었다.

당시의 상황 속에서 그 막중한 소임을 약관 37세의 나로서, 또 한없이 부족한 인간 세계의 한 사람으로서 온전하게 감당한다는 것은 도저히 힘들다고 느껴, 나 스스로를 반성하고 회개하였으며, 임명되던 그 주일부터 다시 교회에 나가게 되었다.

"힘으로 되지 아니하며 능으로 되지 아니하고 오직 나의 신으로 되느니라"(스가랴 4장 6절)라는 말씀을 의지하며 오늘 이 시간, 아니 어느 한순간에도 오로지 하나님께 매달리고 있는 것이다. 그리고 "죽도록 충성하라. 그리하면 내가 생명의 면류관을 네게 주리라"(요한계시록 2장 10절)는 성경 말씀을 가슴속에 깊이 새겨 항상 스스로를 다짐하는 것이다.

나는 작은 일이든 큰일이든 여러 가지 일을 하루도 쉬지 않고 하고 있다. 나는 스스로 '능력 부족한 사람'이라 생각하고 있으며, 그 때문에 '진실'과 '근면'만이 나의 재산이라 여기고 있다. 내가 오늘날까지 사회나 나랏일에 조금이나마 진력할 수 있었던 것이 바로 나 자신의 능력 때문이었다고 생각한 적은 한 번도 없다. 내가 국방부 차관에 임명받고 즉시 교회에 다니기 시작한 것도 바로 이 때문이다. 따라서 나의 가족도 한 사람 빠짐없이 모두 교회에 다니고 있다. 앞서 말한 주례사는 겸손한 마음으로 드리는 나의 기도이기도 하다. 이러한 나의 인생관과 신앙은 앞으로도 변함없을 것이다.

1978년 8월 20일

광복절 후 첫 주일에 후암동에서

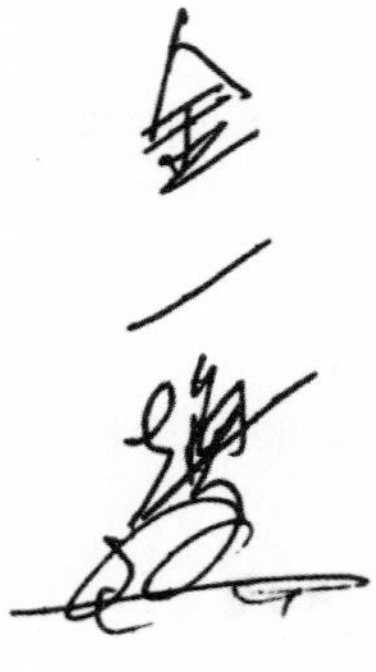

차례

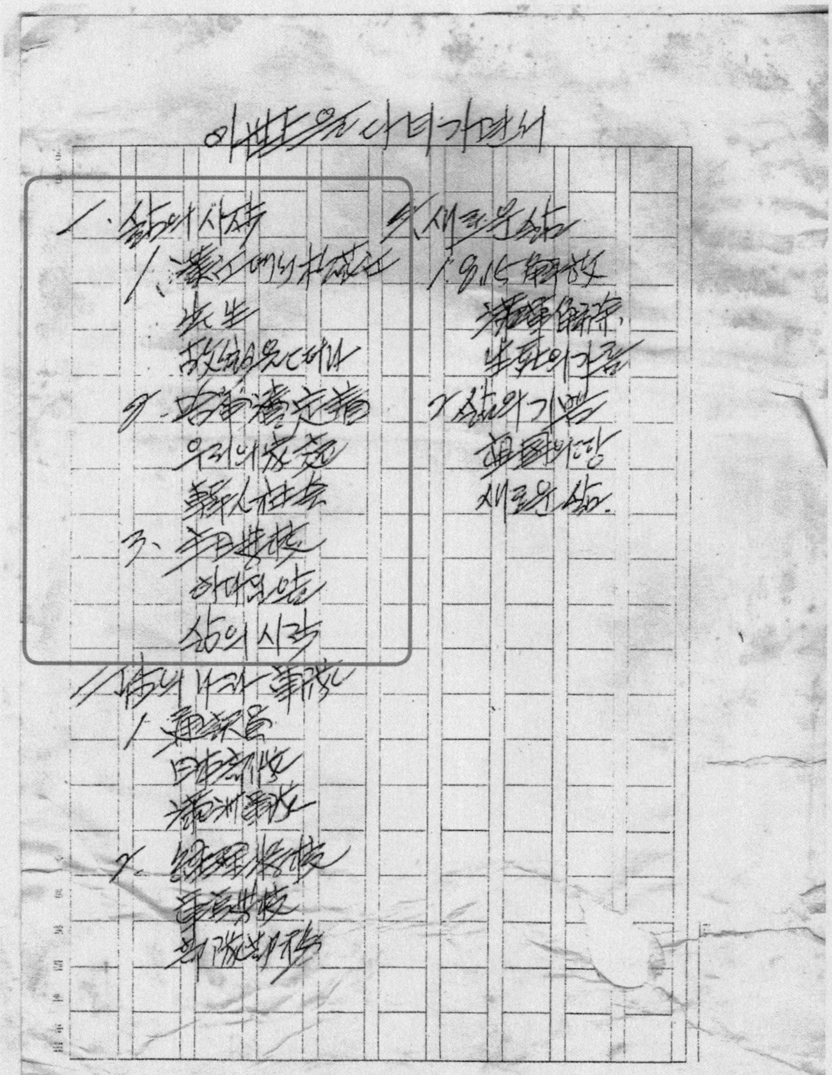
이世上을 다녀가면서

1. 삶의 시작
 1. 漢江에서 [illegible]
  出生
  故鄕을 떠나
 2. [illegible]定着
  우리의 家庭
  新人社會
 3. [illegible]學校
  하나님의 음성
  삶의 시작
2. 나의 나라 軍隊
 1. 通訳員
  日本部隊
  滿洲部隊
 2. 經理將校
  軍官學校
  部隊勤務
3. 새로운 삶
 1. 8.15 解放
  滿軍解散
  生死의 기로
 2. 삶의 기쁨
  祖國의 땅
  새로운 삶.

1장

철원에서 하얼빈까지

《한국독립사》에 실린 선친(김명제)의 사진(위에서 두 번째 줄 맨 오른쪽).
1965.9.25. 독립문화사 발행, 편저자 김승학.

출생

531
康翊鎭 775
高在千 775
具然英 539
具禎書 540
具聖書 540
權基玉 541
金敬姬 577
金命濟 775
金織鎭 556
金敬念 570
金庸植 581
金基淩 566
金昌源 775
金聲遠 777
金奉日 777
金益洙 776

1984年6月17日(日曜日) (4)

"너희가 환난을 당하나 담대하라"

어머니의 기도

김 일 환

◇김일환 장로어머니

'어머니의 기도' 칼럼에 실린 나의 투고 글.

"밤이면 늦도록 공부하는 나에게 어머니는 삯바느질을 하시면서, 예수님이 세상에서 많은 고생을 하시고 십자가에 달려 돌아가시던 성경의 이야기를 눈물을 흘리면서 말씀해 주시던 것을 나는 지금도 생생하게 기억하고 있다."

1984.6.17. 〈교회연합신보〉

나는 1914년 8월 15일 강원도 철원(철원군 철원읍 중리 236번지)에서 오형제 중 장남으로 태어났다. 내가 태어났을 때 아버지 김명제(金命濟, 경주 김씨, 1884~1950, 금강산의 금강에서 따온 김강金剛이라는 별칭이 있었다)의 나이는 서른 살이었고, 어머니 이하경(李夏卿, 장기 이씨, 1897~1962)은 열일곱 살이었다.

아버지는 일찍이 할아버지(김진수)를 여의고 할머니, 누나와 생활하였다. 어려서는 서당에서 한학을 배웠고, 열다섯 살 되던 해에 서울에 올라와 유명한 국문학자인 주시경(周時經, 1876~1914) 선생에게 한문학 및 국문학을 배웠다. 열여덟 살이 되던 해에는 상동尙洞청년학원에서 신학문을 공부하고 독립협회에 가담하여 신문화 운동에 참여하였다. 상동청년학원은 1904년 10월 5일 상동교회* 엡웟청년회의 회장 전덕기全德基 목사가 세운 학교다. 국내 독지가들의 후원과 상동파로 불리는 민족 지도자들의 자원 강의로 운영되었다. 1904년 8월, 6년 여의 옥고를 마치고 출옥한 이승만 대통령이 초대 교장직을 맡기도 했다. 주시경 선생도 상동청년학원의 강사였다.

스물다섯 되던 해에 아버지는 철원에서 활동하던 조종대(趙鍾大, 1873~1922, 일제강점기의 독립운동가, 한일신협약으로 군대가 해산되자 철원에서 항일의병운동) 선생의 수제자로 가르침을 받았다. 훗날 아버지는 조종대 선생이 설립한 철원배영학교培英學校의 교장을 역임했다.

어머니는 철원의 부농富農의 딸로 태어나 개성의 호수돈여숙(好壽敦女塾, 지금의 대전 호수돈여고)에서 신학문을 공부했다. 호수돈여숙은 이화학당梨花學堂과 더불어 일제 시기 신학문 교육의 중심이자 여성 지도자를 배출한 산파였다. 어머니가 학업을 중단했던 것은 아버지의 끈질긴 청혼 때문이었다고 한다. 훗날 내가 기독교 신자가 된 것은 어머니의 영향이 컸다. 어머니가 다닌 호수돈여숙이 기독교계 학교였기 때문이다.

당대의 지식인이었던 두 사람은 결혼식도 전통적인 방식이 아닌 서구적인 방식을 택했다. 서울 상동교회에서 서구식 예복을 입고 결혼식을 치렀다.

▪ 1885년 스크랜턴William B. Scranton은 정동감리교병원을 세우고 가난한 환자들을 무료로 치료하다가, 1888년 의료사업을 확장하기로 하고 서울 중구 남대문로 30번지를 구입하여 의료선교와 복음선교를 겸함으로써 상동교회가 시작되었고, 1893년 정식으로 승격되어 스크랜턴이 담임목사로 임명되었다. 1898년 전덕기가 입교하여 엡윗청년회를 조직하고 민족 독립운동을 전개했다. 1904년 그가 설립한 상동청년학원은 1914년 일제에 의해 강제 폐교될 때까지 신학문 보급과 민족운동을 하였다.

나의 어린 시절 기억은 세 살 아래의 동생 철환哲煥이 태어나던 날과 서울 종로구 소격동에서 살던 일, 그리고 1919년 3월 1일 철원에서 대한 독립 만세를 부르며 행진하는 행렬 뒤편에서 아무것도 모른 채 뛰어다녔던 일 등 아주 소박한 것들이다. 1919년 가을, 먼저 떠나신 아버지를 따라 할머니, 어머니, 그리고 동생과 함께 철원을 떠나야 했다. 그리고 이때부터 길고 고된 유랑생활이 시작되었다.

일제는 평안도를 중심으로 한 배일排日 기독교 세력과 신민회의 항일 운동을
탄압하기 위해 민족 지도자들을 투옥하고 중심인물 105인을 재판에 회부하였다.
당시 신민회에서 활동하던 아버지는 이 사건에 연루되어
몸을 피할 수밖에 없었고 우리 가족은 유랑생활을 겪게 되었다.
사진은 연행되는 백오인사건 관련자들.

1911.

출처: http://histopia.net/kh/kh7.html

유랑생활

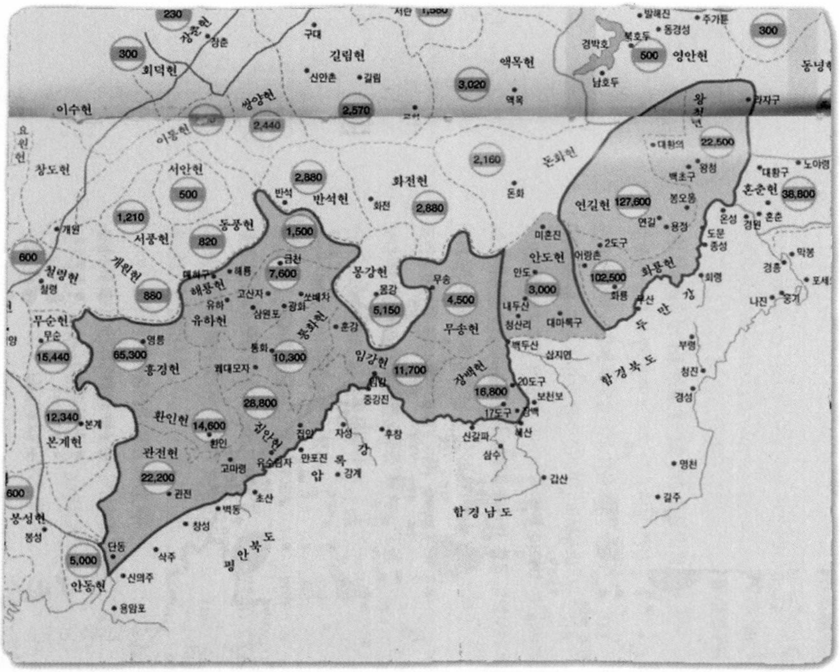

1921년 무렵 만주에 거주한 한국인의 주요 활동지.

백두산 위쪽 안도현을 기준으로 왼쪽에 표시된 부분은 서간도 지역,

오른쪽에 표시된 부분은 북간도 지역. 1919년 우리 가족은

일제의 탄압을 피해 떠났던 아버지와 서간도 지역의 하이룽현에서 재회하였다.

출처: http://www.coo2.net/bbs/zboard.php?id=con_4&page=2&sn1=&divpage=3&sn=on&ss=off&sc=off&keyword=%BC%DA%B4%EB&select_arrange=hit&desc=desc&no=20366

아버지는 시대를 앞서간 지식인이자 행동가였다. 근대화의 상징이었던 단발斷髮을 철원에서 가장 먼저 결행하였다. 그리고 1910년대의 암울한 상황에서 일제의 탄압에 대항해 싸웠다. 신민회新民會에 가입했고, 당시 세상을 떠들썩하게 했던 백오인百五人사건과 철원애국단사건에 연루되었다. 백오인사건은 1911년 조선총독부가 민족운동을 탄압하기 위하여 다수의 신민회원을 체포하여 고문한 사건으로, 6백 명의 신민회 회원 중 105명을 기소한 데서 붙여진 말이다. 철원애국단사건은 조직적인 독립운동을 위해 강원도에서 결성된 대한독립애국단이 일본 경찰에 발각된 사건이다. 철원애국단사건에는 어머니의 사촌 오빠 이봉하李鳳夏와 조종대, 강대려姜大呂 씨 등이 참여하였다. 아버지는 1918년 서른 네 살의 나이에 일제의 탄압을 피해 남만주로 떠날 수밖에 없었다.

어머니가 아버지의 구국의 뜻과 열정을 이해하지 못했더라면, 아버지도 세상과 타협하며 평범한 생을 살았을지도 모른다. 하지만 아버지 못지않게 어머니 역시 깨인 지식인이었다.

아버지를 따라 우리 가족의 유랑생활이 시작되었다. 우리 가족은 1919년 가을 철원을 떠나 서울에서 며칠 묵은 후 만주로 출발했다. 당시 일제의 수탈과 억압을 피해 만주 일대로 이주하는 이들이 급증했다. 특히 3·1운동 이후 만주와 연해주는 무장武裝항일抗日투쟁의 본거지가 되었다.

아버지와 우리 가족들이 재회한 곳은 남만주 안동성 하이롱현 산청쯔라는 곳이다. 만주에 정착한 후, 아버지는 집에서 조금 떨어진 곳에 의사를 두고 병원을 차렸다. 그리고 얼마 동안은 평안하고 행복한 나날을 보냈다. 하지만 불안한 행복은 오래가지 못했다.

이 시절 평화스럽고 근면한 중국인의 생활 풍습과 말이 통하지 않아 문 밖을 나서지 못하던 일이 기억에 남아 있다. 또 주야로 보았던 말 탄 일본 헌병의 모습과 말굽 소리가 기억난다.

1920년 봄 아버지는 일본 경찰에 체포되었고, 이로써 짧았던 평안과 행복은 깨어졌다. 만주에서도 아버지는 항일운동을 전개하셨고 병원은 항일운동의 중심이었다. 8개월간의 옥고를 치른 아버지는 일본 경찰의 감시를 피해 다시 가족들과 이별을 해야만 했다. 우리 가족도 아버지를 따라 만주를 떠날 수밖에 없었다.

1921년 봄, 우리 가족이 새로이 도착한 곳은 러시아의 블라디보스토크였다. 이곳에는 수많은 사람들이 드나들었고, 한인들도 많았다. 블라디보스토크는 독립운동 기지이기도 했는데, 안중근 의사 역시 이곳을 거쳐 갔다. 이곳에서 2년 만에 다시 아버지와 만났다.

1923년 가을, 우리 가족은 다시 블라디보스토크를 떠나게 되었다. 국제 정세의 변화 때문이었다. 1918년 11월 제1차 세계대전이 끝났음에도 불구하고 러시아와 블라디보스토크의 혼란은 지속되었다. 많은 한인들은 그 혼란을 피해 블라디보스토크를 떠났다. 겨우 안식을 찾은 우리 가족도 피난 행렬의 뒤를 좇았다. 한인 마을의 논과 밭, 교회와 학교, 그리고 러시아 사람들이 살던 도심지의 주택과 상가의 서구식 모양이 지금도 눈에 선하다.

1996년 6월, 50년 만에 다시 방문한 중국 헤이룽장성黑龍江省 하얼빈.
옛날 나의 가족이 거주하던 2층 목조 연립주택이 그대로 보존된 채,
그곳에서 재개발을 기다리는 사람들이 살아가고 있었다.

제2의 고향,
하얼빈

1923년 가을 블라디보스토크를 떠난 우리 가족은 유랑생활을 거듭하다가 그해 겨울 중국의 하얼빈에 도착했다. 내 나이 9세 때였다. 하얼빈은 중국 헤이룽장성의 성도省都로 둥베이東北 평원 중앙, 헤이룽강 최대의 지류인 쑹화강松花江 연변에 위치하고 있다. 하얼빈은 만주족 언어로 '그물 말리는 곳'이라는 뜻이라 한다. 19세기 무렵까지는 몇 채의 어민 가구가 사는 한촌寒村이었으나, 제정 러시아의 둥칭東清 철도의 철도 기지가 들어서면서 상업 및 교통의 도시로 발전하였다. 이 때문에 제정 러시아의 영향을 받아 서구식 국제 도시로 성장했고, 중국에서는 상하이 다음으로 큰 도시였다.

하얼빈 역시 일제강점기 조선과 밀접한 관련이 있는 곳이다. 수많은 독립 애국지사들이 이곳을 드나들었고, 특히 하얼빈역은 1909년 서른 한 살의 안중근 의사가 이토 히로부미를 사살한 곳이기도 했다. 나는 이곳에서 조국이 광복된 이듬해인

1946년까지 27년을 살았다. 제2의 고향인 셈이다. 우리 가족은 도심에서 떨어져 있는 다오와이구道外區라는 중국 시가지에 터전을 잡았다. 당시 한인 사회는 크게 세 부류였다. 러시아인 거주지대(다오리구道里區, 난깡구南崗區)에서 생활하는 한인들은 오랫동안 제정러시아에서 거주하다가 하얼빈으로 온 동포들이었다. 이들은 서구식 생활을 하고 러시아계 학교에 다녔으며 평상시에는 러시아어를 사용했다. 일본인 거주지역(다오리구)에서 생활하는 한인들은 한국에서 온 지 오래되지 않고 일본인을 상대로 일을 하는 동포들이었다. 그리고 마지막 부류는 우리 가족처럼 고향을 떠나 만주로 나온 한인들인데, 중국인 거주 지역(다오와이구)에 분산되어 살고 있었다.

한민족이 다양한 생활상을 보인 것은 당시 우리나라가 얼마나 열강의 틈바구니에서 신음했는지를 보여 주는 사례일 것이다. 매년 한인 학교에서 주최하는 운동회에는 고려인청년회와 조선인청년회로 나뉘어 출전했다. 하지만 민족애는 남달랐다. 모두 나라를 사랑하고 고향을 그리워하는 한마음 한뜻으로 이국만리에서의 고난을 이겨 냈다. 한인들에 대한 중국인의 민심은 대단히 호의적이었다. 안중근 의사의 의거도 큰 영향을 미쳤는데, 당시 일본에게 괴롭힘을 당하던 중국 역시 반일 감정이 드높았다. 동네 중국 어른들은 항상 나에게 안중근 의사에 대해 이야기하곤 했다. 이승만 대통령과 김구 주석에 대해 이야기를 해주기도 했다. 그들은 그분들이 임시정부를 세우고 우리나라 광복에 힘쓰고 계시다고 했다. 그러면서 중국 신문에 난 한국 기사가 있을 때마다 친절히 알려 주었다. 그때마다 '너도 잘해야 한다'며 격려해 주었다. 중국인들의 격려는 훗날 광복된 조국에 돌아와 초기 건국에 일신을 바치는 데 영향을 미쳤다.

많은 한인들과 우호적인 중국인들 사이에서 아버지는 활발한 활동을 재개했다. 유일한 한인 사회 단체인 한인거류민회를 조직하여 회장을 맡았으며, 한인 교회를 영실英實보통학교로 개편 확장하고 교사를 선발하여 1925년부터 1934년까지 교장을 역임하였다. 이 보통학교는 다오리중궈스쓰자道里中國十四街에 위치해 있다. 아버지는 해방 이후 1945년 9월 10일부터 1946년 7월 9일까지 1년 여간 하얼빈 금강金剛소학교의 교장을 역임하였는데, 영실과 금강은 현재 다오리조선족소학교의 옛 이름이다. 다오리조선족소학교는 1999년 건교 90주년을 맞았고 그 기념지紀念誌를 나에게 보내왔다. 나는 아버지를 대신하여 축의금과 축하문을 보냈다.

아버지의 독립운동 활동도 계속되었다. 그래서 우리 집에는 많은 독립운동가들이 드나들었다. 안중근 의사와 같이 일하던 우덕순(禹德淳, 1880~1950) 선생의 아들 우대영禹大榮 씨와는 또래 친구였다. 또 지금도 생생히 기억하고 있는 분은 구국운동의 선구자인 양기탁(梁起鐸, 1871~1938) 선생과 그 따님이다. 이것이 내가 맞는 두 번째의 짧은 평화였다.

나는 소학교에서 늘 일등을 했다. 어머니의 영향을 받아 한인 교회에도 다녔다. 하지만 동무가 없고 늘 혼자 빙빙 돌았다. 자존심이 강하고 고집이 너무 세었던 까닭이다. 놀고 장난치는 데는 별 관심이 없었고 공부만 했다. 부모님은 이런 나를 두고 "저 애가 뭐가 되려고 저리 고집이 세어서 동무 하나 없을까"라며 걱정을 하셨다. 나는 고독을 좋아하는 소년이었다. 그리고 소년 시절부터 옳고 그름이 분명했다.

소학교에 입학한 이듬해부터 교회에 다니기 시작했다. 유일한 한인 교회(감리교)였다. 주일학교의 기억을 지금도 소중하게 간직하고 있다. 그 하나가 "나는 나는 될 터이다. 십자군이 될 터이다"라는 찬송가를 부르며 율동을 열심히 했던 일이다. 다른 하나는 주일학교 전도사가 해준 기름장수 이야기다. '어느 시골에 기름 장수 두 사람이 있었다. 이 둘은 형편이 어려워, 설날이 되었지만 새 옷을 마련하지 못하였다. 그러자 한 사람은 헌 옷을 수선하여 입었고 다른 한 사람은 옷을 만들어 헌 옷 위에 입었다. 그러나 얼마 안 가 새 옷에 헌 옷의 기름이 배어 새 옷이 기름투성이가 되어 헌 옷이 되고 말았다'는 내용의 이야기였다.■ 몇 해 못가서 일본이 하얼빈에 들어오자 주일학교 전

■ 생베 조각과 새 포도주의 비유가 기록된 마태복음 9장 16-17절 내용을 어린아이들의 상황에 맞추어, 어려운 시절 아이들의 소망이었던 '새 옷'이라는 개념을 도입해 전하려 한 것.

도사는 어딘가로 떠나고, 교회 운영도 잘 되지 않아 교회에 다닐 수 없었다.

우리 가족이 하얼빈에 정착한 지 얼마 지나지 않아 하얼빈은 열강의 각축장이 되었다. 러시아는 중동철도中東鐵道의 운반·관리를 명분으로 하얼빈의 행정까지 장악했다. 개와 중국인은 공원 출입이 금지되었고, 학교 통학버스도 러시아인이 운전했다. 그 후 2년간은 중국이 주역을 차지했지만 다시 2년 후에는 일본이 만철(滿鐵, 남만주 철도공사)을 통하여 영향력을 행사하면서 정세가 달라졌다.

이때 아버지가 교장으로 재임하던 소학교도 일본에 몰수되었고 일본인 교장이 부임했다. 한인거류민회는 일본 영사관에서 빼앗아 갔다. 그들은 한인거류민회를 빼앗기 위해 아버지를 1개월간 구류하기도 했다. 결국 아버지는 회장직을 사임할 수밖에 없었고 일본 순사 출신 한인이 교장으로 부임했다. 그 후 아버지는 조선일보 총지국장을 맡아 한인 문화사업에 수년간 전력하였다. 해방 이후인 1945년 9월, 아버지는 영실보통학교의 후신인 금강소학교의 교장을 다시 맡게 되어 노구를 무릅쓰고 교내에서 거주하며 정열을 쏟았다. 그런데 몇 달 지나지 않아 학교가 조선공산당에게 넘어가 또다시 교장직을 내놓아야 했다.

당시 집에서 도보로 40분가량 떨어져 있는 한인정미소가 기억에 남아 있다. 겁을 먹으면서도 낮과 밤을 가리지 않고 이곳을 왕래했었다. 무슨 까닭인지 알 수 없으나 아버지가 이곳에 머물렀기 때문이다. 하얼빈이 완전히 일본 치하에 들어가면서 아버지는 독서와 저서 집필에 몰두하며 생활했다.

어머니는 부유한 집안에서 자라나 고생을 모르는 분이었다. 그런데 22세의 젊은 나이로 할머니와 아이들 둘을 데리고 고향을 떠나 고생을 많이 하였다. 한때 어머니는 집에서 두 시간쯤 떨어져 있는 아청阿城이라는 농촌에 혼자서 소작인을 두고 몇 년간 농사일을 하기도 했다.

1931년 9월 펑티엔(奉天, 현재의 센양瀋陽)에서 만주사변이 일어났다. 일본 관동군은 만철선로 폭파사건을 계기로 북만주로 침략전쟁을 감행했다. 1932년 2월 하얼빈은 일본군에게 점령당하였으며, 3월에는 소위 만주국 정부가 세워졌다.

돌이켜 보면 자기 땅인데도 주인 행세를 하지 못하는 거대한 국제 도시 하얼빈 중국인들의 신세는 가련했다. 그보다 더 가련하고 처량한 것은, 그렇게 주인 행세도 못하는 중국인들 사이에서라도 정착하여 살아가려던 우리 동포들의 신세였다. 나라를 잃고 쫓겨 온 유랑민에게 이제 더 갈 곳은 없었다.

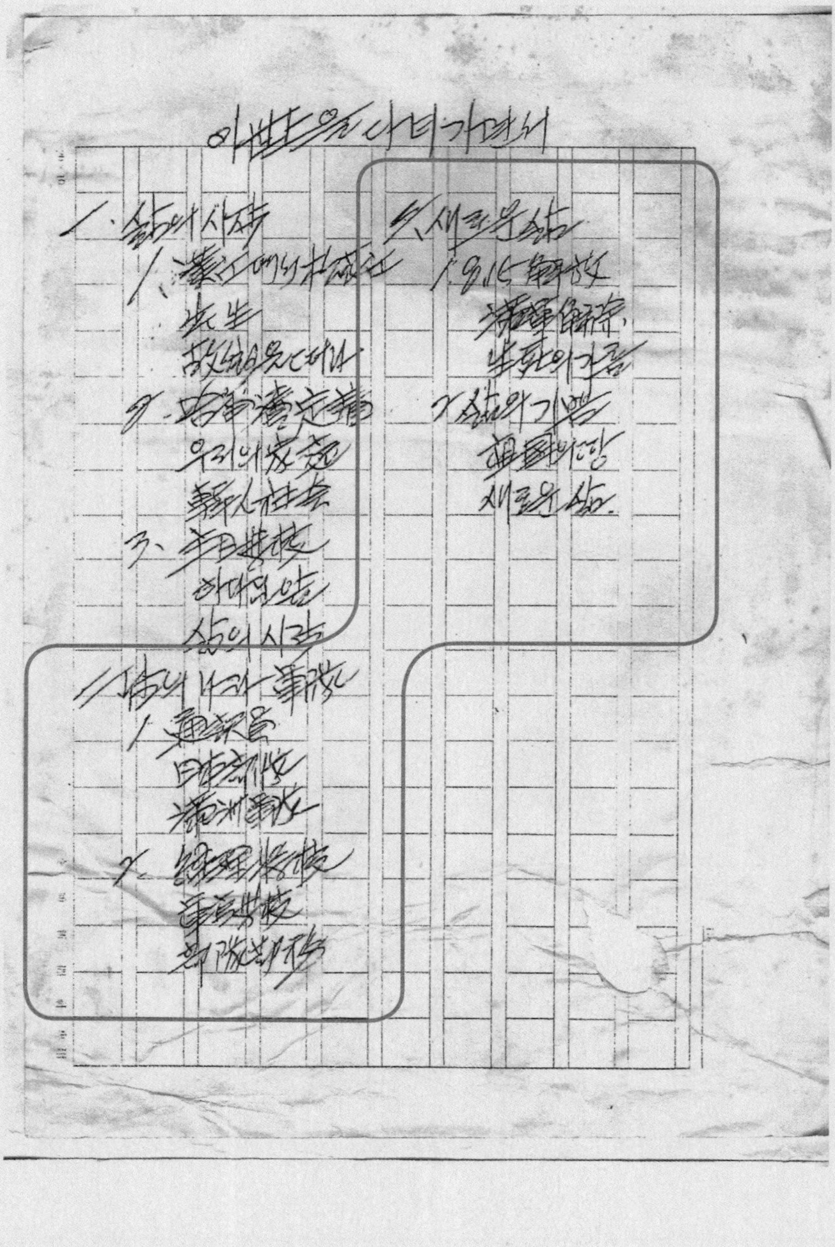
이 世上을 다녀가면서
3. 새로운 삶
1. 8.15 解放
새로운 삶.

2장

만주군에서의 경험

하얼빈시 다오리조선족중심소학교 건교 90주년 기념지에 실린 연혁사.
선친이 1925년부터 1934년까지 교장을 역임한 내용이 기록되어 있다.
1999.9.11. 발행

한인 통역원

本校沿革

哈尔滨市道里朝鲜族中心小学校沿革史(解放前)

年度	学校名称	校长姓名	学生数	学校位置	沿革记事
1909	哈尔滨东兴小学校	卓春峰 卓公琼	40名	高丽街 (现中国八道街)	哈尔滨最早的朝鲜人学校,俄语授课,安重根来哈尔滨到过此校
1916	哈尔滨韩民 两等小学校				这所学校是日领奉馆针对东光小学校成立的学校,只许韩侨子弟人学
1920	哈尔滨英实学校	金树	40名	道里警察街 (现在的友谊路)	1920年7月成立,9月5日朝鲜总督府认可的补助学校
1921	哈尔滨英实学校			道里买卖街	1920年哈市朝鲜人 132户,691人口,上英实学校的学生只有46名
1925	哈尔滨英实学校	金命济		道里中国十四道街	
1926	哈尔滨英实学校		300名	道里斜纹二道街	学校归满铁社会经营(1927) 1928年派日本人当校长
1929	哈尔滨普通学校			道里商务街	增设二年制商等科(补习科) 1915年成立的顾乡东明学校划归为分校
1934	哈尔滨普通学校	李喜星	966名	道外南马路1段2号	1933年朝鲜同胞集资20万元,新建校舍,1934年搬进新校舍
1937	哈尔滨市立金刚国 民优级学校			道外南马路1段2号	废除治外法权,朝鲜人学校归满洲国民生部,哈市朝鲜人学校归属于学校组合
1940	哈尔滨市立金刚国 民优级学校			道外南马路1段2号	朝鲜语文科被取消,用日语授课
1945	哈尔滨市立金刚国 民优级学校		1,100名	道外南马路1段2号	学校东侧增建礼堂、室内体育场,1945年8月15日解放,9月4日宣布解放学校

1929년 봄 나는 금강소학교 6학년을 졸업하고, 고등과 2년제를 수료한 후 빈강濱江 YMCA 학원에 진학했다. 하얼빈에는 상급학교가 없어 상급학교에 진학하려면 한국으로 유학을 가야 했는데, 때마침 고등과 2년제가 신설되어 나와 몇몇 학생이 진학할 수 있었다. 학교에서는 어학과 상과 등을 공부했다. 졸업 후에는 병원에 취업도 할 수 있었다. 그 당시 한인은 일자리 구하기가 대단히 어려웠는데, 태양광선으로 특수치료를 하는 새로운 병원이 있어 그곳에서 일할 수 있었다.

18세가 되던 1932년, 큰 변화가 다가왔다. 그해 2월 일본군이 하얼빈을 점령했다. 그리고 만주 전역을 점령하기 위해 진격하였다. 1932년 5월에는 치안평정부대治安平定部隊가 하얼빈을 거쳐 서북 지방으로 그 세력을 넓혀 갔다. 이 과정에서 그들은 일본어는 물론, 만주어와 한국어에 능한 통역원이 필요했다.

일본군은 그들의 손아귀에 접수한 한인 학교를 통해 한인 통역원 10여 명을 요구했다. 한인 학교는 물론 통역원을 담당해야 할 학생들도 마뜩지 않기는 마찬가지였다. 하지만 만약 불응한다면 결과는 불 보듯 뻔했다. 한인 학교는 일본군의 요구대로 10여 명의 한인 통역원을 보냈고, 나도 그중 한 명이었다.

꿈에도 예상하지 못했던 일이었다. 군대에 입대하리라고는, 그것도 일본 군대에 징용되리라고는 상상조차 하지 못했다. 아버지는 아들의 운명을 더욱 고심하였을 것이다. 나라를 잃은 자가 겪어야 했던 슬픈 운명이었다. 그해 10월, 나는 일본군 사단 사령부 관리부에 배치받았다. 나에게는 관리 업무와 통역 업무가 주어졌다. 이후에는 참모부 병요지지반兵要地誌班으로 옮겨 중요한 지방의 각종 자원 조사대로 참여했다. 1934년 4월에는 하얼빈 군관구 사령부 고문부 주임고문과 사령부 부관처에서 일했다. 일본군 입대는 내가 원하는 것이 아니었지만, 군생활을 통해 많은 것을 배울 수 있었다. 처음으로 군대의 생태와 일본군의 실상, 군 관리 업무, 군의 대민 관계, 고급 지휘관의 소양, 그리고 군에서의 자원 파악의 필요성 등을 알게 되었고, 헤이룽강 지역, 싱안링興安嶺 산맥 등을 견문할 수 있었다.

이러한 경험은 훗날 광복된 조국에 돌아와 군을 창설하고 관리하는 데 많은 도움이 되었다. 또 이를 계기로 이후 1년 반 만에 일본군이 발족한 만주군대에 입대하게 되는데, 통역원으로 활동하면서 비록 일본군에게지만 많은 것을 배우게 되었다.

만주 펑티엔 군관학교 시절, 제5기 졸업 직전 모습
(뒷줄 오른쪽에서 두 번째가 본인, 앞줄 왼쪽에서 세 번째는 정일권).
당시의 경험은 훗날 조국의 군을 창설하는 데 큰 도움을 주었다.
1937.9.

만주군 군관학교

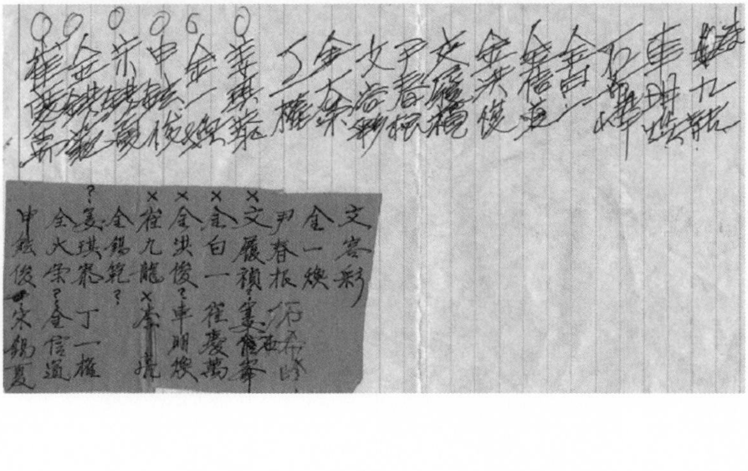

1935년 5월, 하얼빈 군관구를 떠나게 되었다. 1934년 4월에 만주군 군사부에서 실시하는 육군 만계滿系 경리장교 군수軍需후보생으로 합격하였기 때문이다. 1935년 6월 21세이던 나는 하얼빈 군관구 교도대에 만계 제5기 군관후보생으로 입대하였다. 그곳에서 군사 기초훈련을 받았다. 그리고 1935년 9월 펑티엔 군관학교에 입교하여 경리교육을 받았다.

당시 경리병과를 선택한 사람은 나뿐이었다. 훗날 1기 졸업생인 나를 비롯하여 2기 양국진(楊國鎭, 중장), 김용기(金龍紀, 중장), 3기 최철근(崔哲根, 대령), 5기 윤수현(尹秀鉉, 중장), 김영택(金永澤, 중장) 등이 경리병과를 졸업했다. 이들은 모두 해방 후 귀국하여 육군에서 일했다. 이 밖에도 해방 후 귀국하여 함께 일한 사람들은 정일권(丁一權, 육군 대장), 김석범(金錫範, 해병 중장), 신현준(申鉉俊, 해병 중장), 송석하(宋錫夏, 육군 소장), 최경만(崔慶萬, 육군 중장), 전해창(全海昌, 육군 대령), 김백일(金白一, 육군 중장), 윤춘근(尹

春根, 육군 소장), 문용채(文容彩, 육군 준장), 문리정(文履禎, 육군 중령), 김홍준(金洪俊, 육군 대위)이다. 강기태姜琪泰, 김신도金信道, 석희봉石希峰, 이두만李斗萬, 차명환車明煥, 최구룡崔九龍 등은 행방불명 또는 작고하여 만주에서 돌아오지 못한 사람들이다.

1936년 9월에 신설된 신징(新京, 창춘長春 소재) 육군경리학교로 전교했다. 그리고 같은 달 동교同校 제1회생으로 졸업했다.

경리학교 동기생은 37명이었으며 나를 제외하고는 모두 중국인이었다. 나는 차석으로 졸업했다. 졸업 후 3개월간의 견습 군관을 거쳐 1937년 11월 말에 육군 소위로 임관했다. 내 나이 23세 때였다.

당시의 군관(장교)제도는 만계와 일계日系로 구분되어 있었다. 인력 구성에 있어서 중국인(만주인)이 주축이 되어 있었으나 그 중 일본군 출신이나 일본인들도 상당수가 있었다. 이들은 일본인 군관후보생으로 교육을 받았고 임관 후의 처우는 중국인과 확연한 차가 있었다. 우리 한인들은 만계로 분류되어 중국인과 똑같은 처우를 받았다. 한인들은 중국인에게는 물론, 일본인에게도 뒤지지 않기 위하여 수없이 피눈물을 흘려야 했다. 열악한 환경 가운데에서도 한인들의 성적이 참으로 우수하였음을 지금도 자랑스럽게 생각하고 있다. 이것은 나라 잃고 소외 받은 백성으로서 피눈물을 흘릴 만큼 열심히 하지 않는 한 살아남을 수 없다는 각오 때문이었다.

육군 소위 임관 후 최초로 근무하게 된 곳은 자무쓰佳木斯 군관구에 위치한 기병단이었다. 자무쓰는 삼강성의 성도로 쑹화강과 헤이룽강을 끼고 있는 중국, 소련 양국의 국경 지대였다. 기병단은 연대 규모였고 나는 이 기병단의 경리 업무를 담당했다. 경리부 사무실은 잡화점을 개조한 곳이었다.

이 기병단의 마필 가운데 3~4필만이 관마였고, 700여 필은 장교나 병사의 것이었다. 이것은 군대가 정규화되어 있지 않았다는 증거이기도 하다. 이곳에 군관학교 출신은 단 둘이었다. 나와 병과 1년 선배인 중국인이었다. 그 외에는 구군벌舊軍閥 시대 출신이었다. 사병은 용병 또는 모병이었다.

1938년에 자무쓰 군관구의 보병연대로 근무처를 옮겼다. 이곳은 이전의 기병단보다 3~4배 정도 큰 부대였다. 이 부대는 준현진이라는 중심지에 위치해 있고 보병여단 사령부도 있었다. 나는 사령부의 업무도 겸하여 보았다. 이 부대에는 나와 동기생인 보병과의 김신도(훗날 대한민국 육군 소장으로 예편함) 씨와 한인 통역원이던 김수형金壽亨 씨가 있었다. 나는 이들과 서로 도와가며 잘 지냈다. 얼마 후 이 부대는 헤이룽강 연안의 사금광 지대로 옮겼다.

내가 육군 중위로 진급한 것은 자무쓰 군관구 사령부에서 근무하던 1940년 3월이다. 이즈음에야 나는 안정을 찾을 수 있었다. 또 군대생활을 시작한 후 처음으로 사생활을 할 수 있었다.

하지만 곧 태평양전쟁이 발발하여 고난을 겪게 되었다.

당시 나라 잃은 한인들이 배움 혹은 생계를 위해 만주의 군관학교에 입대한 것은 나만의 사정이 아니었다. 이들은 군관학교에서 음으로 양으로 군대의 문화와 제도를 익혀 훗날 광복된 조국에 돌아와 창군을 하고 군을 관리하는 데 크게 기여했다. 조국의 군대가 없어 남의 나라가 세운 군대에 속해 있어야 했지만, 나뿐 아니라 당시 한인계 학생들은 오히려 어느 나라 민족보다 더 열심히 공부하고 근무했다.

자무쓰 군관구 사령부의 편제는 참모, 부관, 경리, 병과, 군의, 수의獸醫, 군법, 병사처로 나뉘어 있었다. 경리처는 다시 서무庶務, 주계主計, 수품需品, 영선營繕과로 나뉘어져 있었다. 나는 이곳에서 서무와 주계의 일을 주로 담당하였다. 나는 내가 담당한 일을 누구보다 유능하게 처리했다. 당시 사령부 300여 명의 장교 중 한인은 나뿐이었다. 한인 경리장교는 사령부 근무를 시키지 않을뿐더러 통상 고급사령부는 기밀 문제로 인해 근무하지 못했다. 그러나 나만은 다행히 이곳에서 근무하며 많은 경험을 습득하였다. 보이지 않는 노력 덕분이었다.

나의 주된 업무는 예산 관리와 서무 행정, 그리고 대내외의 섭외 등이었다. 무엇보다도 만계 신분이었던 나는 다수의 중국인과 소수의 일본인 사이에서 잘 조화가 되어야 했고, 이들에게 모든 면에서 뒤지지 않기 위해 안간힘을 다해야 했다. 그 결과 그들에게 주목을 받았고 이들과 함께 오랫동안 일을 하면서 귀중한 인생 공부도 할 수 있었다. 특히 중국인으로부터는 더 많은 것을 배웠고 또 많은 동정과 인심을 얻었다. 이것은 훗날 내가 위험에 처했을 때 중국인 군인들로부터 도움을 받는 결정적인 계기가 된다. 그들에게 의리라는 것을 배웠으며, 지금도 감사하게 생각하고 있다. 이들 중국인 동료 장교들과는 일상과 공사 간에 잘 어울렸고 우의도 좋았으며, 그들과 지내는 동안 많은 촌극이 벌어지기도 했다.

하루는 이런 일이 있었다. 중국인 동료 장교 서너 명과 함께 거리를 지나고 있었다. 때마침 거리 초입에는 중국의 늙은 관상쟁이가 앉아 있었다. 중국인 동료 장교들과 재미로 늙은 관상쟁이에게 가서 번갈아 가며 관상을 봐달라고 했다. 그는 동료 장교들의 관상을 모두 봐준 후, 나의 차례가 되자 관상을 유심히 살피더니, "당신은 귀인이 돌보고 있으므로 언젠가는 크게 될 것이오"라고 말했다. 당시에는 그저 심심풀이였으므로 그 노인의 말을 모두 귀담아 듣지 않고 웃고 지나쳐 버렸다. 하지만 조국이 광복된 후, 군관의 요직을 두루 겸하면서 그 노인의 말이 헛되지 않았다는 것을 알았다.

1943년 3월 나는 육군 대위로 진급했다. 당시 육군 대위라면 상당히 높은 계급이었다. 군복 입고 칼 차고 다니면서 뽐낼 수 있는 시대이기도 했다. 그래서 장교들에게는 일본 기생이나 여급女給 등속이 따랐다. 나는 가정과 맡은 일에 충실했다. 술과 여자에 침혹沈惑하면 패가망신한다는 것을 잘 알고 있었기 때문이다.

1945년 8월 만주군이 해산될 때까지 자무쓰 군관구 사령부에서 많은 업무를 경험했다. 그중에서도 네 가지가 오랫동안 기억에 남는다. 첫째, 전 만주군에서 제일 먼저 시작된 국병회관國兵會館이라는 복지시설을 처음부터 직접 관여해 운영했던 일이다. 둘째는 석탄 개발에 참여했던 일이다. 군용 및 군인 가족 배급연료의 자족책으로 군의 석탄 개발을 계획하고 섭외하는 일을 맡아 보았는데, 착수 직전에 조국 광복을 맞아 실현을 보지는 못했다. 셋째는 보관 책임을 맡고 있던 현찰 4만 위안이 사령부 청사 화재로 완전히 소실되어 고생했던 일이다. 넷째는 8·15 해방 시 중앙은행지점의 보유 현찰을 소련군의 침공 전에 화물자동차에 실어서 반출해 냈던 일이다. 참으로 운명적인 것은, 당시 경험했던 이러한 일들이 훗날 내가 광복된 조국에 돌아와 일을 할 때에 직간접적으로 연계가 되었다는 것이다.

대일 선전포고를 한 소련이 만주국 하얼빈에 들어와 점령한 모습.

1945.8.

출처: http://blog.naver.com/PostView.nhn?blogId=mirejet&logNo=110119063157&viewDate=&currentPage=1&listtype=0

생사화복의 운총

1945년 8월 8일, 소련군이 대일 선전포고와 함께 제2차 세계대전에 참전했다. 만주군이 해산되었고 나는 18세부터 12년간 계속했던 군생활을 정리해야 했다. 1945년 8월 9일 미국이 일본의 나가사키에 원자폭탄을 투하했을 때 소련은 만주의 자무쓰에 폭격을 가했다. 내가 소속되어 있던 사령부 산하 부대는 이미 이란지구(依蘭地區, 자무쓰에서 서북 지역)로 후퇴한 뒤였다. 일본군도 후퇴하고 군도軍都였던 자무쓰는 파괴되어 화재로 뒤덮였다. 곧 자무쓰는 소련군에게 점령당했고 우리는 패전군이 되었다. 우리의 앞날은 예측할 수조차 없었다. 그 가운데서 나는 동료, 동포와 나의 가족을 심려하지 않을 수 없었다.

소련군의 공중 폭탄 투하가 행해진 뒤 이틀이 지난 8월 11일, 나는 월여전月余前의 군관구 예하부대에 소속되어 있는 소위 후보생 세 명을 내 사무실로 불렀다. 그때 불려온 소위 후보생은 박춘식朴春植, 최병화崔炳華, 견습군관 육완수陸完修 씨였다. 이들에게 전황의 불리함을 설명하고 평상복으로 부대를 탈출하여 당장 고국으로 돌아가라고 권고했다. 당시 이러한 권고는 분명 군 계율에 위배되는 것이었다. 하지만 만주군은 우리의 군대가 아닌 남의 나라 군대였고, 남의 나라 군대에서 우리 동포가 죽어서는 안 된다고 생각했다. 남의 나라 군대의 계율보다 우리 동포의 목숨 하나가 더 소중했던 것이다. 훗날 이 세 소위후보생을 서울에서 다시 만났다. 이들 세 사람은 육군 소장, 대령, 대학 교수로 활동하고 있었다.

하루 뒤인 8월 12일 가족들을 열차에 태워 부모님이 계신 하얼빈으로 보냈다. 이렇게 담담한 심정으로 주변을 정리했다. 비록 남의 나라 군인이었지만 장교답게, 한국의 남아답게 처신하여 이 환난에 임할 것을 굳게 마음먹었다.

가족을 떠나보낸 다음 날, 군관구 사령부의 잔류 인원은 이란으로 집결하기로 되어 8월 13일 부대를 따라 자무쓰를 떠났다. 경리 책임자인 나는 이미 중앙은행지점에서 반출했던 현금 수송차(화물자동차 1대)에 편승했다. 그 이튿날 소련의 지상 부대가 만주에 진격해 들어왔다.

내가 편승한 현금 수송차는 남천으로 가던 중 한 작은 촌락에 머물렀다. 이로부터 나의 생사를 가르는 일생일대의 드라마가 벌어진다.

8월 15일 이른 아침, 한 부하가 나를 찾아왔다. 그는 '새벽 민가에서 잠자던 일본인 장교 수명이 살해당했다'고 귀띔해 주었다. 몸을 조심하고 앞으로의 사태에 대비하라는 뜻이었다. 그는 중국인이었는데 그렇게 귀띔을 해준 것은 내가 평소에 중국인과 함께 동고동락해 왔고, 또 중국인 군인들과 우의가 두터웠기 때문이다.

직감적으로 어떤 위기의식을 느꼈다. 하지만 '이런 일은 군이 패전하거나 환난이 오면 있는 것이고, 만주군같이 복합적인 군대는 더할 나위가 없는 것이다. 나도 외국인이니 예외가 될 수는 없을 것이다'라고 각오했다. 그리고 이런 시기일수록 냉철히 처신해야 한다고 생각했다.

그날 점심식사 후였다. 소련 정찰기가 공중비행 하는가 하면 쑹화강 강변에는 소련 군함이 이미 당도해 있었다. 나는 급히 촌락 중심에 위치한 참모장 거소로 갔다. 당시 참모장은 중국인 소장이었다. 그런데 그곳에는 나보다 먼저 일본인 소령 두 명이 와 있었다. 일본 장교들과 나는 나란히 참모장 앞에 정렬해 섰다. 그때 갑자기 참모장의 호위병들이 세 명의 등에 권총을 들이댔고, 잠시 후 나의 좌측에 서 있던 일본인 장교 두 명이 그 자리에서 사살되었다. 나는 놀랍기도 하고 영문을 몰라 멍하니 서 있었다. 그제야 비로소 참모장이 중국어로 말문을 열었다.

"귀관은 저기로 피신하라."

황급히 부하 7, 8명을 거느리고 두 개의 현찰 가방을 든 채 촌락 밖으로 뛰쳐나갔다. 그곳에 이미 상륙해 있던 소련군이 맹사격을 해왔다. 부하 2, 3명이 쓰러졌다. 나와 부하들은 황급히 야산 쪽 개울로 달려갔다. 그곳에는 참모장 일행 10여 명이 먼저 도착해 있었다. 나를 보자 참모장의 호위병들이 다시 권총을 들고 다가왔다. 이때 다시 한 번 참모장이 나를 구해 주었다.

그는 나에게 다가와 손을 내밀더니 "너는 우리 동지다"라며 악수를 청했다. 호위병들은 참모장이 나를 그토록 친밀하게 대하는 것을 보고 권총을 거두었다.

잠시 후 병사 한 명이 백기를 흔들었다. 투항한다는 신호였다. 그러자 소련군이 개울을 향하여 총을 겨누고 다가왔다. 그곳에 있던 모든 사람들은 두 손을 높이 들고 투항하여 포로가 되었다. 소련군은 그때 그들이 차고 있던 팔목시계를 빼앗아 가져갔다. 하지만 내가 가진 회중시계는 본체만체했다.

포로로 잡힌 인원은 100여 명이었다. 포로들은 모두 군감軍監의 막사 앞에 집결했다. 그리고 소련 장교의 지휘명령 아래 장교들은 따로 막사 안으로 끌려 들어갔다.

그때 나도 모르는 한 중국인 사병이 나에게 다가오더니, 말도 없이 나의 군복을 벗기고 사병복으로 갈아입히고 사병 고무신으로 바꿔 신겨 주었다. 나는 정신이 없는 중에도 군복이 물에 젖어서 그러는가 하고 대수롭지 않게 여겼다. 하지만 그것이 아니었다.

군감에 들어간 장교들은 소련 본토로 후송되고 장교가 아닌 사병들만이 그곳에 남겨졌다. 그 당시 소련 본토로 후송된다는 것은 곧 죽음을 의미했다. 나는 이름도 모르는 한 중국인 사병 덕에 목숨을 부지한 것이다.

군감 앞에 남아 있던 포로는 대략 반으로 줄었다. 소련군은 포로들을 다시 강변으로 끌고 갔다. 그곳에는 이미 300여 명이 집결되어 있었다. 이때 소련 장교가 입을 열었고 통역원이 외쳤다.

"이 가운데 외국인이 있으면 나와라!"

불길한 생각이 들었다. '이제 마지막인가 보다'라는 생각도 들었다. 만감이 교차하는 가운데 잠시 안경을 벗어 쥐고 머리를 숙이고 있었다. 근처에 있던 한 사병이 나를 향하여 말했다.

"당신은 왜 안 나가느냐?"

그 말을 듣고 막 몸을 일으키려 했다. 그런데 그 찰나 바로 옆에 서 있던 또 다른 병사가 말했다.

"무슨 말이야? 이 사람은 우리와 같은 사람이다."

중국인 병사들은 마지막까지 나를 보호해 주었다. 결국 외국인 중 나만 그 자리에 앉아 있었고, 함께 있던 7명의 일본인들은 불려 나갔다. 소련 지휘관은 그 7명을 상대로 심문을 했다. 심문이 끝나자 군의관과 간호원 2명을 제외한 5명이 먼 곳으로 끌려갔다. 그리고 그곳에서 곧바로 총살을 당했다.

일본인들에 대한 형 집행이 끝난 후, 남은 포로들은 다시 몇 개 반으로 편성되어 감시원이 따라붙었다. 그리고 자무쓰의 수용소로 옮겨졌다. 그날 밤늦게 포로들은 어느 촌락에 도착하여 잠시 쉬었다. 그리고 다음 날 8월 16일 새벽 다시 걷기 시작했다. 그날 저녁 무렵에는 자무쓰 근처에 도달했다. 그 무렵 나는 2년 선배인 중국인 경리장교, 경리준위와 함께 탈출을 계획했다. 탈출은 성공했다. 우리는 행렬에서 이탈하여 옥수수밭 속으로 숨어들었다. 그리고 늦은 밤에는 시내 변두리까지 나아갔다.

나와 중국인 경리장교는 시내 변두리에 위치한 경리준위의 집으로 갔다. 경리준위의 부인은 창에 걸려 있던 방공 커튼의 검은 천으로 중국 하복夏服 상의와 바지를 만들어 내가 입고 있던 사병복과 바꿔 주었다.

다음 날 아침, 부인은 나에게 소련군이 가택 수색을 하게 되면 서로가 곤란하다고 말하였다. 나는 더 이상 그 집에 머물 수 없음을 알았다. 하지만 달리 갈 곳이 없어 애만 태웠다. 그런데 그때 부하였던 문관 한 명이 나의 소식을 듣고 그 집으로 찾아왔다. 그는 나에게 자기 집으로 가자고 했다.

나는 그를 따라 그의 집으로 갔다. 8월 17일이었다. 부하 문관의 집은 전보다 안전한 곳이었다. 그 집은 경리준위의 집과는 달리 주택 밀집 지대가 아닌 도시 변두리의 새로운 주택단지에 위치해 있었다. 주변에는 논과 밭이 있었고, 가까이에 야산도 있었다. 나는 그 집에서 며칠 묵으면서 아침 일찍 부하 문관을 따라 도시락을 들고 옥수수밭, 수수밭, 야산으로 숨어들었다가 저녁 늦게야 집으로 되돌아오곤 했다.

나는 부하 문관 내외로부터 지극한 대접을 받고 지냈다. 하지만 소련군이 드나들기 시작하여 닥치는 대로 행패를 부리니 그곳에도 오래 머물러 있을 수는 없었다.

그러던 어느 날 친구 한 명이 찾아왔다. 그는 나의 경리학교 동기생인 만계 장교로 나의 소식을 듣고 달려와 준 것이었다. 나는 다시 중국인 장교인 친구를 따라 그의 집으로 갔다. 부하 문관의 집에서 지낸 지 일주일 만이었다.

중국인 장교의 집은 시내 상가 중심지에 있었다. 상가 중심 지역이어서 높은 건물들이 많았다. 소련군 민정하에 치안유지회가 조직되어 있었고, 그러다 보니 자연히 소련군의 왕래도 적었다. 나는 그곳에서 1개월간을 지냈다. 이들은 외국인인 나를 보호하기 위하여 온갖 노력을 다해 주었다. 그리고 그들과 한 식구가 되어 편하게 지낼 수 있었다. 하지만 가족 생각에 마음만은 불안하고 암울하기 그지없었다.

나는 하얼빈에 있는 가족들 곁으로 돌아가고 싶은 마음 간절했지만 현실은 암담하기만 했다. 중국인 장교 친구를 비롯한 나의 지인들은 오래 전부터 나를 떠나보내기 위해 힘써 주었다. 그리고 마침내 지인들의 도움으로 하얼빈으로 향하는 소련 해군의 기선에 승선할 수 있었다. 소련군의 허가로 기선에 승선하게 된 한인 일행에 나를 몰래 끼워 넣어준 것이다. 그때가 1945년 9월 말 무렵이었는데 날씨가 싸늘했다. 나의 지인들은 나에게 털내의와 동복冬服, 그리고 약간의 여비까지 준비해 주었다.

그들은 나와의 이별이 기쁘면서도 한편으로는 아쉬워 몇 번이고 나의 손을 잡고 안아 주었다. 그들은 배가 떠날 때쯤 되자 다시 재회하자고 큰 소리로 외쳤다. 나는 이 수많은 이국 귀인들이 너무도 고마웠다. 그리고 생사화복을 주관하시는 하나님의 은총은 놀랍고 또 놀라운 일임을 다시 깨달을 수 있었다.

해방의 기쁨으로 서울역 앞 광장에서 환호하는 서울 시민들.

1945.8.

출처: http://www.sjbnews.com/news/articleView.html?idxno=342179

조국으로

1945년 9월 말 하얼빈으로 가는 기선에 오른 나는 하얼빈에 도착하여 부모형제와 처자식을 만날 수 있었다. 죽은 줄 알았던 장남이 돌아오자 가족들은 모두 기뻐했다. 그러나 곧 아픔이 밀려왔다. 오형제 중 교사였던 셋째 상환(祥煥, 1921~1945)이 8월 15일 조국이 해방된 지 1개월 만에 병사하였고, 넷째인 홍환(洪煥, 1926~1951)은 해방 일주일 전에 일본군에게 징병당해 행방불명 상태였던 것이다. (훗날 홍환은 공병 소위가 되어 재회하게 되어 가족들 모두 기뻐하였으나, 이듬해인 1951년 10월 충남 논산 육군훈련소에서 작업 중 순직하여 가족들에게 큰 상처를 남겼다.) 하지만 곧이어 하나님의 축복이 있었다. 10월 17일, 내가 하얼빈에 거주하고 있을 때 차남인 의영義永이 출생한 것이다. 이 무렵 나와 가족은 속히 고국으로 돌아갈 결심을 했다.

그러나 사정은 그리 좋지 않았다. 당시 하얼빈은 소련군이 점령하고 있었지만 곧 중국 국민당 군대가 들어왔고, 얼마 후에는 중국 공산당 팔로군八路軍이 국민당 군대를 몰아내고 하얼빈에 들어왔다. 팔로군을 따라 들어온 한인 공산당인 조선독립동맹이 군대를 조직한다고 하면서 하얼빈 거주 청년을 강제 모집했다. 나도 그 안에 포함되었다. 잘못되면 큰일 날 것 같아 그 강제모집에서 빠져나갈 길을 찾았지만 자력으로는 불가항력이었다.

그러던 중에 우연한 기회가 왔다. 중국 국민당 군대가 팔로군을 몰아내고 다시 하얼빈에 재입성한 것이다. 이로 인해 조선독립동맹 측 한인 공산당은 지방으로 이동할 수밖에 없었고, 나는 가사 형편상 당장 따라갈 수 없으니 뒤따라 가겠다고 명분을 세운 뒤 그들에게서 떨어져 나왔다. 그리고 1945년 12월 11일 혹심한 추위를 무릅쓰고 하얼빈을 떠나 피난 열차로 남하를 강행했다.

그때 나와 함께했던 가족은 처와 만 2세 되는 장남 의창義昌, 생후 2개월이 안 된 차남 의영, 그리고 당시 15세였던 막내 동생 정환正煥이었다. 피난민단의 단장은 김병화金炳和라는 분이었고 나는 부단장을 맡았다.

남하는 순조롭지 않았다. 민족주의와 공산주의가 각축하는 하얼빈의 복잡한 상황 때문이었다. 당국은 한국인들의 고국 귀환을 허용해 주었다. 한인 학생들이 스스로 애국청년단을 조직하여 한인 동포를 관리하는 한편, 귀국 피난열차를 마련하여 자체 단원으로 이들을 호송하는 등 훌륭한 활동을 하였다. 이때 한국에 돌아온 많은 사람들이 정부 장관직 또는 군 장성 등 요직에서 나라를 위해 헌신하였다.

당시는 한인 동포들이 좌우로 나뉘어져 가는 시기이기도 했다. 해방 후 첫 개천절(1945년 음력 10월 3일인 11월 7일)을 맞이하여 대다수의 한인들은 어느 큰 극장에서 기념식을 했는데 나도 아버지와 함께 참석했다. 그날은 또 러시아혁명 기념일이기도 하여 그 계열 동포들이 모여 경축행사를 하였다. 공산당 계열의 한인들이 소련군과 중국 공산당의 영향을 받아 위세를 펼치기 시작했다. 아버지가 다시 세운 한인 학교도 그들에게 넘어갔다.

나의 가족이 포함된 피난민 일행 60여 명은 하얼빈을 떠나 다음 날 펑티엔역까지 순조롭게 도착했다. 그러나 거기서부터 한 · 만 국경 지역인 안동(安東, 현재 지명은 단동丹東)까지는 공산당 팔로군이 점령하고 있어 더 이상 나아갈 수 없었다. 결국 피난민들은 하차를 했고, 펑티엔에서 4, 5일간을 묵었다.

단장과 나는 새로운 열차 편을 마련하기 위하여 동분서주했다. 그렇게 마련한 열차 편으로 간신히 펑티엔역을 떠날 수 있었다. 그러나 몇 시간 못 가 한 터널 안에서 팔로군의 물품 검색이 있었다. 또 얼마 안 가 펑황청鳳凰城역에 도착하자 한인 공산당 연안자치대에 붙들렸다. 고난의 연속이었다.

연안자치대에 붙들린 피난민 일행은 그곳에서 곤욕을 치렀다. 또 단장 김병화 씨와 나는 인민재판을 한다 하여 따로 조사를 받기도 했다. 그 당시 우리는 위험을 벗어나기 위해 수단과 방법을 다하여 안간힘을 써야 했다.

그곳을 벗어난 후 우리 일행은 다시 열차에 탑승할 수 있었다. 그리고 12월 25일 성탄절의 즐거움이 온 세계를 떠들썩하게 했을 무렵, 안동에 도착했다. 평소에 20여 시간이면 닿을 수 있는 곳을 무려 14일에 걸쳐 도착한 것이다.

이동 중의 비참함은 말로 다할 수 없다. 영양부족 등으로 병약자, 노인, 유아 등 수많은 일행이 도중하차하고 말았다. 간신히 우리 다섯 식구는 무사했다. 그중에 생후 2개월도 안 된 둘째가 끝까지 무사했던 것은 참으로 기적과 같은 일이었다.

안동에 도착한 우리는 수일 동안 그곳에서 묵어야 했다. 압록강이 코앞이었지만 공산당 팔로군이 도강을 금하고 있어 어쩔 수 없었다. 조국이 눈앞인데도 불구하고 그곳에 갈 수 없는 안타까운 심정은 이루 말할 수 없었다. 피난민들은 도강을 위해 사전 탐사를 여러 번 했다. 그리고 마침내 팔로군의 사격이 쏟아지는 가운데 나룻배에 의지해 압록강을 건너 의주에 도착했다. 드디어 조국 땅을 밟게 된 것이다.

우리 일행은 의주에서 다시 달구지를 타고 신의주로 갔다. 눈보라가 치는 가운데 나는 신의주역 옥상에 휘날리는 태극기를 보았다. 나는 훗날 국기에 대한 경례 의식 때마다 이날 보았던 태극기를 떠올리곤 했다.

신의주에 도착한 우리 일행은 곧바로 서울로 향했다. 아무도 기다리지 않고 또 아무것도 없는 막연하기 이를 데 없는 도정道程이었다. 여행 중에 가족들이 신열이 나기 시작했다. 오랫동안 이어진 고된 여행이었으니 당연했다. 하는 수 없이 아내의 숙모가 사는 평양으로 갔다. 평양에서 열병을 치료했는데 열병의 원인은 발진티푸스였다. 피난열차의 여독 때문에 생긴 병으로 많은 동포가 치료도 못해 보고 세상을 떠났다.

평양에서 잠시 머무는 동안 나는 소련군의 행패와 한인 공산당의 발악, 그리고 김일성 도당의 만행을 목격했다. 평양에서 지내면서 가족들의 건강이 나아지자 나는 다음 해인 1946년 3월 중순, 평양을 떠나 기차, 화물자동차, 달구지, 도보로 신막, 금천, 백천, 토성, 개성에 도착했다. 이때 인민군에게 수차례 조사를 받기도 했다.

조국을 향한 여행은 계속됐다. 그리고 드디어 38선을 넘었다. 38선을 넘었을 당시 기쁨은 이루 말할 수 없었다. 나는 38선을 넘어서며 하늘을 쳐다보았는데 하늘색도 북녘하고는 달라 보였다. 지금도 하늘을 쳐다볼 때면 그때 하늘을 생각하게 된다.

마침내 우리는 서울역■에 도착했다. '여기가 서울 조국의 땅,

자유의 땅, 광복된 내 조국'이라는 생각이 들자 감격이 물밀 듯이 밀려들어 왔다. 5세 때 어머니를 따라서 떠났다가 27년 만에 처와 어린 자식 둘과 동생을 데리고 돌아온 것이다. 하지만 조국에서의 나와 나의 가족은 길 잃은 미아와 다를 바 없는 신세였다. 나는 역 부근에서 며칠을 묵으며 갈 곳을 찾았다. 다행히 조인기趙仁基라는 고종사촌 형과 연락이 닿았다. 나는 가족을 이끌고 그를 따라갔다. 도착한 곳은 경기도 부천시 소사동이었다. 나는 그곳에 정착을 했고, 그제야 고국에 정착했다는 안도감을 느낄 수 있었다. 그리고 비로소 꿈에 그리던 사랑하는 내 고향의 품에 안겼다는 감회에 젖을 수도 있었다.

내가 서울에 돌아온 때는 1946년 3월 18일이었다. 내 나이 32세였다. 나는 지금까지 광복된 조국으로의 귀국을 생애의 몇 안 되는 기쁨 중의 하나로 여긴다. 때로는 꿈 속에서 만주 땅을 헤맬 정도로 내가 조국에 돌아왔다는 것이 실감 나지 않았다. 특히 차를 타고 광화문 중앙청 거리를 다닐 때에는 내가 정말 서울 사람인가 하는 착각을 일으킬 때도 있었다. 그리고 그때마다 이런 생각을 하곤 했다. '나는 새로운 삶을 살게 됐다. 더욱이 내 조국 수도 서울에서! 이 얼마나 영광스러운 일인가!'

■ 1900년 경성역으로 시작하여, 1905년 남대문역으로 명칭이 변경, 1923년 다시 경성역으로 바뀌었고, 1925년 역사驛舍가 준공되었다. 1946년 광복 1주년을 맞아 일제강점기의 명칭인 경성부를 서울시라 칭하기로 한 서울시 헌장이 공포되어, 같은 해 11월 1일부터 서울역이라 불렸다.

20×20

XIV. 大韓民國軍人

1. [illegible]

[illegible]

創軍의 [illegible]

2. 軍의 [illegible] 部長

管理業務

任命

昇進

보직 [illegible]

業務

[illegible]

[illegible]

給與와 [illegible]

[illegible]

福祉 厚生

[illegible]

埋藏物 [illegible]

軍用航空機 [illegible]

國軍 [illegible]

[illegible]

戰時業務

6.25 事變 [illegible]

[illegible]

大田에서

[illegible]

[illegible]

大田驛 [illegible]

[illegible]

[illegible]

大田驛의 [illegible]

大田驛 [illegible]

大田驛 [illegible]

大田驛 [illegible]

[illegible]

[illegible]

戰史에 [illegible]

[illegible]

No.

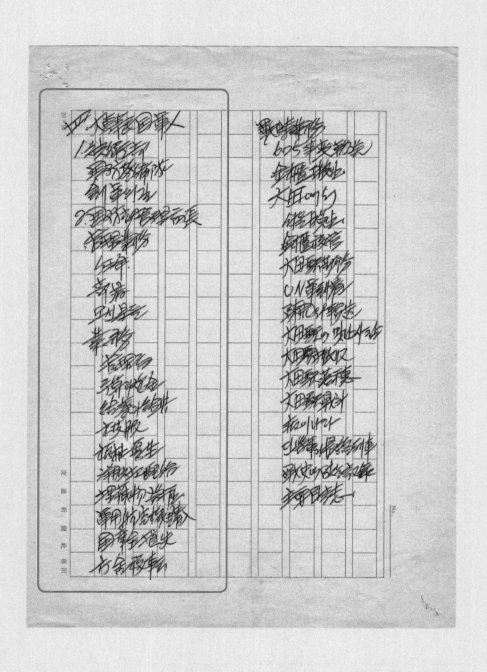

3장

국군 창군의 길

대한민국 국방부의 전신인 통위부統衛部 소속 육군 참령參領 때 모습.
1946.

출처: 육군사관학교 육군박물관

국방경비대 발족

조국에 돌아온 기쁨도 잠시, 당장 가족들의 생활고를 해결해야 했다. 그토록 갈망하던 조국에 돌아온 만큼 조국을 위해 무엇이든 봉사할 수 있는 일을 찾고 싶었다. 오랜 시간을 군에서 보냈고, 또 군에서 많은 것을 배웠으므로 당연히 군에서 그 길을 찾았다. 때마침, 그해 1월 미군정하에서 이미 국방경비대國防警備隊가 발족되었다. 여기에는 만주군 동료들이 상당수 입대해 있었고, 그들의 도움을 받아 국방경비대에 입대하게 되었다.

미군정은 1945년 11월 13일 미군정청 내에 국방사령부를 설치하고 육·해군 창설을 위한 준비를 시작했다. 당시 국방사령관은 육군대령 아르고Argo였다. 미군정은 1946년 1월 15일 국방사령부 산하에 남조선국방경비대를 창설했다. 주된 목적은 치안 유지에 필요한 경찰력의 확보였다. 남조선국방경비대가 창설되면서 국군준비대, 건국치안대 등 사설 군사 단체들은 해산되었다. 그리고 전국에 걸쳐 도청 소재지에 1개 중대가 편성되었다. 이로써 국방사령부 밑에 군사국과 경무국(군사국은 군 업무를, 경무국은 경찰 업무를 담당했으며 경무국은 1946년 3월 29일부로 독립했다), 군사국 밑에 육군부와 해군부, 그리고 남조선국방경비대사령부, 남조선국방경비대사령부 밑에 제1연대부터 제8연대와 고급부관실, 인사과, 작전과, 조달보급과라는 남조선국방경비대의 조직이 형성되었다.

그해 6월 15일 남조선국방경비대는 조선경비대로 명칭을 바꾼다. 조직도 체계화되어 총참모장 밑에 인사국, 정보국, 작전교육국, 군수국, 재정처, 의무처, 법무처, 감찰감실, 통신과, 군대감을 두었다. 1947년 6월 남조선 과도정부가 수립되자 통위부統衛部로 변경되었고, 그해 12월 1일까지 3개 여단을, 1948년 5월까지 5개 여단을 편성하였다. 남조선국방경비대가 통위부로 개칭된 것은 1946년 5월에 있었던 제1차 미·소 공동위원회에서 소련이 한국의 국방부라는 명칭이 부당하다는 이견을 제시했기 때문이다. 미군정은 이 문제를 해결하기 위해 국방부를 국내경비부國內警備府로 고쳤다가 한국 측에서 대한제국 당시 3영 가운데 하나인 통위영統衛營을 주장하자 이를 받아들여 1946년 6월 14일 통위부로 개칭했다. 또한 남조선국방경비대 총사령부는 조선경비대 총사령부로, 남조선경비대는 조선경비대로 개칭했다. 이에 따라 기존의 재정국과 재정처는 군정청 통위부 재정국과 조선경비대 총사령부 재정처로 바뀌었다. 1948년 8월 15일 대한민국 정부가 수립되자 9월 1일 국군으로 개편되었으며, 9월 5일에는 대한민국 육군으로 개칭되었다. 그리고 그해 11월 30일 국군조직법에 따라 정식으로 대한민국 국군으로 편입되었다.

1946년 1월 15일 창설된 남조선국방경비대가 미·소 공동위원회 개최를 계기로 1946년 6월 14일 조선경비대로 개칭되면서 종전까지 사용하던 계급 호칭, 계급장, 군의 휘장 등이 새롭게 개정되었다. 남조선경비대 시절, 정령, 부령, 참령, 정위, 부위, 참위, 대특무정교, 특무정교, 정교, 특무부교, 부교, 참교, 일등병사, 이등병사로 불려졌던 계급들이 조선경비대 시절에는 대령, 중령, 소령, 대위, 중위, 소위, 특무상사, 일등상사, 이등상사, 일등중사, 이등중사, 하사, 일등병, 이등병으로 변경되었다. 나도 이때에 정위라는 계급 대신 대위라는 계급을 얻게 된다.

미군정은 1945년 12월 5일 서울시 서대문구 냉천동에 있던 감리교 신학교내에 군사영어학교를 설치하고 과거 일본, 만주, 중국 등 각지에서 군사 경험이 있는 지원자 200명을 모집하여 군사에 필요한 기초 영어 교육을 실시하였다. 군사영어학교의 교장은 미군 리스Rease 소령이었고 그린 대위, 비숍 대위 등 미군 장교 셋에 부교장으로 참령 원용덕元容德과 원용덕의 세브란스 동창이었던 최용준과 임채영 목사가 교관으로 참여했다. 5개월 동안(1946년 4월 30일 폐교. 교육 수료자 총 110명) 리스 소령과 매커리 소령, 그린 대위, 비숍 대위 등 교장의 교체가 잇따르면서 교육 과정은 상당히 파행이었다.

군사영어학교에 입교한 학생들의 성분과 계급은 가지각색이었다. 당시 군영 교육은 이같이 다양한 배경을 가진 인력을 하나로 녹일 만큼 충분한 것은 못됐다. 설립 목적 자체가 통역장교 양성의 임시변통인 것이었고 이에 따라 교과도, 교재도, 교수 요원도, 시설도 엉성했다. 일종의 간이학교 수준이었다. 또한 대부분 일본군에서 경험을 쌓은 사람들이라, 영어를 갑자기 번역해 만든 우리말 구령이 서툴러 구령을 잊거나 일본어 구령이 튀어나오는 등 웃지 못할 광경도 곧잘 벌어졌다. 게다가 출신 군이 달라 파벌싸움까지 있었다. 하지만 훗날 이 군사영어학교 출신들 대부분은 군의 요직으로 진출하는 것은 물론 군 장성이 되었다.

통위부 소속 간부들과 함께
(앞줄 앉은 이들 가운데 오른쪽에서 두 번째가 본인).
1946.

국방경비대
초대 재정국장

Yu Tong Yul. Chief of National Security. and his staff members in the military administration.

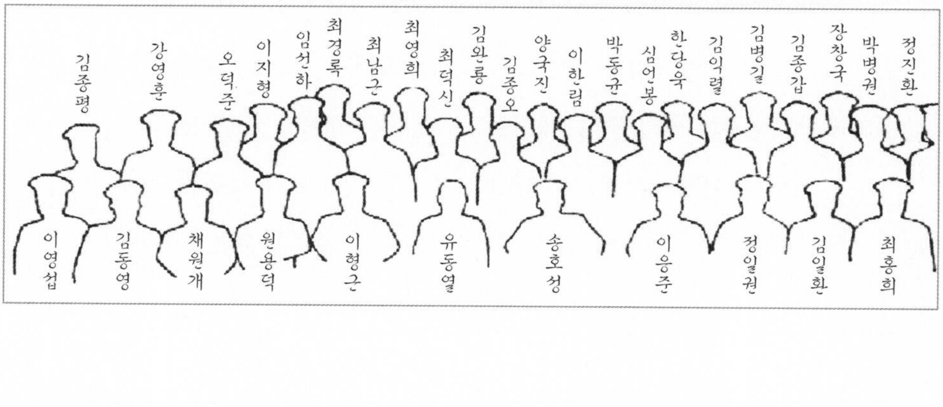

1946년 5월 1일 정위正尉의 계급으로 국방경비대 재정처에 부임했다. 군번은 '10093번'이었다. 국방경비대 재정처 소속일 뿐만 아니라 국방부 재정국 소속이기도 했다. 겸무 발령이었던 것이다.

본래 미군정청은 1945년 12월 11일 국방사령부 내에 재정국을 두었었다. 재정 업무 담당 기구는 대단히 중요했는데, 군을 창설하는 데 무엇보다도 재정이 뒷받침되어야 했기 때문이다. 국방경비대 산하에 각 도별 8개 연대를 창설할 때에 각 연대에는 창설 지휘관이자 모병관인 장교 한 명과 함께 재정관 한 명이 빠짐없이 파견되었다. 재정관이 지출하는 경비는 모두 미군이 설립한 국방사령부 재정국에서 지불하였다. 1946년 4월 8일 국방사령부는 국방부로 개칭했고, 자연히 국방사령부 재정국도 국방부 재정국이 되었다. 1946년 5월 1일, 내가 재정관으로 부임하게 되는 날에 국방경비대 총사령부는 국방부 재정국과는 독립적인 재정처를 설치하였다. 그것은 명의상의 차이일 뿐, 실제적인 기능은 국방부 재정국과 다를 바 없었다. 따라서 총사령부 재정처 직원은 조선경비대 총사령부 특명 제15호에 의해 국방부 재정국 재정장교가 겸무를 하게 된 것이다.

1946년 6월 1일 군정청 국방부 재무관으로 임명을 받고 남조선 경비대 총사령부, 국방부 사령관실, 조선해안경비대 사령부 재무관을 겸무하였다. 그해 6월 28일에는 남조선 경비대 총사령부 재정처장이 된다. 하지만 이때에는 국방경비대가 아닌 통위부 소속이었다.

1946년 7월 23일 통위부 재정국 산하 경리학교가 서울시 남산동에 설립되었다. 경비대 하사관 30명과 해안경비대 하사관 4명 등 모두 34명이 입교하여 재정 운영에 관한 실무 교육과 일반 군사 교육을 이수했다. 수료 일자는 10월 15일이었다. 나는 경리학교의 교장이었고, 생도대장은 김종평金宗平 중위였다.

통위부 경리학교는 잠정적 교육기관이긴 하였지만 다른 어느 병과보다도 앞서 설립되어 경리 교육을 실시했다는 점에서 큰 의의가 있다. 거기에는 나의 뜻과 활동이 큰 역할을 하였다. 군행정 업무의 핵심은 금전경리로서 예산, 회계 및 급여의 관리인 것이다. 이 시점에서는 경리 업무에 종사하는 인재 육성이 가장 중요한 일이어서 나는 어느 병과보다도 제일 먼저 이에 착수하였다. 1948년 5월 1일에는 통위부령으로 정규 육군 경리학교가 창설되었다.

1946년 9월 초순에는 시험관 위원장 자격으로 육군사관학교 제2기생 고시학교에서 2주간 합숙하였다. 이 2기생 중에는 훗날 대통령이 된 박정희도 있었다.

그해 9월 14일, 나는 초대 재정국장이 되었다. 당시는 남북을 분할 점령한 미·소의 냉전이 악화되던 시기였다. 양국은 점령군이 아닌 해방군이라는 인상을 주기 위해 자치 기구를 설립하였다. 그 결과 1946년 9월 14일 남조선 과도정부를 설립하고 초대 통위부장에 유동열(柳東說, 1879~1950) 장군이 취임하였다. 이전까지 국방사령관이던 대령 프라이스Terrill E. Price는 통위부장 고문관으로 임명되었다. 또 이에 따라 재정 운영에 관한 책임이 점차 한국 측으로 이양되기 시작하였으며 그 과정에서 내가 초대 재정국장에 취임하게 된 것이다.

재정국장으로 일한 기간은 1946년 9월 14일부터 1947년 6월 28일까지다. 함께 재정국 업무를 담당했던 사람들은 대위 원태섭元泰燮, 대위 김병길金秉吉, 중위 김종문, 소위 강우석康佑碩, 소위 김기형金基亨, 소위 이규동李圭東, 소위 남재목南再穆, 소위 이효(李曉, 훗날 막내동생의 장인이 됨), 해안경비대 출신의 중위 김경선金慶善 등으로 직책은 모두 나의 보좌관이었다.

이 무렵 더없이 큰 기쁨은 하얼빈에 두고 온 부모님과 남은 가족들이 서울로 돌아와 재회하게 된 것이었다.

1946년 11월 1일에는 소령으로 진급한다. 그리고 이듬해 2월 1일에는 중령이 되며, 1948년 3월 1일에는 대령이 된다. 당시 나의 나이는 34세였다.

이제 막 틀을 갖춰 가는 군에서 많은 일을 해야 했다. 그러자면 우선 미군정하에서 새롭게 도입되는 미국식 제도에 적응해야 했다. 종래의 군 경리는 금전 경리와 물품 경리가 결합되어 있었다. 그러나 미국 제도는 이를 분리하여 재정과 보급으로 나눠 놓았다. 이 제도를 우리의 제도로 잘 받아들여 부대 업무에 차질이 없도록 독려했다.

당시 나의 업무는 크게 세 가지로, 일반 업무, 교육 업무, 기타 업무였다. 일반 업무의 가장 큰 이슈는 국군 창설을 앞두고 경비대 업무를 잘 진행하여 발전시키는 것이었다. 미군과의 협력도 중요했다. 조언자이자 미국 측 책임자인 윌키John. A. Willkie 대위와 나는 1년 반 동안 매일같이 밤늦도록 일했다. 교육 업무는 경리학교를 관리하는 것이었다. 기타 업무로서는 육군사관학교 시험 감독, 교관 겸임, 그리고 군법회의 재판관 등의 업무였다.

국방부 제3국장 육군 대령 시절.
1949.

국군 창군과
국방부 제3국장

국방부로 전속한 것은 1948년 8월 15일이다. 대한민국 정부 수립에 따라 국방부와 국군이 창군되었기 때문이다.

어려운 시대 상황과 더불어 창군은 결코 쉽지 않은 일이었다. 부대 운영에서 어려웠던 일 중의 하나는 신병 모집이었다. 미 고문 측은 사상에 대해서는 불문하고 중학교 이상의 학력과 신체 건강을 조건으로 세웠고, 우리는 무엇보다도 사상에 신중하자고 했다. 하지만 미국은 이를 받아들이지 않았다. 이는 훗날 군 안에 좌익이 침투해 사건을 발생시킨 원인이 되었다.

또 하나는 식량 문제였다. 미군정은 미곡 가격 안정을 위해 시도 간의 미곡 유통을 금지했다. 이 때문에 서울지구부대와 사관학교의 급식은 매우 어려웠다. 당시 육사 2기생들은 쌀 부족으로 고구마를 오랫동안 주식으로 해야만 했다.

그러나 이러한 열악한 상황 속에서도 그 어느 때보다 용감하게 건군의 길로 정진했다. 그것은 군이 다른 나라, 혹은 다른 민족의 것이 아니라 바로 우리나라, 우리 민족의 것이기 때문이었다.

그전까지 직장이라고는 외국인들과 함께했었는데 우리 동족끼리 책상을 마주하며 일하는 것이 이때가 첫 경험이었으므로 기쁘고 조심스럽게 지냈다. 특히 우리는 국군 창군의 길을 앞두고 비록 자주성은 없었으나 군대의 경험 유무를 막론하고 한마음, 한뜻으로 성심성의를 다했다. 이러한 상황에서는 영광스럽고 성스러운 창군의 길에 한 알의 '밀알'이 되겠다고 각오했고, 더 이상의 것은 바라지 않았다.

국방경비대에서 국방부로 자리를 옮겨 그해 9월 육군 대령으로서 제3국장이 되었다. 대한민국 정부 수립 후 미군에 의한 임시 군대가 아닌, 대한민국에 의한 정식 군대에서의 첫 직책이었기에 그 감회는 매우 남달랐다. 이로써 제2의 생애를 맞이한 셈이었다. 돌이켜보면 얼마나 감사하고 감격스러운 일인지 모른다.

창군 당시 국방부는 비서실과 제1국(군무), 제2국(정훈), 제3국(관리), 제4국(정보) 및 항공국의 본부 기구와 육군본부, 해군본부로 조직되었다. 제3국은 군수 행정, 영선 관리, 재무 관리, 후생, 예산, 경리과로 나누어져 있었으며 각 군 군비 사항 통제 및 조정, 감독, 국방 예산, 회계 운영, 복지 시설, 휼병恤兵 업무를 관장했다.

나는 1951년 6월 국방부 차관으로 전출될 때까지 2년 10여 개월이라는 기간 동안 제3국장 직무를 수행했다. 6·25전쟁 기간에도 계속된 업무였다. 이때 모신 분들로는 이범석李範奭 장관(1948.8~1949.3 역임), 신성모申性模 장관(1949.3~1951.5 역임), 최용덕崔用德 차관(1948.8~1950.5 역임), 장경근張璟根 차관(1950.5~1951.6 역임) 등이다.

이범석 장관은 국무총리도 겸임하였다. 유명한 청산리전투를 비롯하여 독립운동 출신의 명장이었다. 초대 국방부 장관을 맡으며 우리 국방력의 기초를 세웠고 놀랄 만한 행정의 원리 원칙을 내세웠다. 나의 결재 서류에는 거의 모필毛筆로 주서註書했으며 또한 공사를 확실히 구분했고 인정이 많은 분이었다. 나는 이 시절 국방부 국장으로서 훌륭한 편달을 받았다. '정훈政訓'은 이 장관의 창의적인 제도였다. 국가지상, 민족지상의 철학을 갖고 있었고, 반공에 철저했다. 또한 인화단결에 뿌리를 내리려고 노력했다. 재직 기간이 7개월이어서 나로서는 매우 아쉬웠다.

신성모 장관은 이범석 장관 후임으로 내무부 장관(1948.12~1949.3 역임)을 거쳐 국방부 장관으로 부임했다. 영국 상선학교를 졸업하고 선장 경력을 가진 분이며 임정 등에 협조한 독립애국지사였다. 행정은 잘 모르지만 인정 많은 분으로서 상사에 대한 충성심은 각별하였다. 재직 2년 2개월에 6·25전쟁을 거쳐 파란만장의 일들을 겪었다. 나는 시종 제3국장으로서, 또 가장 측

근의 한 사람으로서 공사의 일을 잘 도와드렸으며 이때에 수많은 일화가 남아 있다. 그리고 몇 년 후인 1956년 내가 상공부 장관 재직 시에 상공부 산하傘下의 해양대학교 학장을 역임하였다.

최용덕 차관은 중국 공군군관학교 출신으로서 중국 공군에 있다가 독립군으로 투신, 임정 요직을 거친 애국지사였다. 이범석 장관과 같이 국방부에 왔다가 1년간 재직하였고 공군 창설에 힘썼으며 온후한 덕장德將이었다.

장경근 차관은 판·검사 경력자이며 내무부 차관(1949.4 ~ 1950.3 역임)을 거쳐 부임하였다. 이분은 법학도로서 특히 6·25전쟁 전후 군과 군 관련 보안 업무에 신중하였다.

제3국장으로 재정 업무를 담당하기도 했던 나의 중요한 업무는 군수와 영선營繕의 통제, 재산 관리 및 후생에 관한 사항이었다. 또 군의 창설, 발전, 성장과 국고물자 그리고 미 군사원조와 미 경제원조 등을 처리하는 것이었다. 군사 원조물자에 관해 육·해군 고문단과 직접 업무를 수행하는 것도 나의 업무였다. 예산과 자금에서는 건국 초 재정이 빈약한 정부에 국방비 부담은 큰일이었으므로 당시 이를 위하여 국채를 처음 발행하는 등 어려운 일이 많았다. 재미있었던 것은 당시 제헌국회의 국방분과위원회에서 국회의원들이 주판을 손수 가지고 나와 주판알을 놓아가면서 이것을 따졌던 기억이다.

급식은 쌀과 보리를 혼합하여 일 5홉合을 배식했고, 화랑담배가 1일 1갑 배급되었다. 그리고 사병 군복의 상하의만 국고 부담이었고 기타 내의, 군장, 군화 등은 미군 원조품이 보급되었다. 1949년 4월에 일반 장병들과 가족들을 위해 군인 호텔을 복리후생 시설로 개관했다. 서울 중구 회현동에 있던 적산가옥인 욱정旭町호텔을 취득하여 50여 명 정도를 수용할 수 있었다. 호텔이라기보다는 숙박 시설에 가까웠다.

양복지 배급에 있어서는 불미스러운 사건이 있었다. 1949년 가을, 군은 해군장교 양복지를 무역상을 통해 구입하기로 했다. 그런데 이 양복지가 마카오에서 들여온 밀수품이었다. 인천 사정국에 적발되어 제3국이 조사를 받는 난처한 지경에까지 이르렀다. 결국은 모두 몰수하여 대통령의 인가를 받아 장교 전원에게 한 벌씩 무상 배급하는 것으로 마무리가 되었다. 전무후무한 후생 사업이었다. 이승만 대통령께서 크게 문제 삼지 않은 것은 고마운 일이었다.

그해 초, 어린 시절 중국인들에게 훌륭한 분이라고 말로만 듣던 이승만 대통령을 중앙청에서 처음 뵈었다. 국무회의에 국채 발행에 관해 설명하기 위해 신성모 장관을 따라 들어간 것이 그 계기가 됐다. 이후 이 대통령이 직접 국방비 지출에 관해 결제를 하면서 월 2, 3회씩 대통령을 찾아뵐 수 있었다. 이후부터 이분의 도움과 또 지도를 받을 수 있었다. 여기에 세상에 알려

지지 않은 몇 가지 일화를 간단히 밝혀 둔다.

1951년 여름이었다. 당시 국방부 차관이었던 나는 군인 가족들의 생활을 돕기 위한 대책위원회의 책임을 맡았다. 재원을 확보하기 위해 사업체를 만들었다. 운영이 순조롭지 않아 고심하던 중 하루는 차관직을 그만두고 그 사업체를 맡아 달라고 해서 이에 동의했다. 그런데 며칠 후 차관직을 계속하라는 대통령의 지시가 있었다.

그분의 놀라운 면들도 많이 보았다. 1951년 9월의 일이다. 제1회 참전육해공군 합동 위령제를 부산 동래에서 거행했다. 나는 귀빈 좌석 안내를 맡고 있었다. 그런데 뜻밖에도 부통령 좌석에 문제가 생겼다. 초청받지 않은 이시영李始榮 전 부통령(1948.8 ~ 1951.5 역임)의 참석으로 좌석이 하나 부족했던 것이다. 나는 무척 당황했다. 그때 프란체스카 여사가 재빨리 근처에 있는 철제 의자를 직접 들고 와서 앉고는 자기 책상은 전 부통령에게 내어 주었다. 그리고 이 대통령께서도 자연스럽게 받아들이는 듯했다. 두 분께 무척 감복했다.

나는 대통령 암살 미수사건 현장에도 있었다. 1952년 6월 25일 6·25전쟁 관련 대회였다. 부산의 범일동 사거리에 많은 시민들이 몰려 있었다. 그때 누군가가 단상에 있는 이 대통령을 향해 총을 쏘았으나 다행히 불발이었다. 천우신조였다. 이 대통령은 소란에도 아랑곳없이 연설을 끝까지 마쳤다. 그날 이 대통령의 의연한 모습은 참으로 놀라운 기억으로 남아 있다.

이 대통령을 가까이 모시면서 그분의 놀라운 면들을 발견하곤 했다. 이것을 나는 '이승만 대통령과 영부인'이라는 원고에 따로 기록해 두었다.

제3국장 재직 시에 매장물 발굴 사업에도 참여했다. 여기서 매장물은 일본군 병기창의 주요 부품들을 말한다. 당시 경기도 부천시에는 해방 전 일본군 병기창이 있었는데, 일본이 패전하면서 그 관내에 주요 부품들을 매장한 것이다. 이권업자들이 현지 부대의 허가를 받아 제멋대로 발굴하는가 하면 고위층을 통해 국방부에 요청하는 등의 일들이 매우 복잡했다. 이에 나는 국방부 제3국에 매장물 처리위원회를 설치하여 이를 지휘 감독했다.

군용 항공기 구입 헌납에도 관여했다. 1949년 2월 8일 국군용 항공기 구입 헌납금의 취급 규정이 국방부 훈령 제2호로 선포되면서 이 헌납금의 취급 사안을 제3국이 관장했던 것이 그 인연이다. 당시 군용 항공기를 구입하는 데 헌납 운동을 벌였던 것은 군비가 극도로 빈약했기 때문이다. 이때 들여온 항공기는 AT6 10대였으며 연습기로 활용되었다.

1948년 10월에는 여수·순천반란사건을 겪기도 했다. 이 사건으로 부대에 보관 중이던 국고금의 상당수가 분실되었다. 나는 한국은행과 사후 처리를 원활하게 하기 위해 고심해야 했다.

그리고 1949년 6월 현재 서울 을지로 외환은행 본점 자리에 있던 국방부 청사를 서울 용산 서빙고에 있는 수도여단 사령부 청사로 이전하는 데에도 참여했다. 현재 이 청사는 6·25 때 소실되어 남아 있지 않다.

十四. 大韓民國軍人

1. 全北編成

軍의 移動 配置

創軍의 길

2. 國防部 人事管理部長

管理事務

任命

部署

보직 변동

業務

召集令

豫算 배정

給養과 給與

軍服

福祉 衛生

補給 工廠 보급

埋藏物 발굴

軍用 航空機 購入

國軍 資金 損失

廳舍 移轉

戰時 事務

605 부대 勤務

金權鎬 少佐

大田 여행

創設 部隊

金權鎬 會長

大田 駐屯 部隊

ON 부대 創設

朝鮮人 부대

大田 駐屯의 생활

大田 駐屯 撤收

大田 駐屯 基地

大田 駐屯 設計

지휘 이양

士兵들의 最後 列車

戰史에 남을 記錄

主要 日誌

4장

6·25 전쟁

"전쟁 발발 당시 국방부 3국장(군수·경리담당)이었던 김일환 회장은
신속하고 정확한 상황 판단으로 막대한 금·은괴가
북한군의 수중에 송두리째 넘어가는 불상사를 막음."
1980.6.25. 〈중앙일보〉

지금은地金銀 후송작전

"금괴와 國難의 기묘한 인연 6·25때 반출 IMF기금 쓰여"

당시 후송작전 지휘맡은
김일환 교통신문사 회장
'반세기 걸린 연줄' 회고

김일환 회장

6·25와 국제통화기금(IMF).

IMF 도움 없이 연명하기 어렵게 된 지금의 경제현실을 흔히 '6·25 이래 최대의 국난'이라고 표현하지만 실제 6·25와 IMF는 이런 비유를 훨씬 뛰어넘는 긴밀한 역사적 인연이 있다.

50년 6·25 발발 직후 수도 서울 중앙은행 지하금고에서 극비리에 반출돼 미국 피난길에 오른 금·은괴가 종전(終戰) 직후인 55년 대한민국의 IMF가입 출자금으로 요긴하게 쓰인 일이 그것이다.

그해 6월28일 서울함락 직전 국방부 대령 신분으로 이틀만에 서울에서 대전까지 금·은괴 후송 작전을 성공적으로 수행했던 김일환(金一煥·84) 교통신문사 회장은 꼭 48년 전 벌어진 드라마 같은 상황을 반추하면서 감회에 젖었다.

당시 한국은행의 외환보유고는 고작 3천만달러.

전쟁발발 당시 국방부 3국장(군수·경리담당)이었던 金회장은 신속하고 정확한 상황판단으로 막대한 금·은괴가 북한군의 수중에 송두리째 넘어가는 불상사를 막음으로써 6·25 전사(戰史)에도 이름이 오른 인물. 국방부 차관을 거쳐 50년대 후반 제1공화국 때 교통·내무·상공장관을 두루 역임했다.

북한군 서울진주 하루 전인 6월27일 화급히 구용서(具鎔書)한국은행 총재에게 달려가 '김일환' 이름 석자 적은 영수증만 달랑 건네고 3.5t에 달하는 일국의 중앙은행 보유 금·은괴 89상자를 트럭 한대에 쏟아담아 한강을 건넜고 다음날 새벽 한강다리는 끊어졌다.

28일 대전에서 해군으로 인계된 금·은괴는 29일 경남진해 해군통제부에 무사히 도착했고 부산으로 옮겨진 뒤 미국정부의 권고에 따라 8월1일 샌프란시스코로 수송됐다. 이는 또다시 뉴욕 연방준비은행(FRB)에 기탁됐다가 55년 8월 한국이 IMF 및 세계은행에 가입할 때 출자금으로 충당돼 다시는 한국에 돌아오지 못하는 운명을 겪었다.

홍승일 기자
<hongsi@joongang.co.kr>

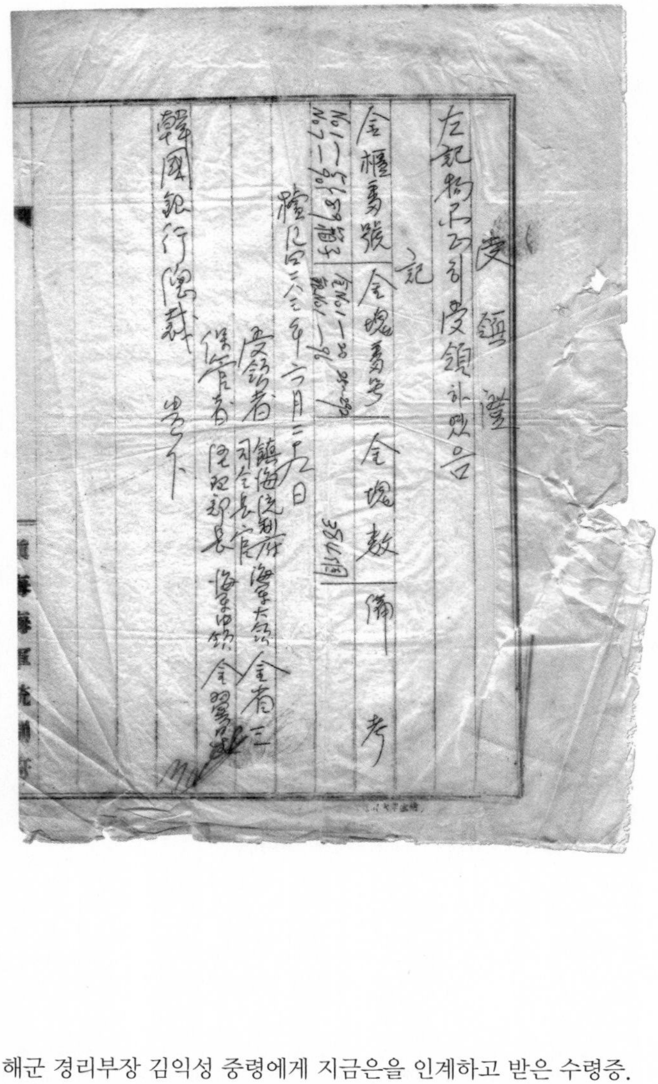

受領證

左記物品을 正히 受領하였음

記

金櫃番號	金櫃數	備考
No 1-5 No 7-90 89箱	384個	

檀紀四二八三年六月二十九日

受領者 鎭海統制府 司令長官 海軍大領 金省三

保管者 經理部長 海軍中領 金翊成

韓國銀行總裁 貴下

6·25전쟁 직후 해군 경리부장 김익성 중령에게 지금은을 인계하고 받은 수령증.
“좌기물 정히 수령하였음. 금괴번호 No 1-5 7-90 89상자……384개(총).
단기 4283년 6월 29일 수령자 진해 통제부 사령장관 해군대령 김성삼,
보관자 경리부장 해군중령 김익성, 한국은행 총재 귀하”
1950.6.29.

나의 1950년대는 6·25전쟁이라는 큰 비극과 함께 시작된다. 1950년 6월 25일 새벽, 북한 공산군이 38선을 넘어 남침함으로써 6·25전쟁이 발발했다. 이 전쟁은 1953년 7월 27일까지 3년간 계속됐다.

1950년 6월 25일은 평화로운 일요일이었다. 나는 군 납품업체의 공장 시찰을 위해 직원 두 명과 함께 답십리 방면의 군수업체에 나가 있었다. 오전 8시경이었다. 그때 갑자기 국방부의 비상소집이 있었다. 나는 급히 복귀했고, 국방부에 들어가서야 북한의 남침 소식을 접했다.

국방부에 들어서자마자 전시戰時 업무에 들어갔다. 전국의 모든 군수물자를 통제하고 재고 조사를 지시했다. 나에게 전시의 군 업무는 그다지 생경한 것은 아니었다. 1945년 소련의 만주 침공 시에도 만주 군관구 사령부 경리장교로서 전쟁을 경험해 본 전력이 있었던 것이다. 하지만 그 당시에는 소련과 일본의 전쟁이었고 이번에는 같은 민족끼리의 전쟁이었다. 돌이켜보면 참으로 엄청난 비극이 벌어진 것이었다. 그때의 참담한 심정은 글로 옮기기가 어렵다.

전군이 전시 업무에 돌입한 가운데 오후 2시에 육군본부 참모 회의가 소집되었다. 그리고 다음 날 오전 10시에는 국방부 본 회의실에서 육군 고문회의가 있었다. 이 자리에는 당시 신성모 국방 장관을 비롯하여 전 국방부 장관인 이범석 장군, 광복군 출신인 오광선(吳光鮮, 1896~1967) 장군 등이 참석했다. 나는 장관 수행 자격으로 참석했다.

이 자리에서 특별한 해결책을 찾을 수는 없었다. 일찍부터 소련의 지원을 받아 전쟁을 준비해 온 북한에 비하면 국군의 전력은 어린애 걸음마 수준이었기 때문이다. 게다가 당시 국군은 5월 1일의 노동절, 5월 30일의 국회의원 선거, 북한의 평화 공세 등 일련의 주요 사태로 인해 오랫동안 비상근무를 해왔기 때문에 경계태세가 이완된 상태였다. 특히 북한의 평화 공세에 대비하여 하달되었던 비상경계령이 6월 23일 24시를 기해 해제되어 병력의 3분의 1 이상이 외출 중인 상태에서 기습 공격을 받았다.

이날 나는 국방부 제3국 요원들을 전국 주요 공장에 파견하여 양곡, 피복, 일용품, 연료 등의 모든 물자를 통제하도록 지시했다. 그리고 군 수뇌회의를 마친 후 신성모 장관에게 우선적으로

군 양곡과 소요 자금을 확보해야겠다고 보고해 승낙을 받아냈다. 6월 27일 새벽 1시에는 각 군 수뇌자首腦者 회의가 열렸다.

사태가 긴급한 만큼 회의는 철야로 진행되었다. 이어서 아침 7시에는 국방부 수뇌회의가 열렸다. 신 장관을 비롯한 장·차관, 그리고 각 국장 등이 국방부 회의실에서 각자 소관 업무에 관한 대책을 마련했다.

나는 국방부에서 정부 기관 및 민간물자를 통제하고 모든 재산을 보호하고 관리할 것을 제의했다. 이 제의에 따라 한국은행에 보유하고 있던 금을 북한 공산군에게 빼앗기지 않기 위해 후송하는 안건이 거론되었다.

나는 즉시 한국은행 구용서具鎔書 총재에게 전화를 걸었다. 나중에 알게 된 일이지만 당시 구 총재 역시 지금은地金銀■과 미발행 은행권의 반출 문제로 골머리를 앓고 있었다 한다. 그는 교통부에 수송 협조를 의뢰했지만 군이 차량을 모두 징발해 갔기 때문에 어렵다는 통고를 받은 뒤였다. 은행 차량도 군에 징발된 상태였다. 이러한 상황에서 그는 내 전화를 받고 반색을 했다.

■ 한국은행이 보관 중이던 금괴와 은괴로, 이후 미국으로 반출되어 1955년 국제통화기금 IMF 발족 시 출자금으로 전환되었다. 전쟁 발발 직후 보유 지금은은 89상자로 순금 1,070킬로그램, 은 2,513킬로그램이었다. 한국은행, 〈한국은행 60년사〉(서울: 한국은행, 2010), 350쪽 참조.

그는 나에게 도와달라고 호소했다. 나는 "한국은행 지금은 이동계획에 관하여 국방부 장관 각하를 만나 정식 요청해 주십시오. 이상입니다" 하고 짧게 대답하고는 그날 아침 세수도 못한 채 한국은행으로 달려갔다.

내가 부관과 호위병 한 명을 데리고 한국은행 총재실에 도착한 것은 6월 27일 오전 9시 즈음이었다. 나는 구용서 한은 총재를 만나 방문 목적을 설명하고 반출 방법을 함께 모색했다. 그리고 곧 최순주崔淳周 재무부 장관을 만나 경위를 설명하고 다시 신성모 장관을 만나 군의 협조를 부탁했다. 신성모 장관은 그 자리에서 서울지구 헌병 사령관 송요찬宋堯讚 대령에게 전화를 걸어 한국은행의 지금은을 반출하는 데 협력하라고 지시했다.

이후 나는 전시 집무를 위해 국방부에 남고 구 총재는 금궤 포장을 위해 다시 한국은행으로 갔다. 신 장관의 전화를 받은 송 대령이 헌병 20여 명을 지휘해서 트럭 한 대를 가지고 은행에 도착한 것은 오전 10시쯤이었다.

지금은 포장 작업은 발권국의 지금은 보관 책임자 장치묵張治默 참사, 업무부의 지금은 취급 책임자 김관수金觀洙 기사와 호송책임자 홍구표洪九杓 헌병 소령 입회 아래 비밀리에 이루어졌다. 또 보통 물건처럼 위장하기 위하여 지금은 궤짝을 광목과 가마니로 거듭 포장했다. 작업이 끝난 것은 오후 2시였다. 총 중량은 4톤 반이었다.

그 사이 구 총재는 다시 국방부로 돌아와 '영수증'이 아닌 '예수증預收證'이라는 이름의 보관증을 나에게 요구했다. 훗날 한국은행 문서부 차장의 증언에 따르면, 구 총재가 영수증이 아닌 예수증을 요구한 것은 수송을 위해 일시 군에 맡긴다는 뜻을 담았던 것이라 한다. 즉, 이동권은 있어도 처분권은 없다는 뜻이다.

나는 구 총재와 함께 채병덕蔡秉德 참모총장을 찾아갔다. 장관은 이미 피신을 하고 자리에 없었기 때문이다. 나는 채병덕 참모총장에게 나 자신이 작성한 지급은 예수증을 내놓으며 서명을 부탁했다. 하지만 탄띠를 허리에 두르고 철모를 쓴 채병덕 참모총장은 "난 작전책임자요. 이런 건 장관이 해야지 어떻게 내가……" 하고 몸을 사렸다. 이에 나는 "각하가 대행하셔도 좋습니다" 하고 여러 차례 거들었으나 끝내 채 참모총장은 용기를 내지 못하고 "그렇다면 당신이 하구려. 당신은 제3국장이니까" 하고 말했다.

하는 수 없이 나는 스스로를 보관자로, 채 육군 참모총장을 입회자로 하는 예수증을 그 자리에서 작성하여 구 총재에게 넘겨주었다. 구 총재는 다시 은행으로 돌아갔다. 돌아가는 길에 자신의 호위를 맡은 육군 대위에게 은행 간부 수송용 트럭 한 대를 징발하자고 제의했고, 후암동 고개에서 운전기사까지 딸린 민간 트럭을 발견, 징발해서 은행으로 데리고 갔다.

구 총재가 돌아간 후 나는 후암동 집에 들렀다. 전시의 군인으로서 목숨을 부지할 수 있을지 미지수였기 때문에, 또 내 가족만을 돌볼 수 없는 처지였기에 마지막 작별 인사를 하기 위해서였다. 때는 정오경이었다.

나는 가지고 간 한 달치 봉급을 아내에게 전하고 부모님께 큰절로 하직인사를 드렸다. 아내에게는 언제 다시 만날 수 있을지 기약할 수 없다고 말했다. 가족을 도강남하渡江南下 피난시킨다는 것은 전혀 생각지 못했고 또 그렇게 할 수도 없었다. 그 후에 안 사실이지만 고위층이나 동료 대부분이 가족들을 남하시켰다고 한다.

나는 가족들의 피난을 생각하지 않았다. 1945년 8월 해방 당시에는 살아남아서 가족과 함께 내 조국으로 돌아갈 수 있다고 생각했지만, 이번 경우는 달랐다. 아무런 준비가 없었던 우리 군이 공산 괴뢰군에게 남침통일이 된다면 그 결과는 짐작할 수 없었다. 그리고 이 금궤는 우리 국가의 총재산이며 만일의 경우 이를 대만으로라도 후송할 각오를 해야 했다. 가족에게 언제 다시 만난다는 기약을 할 수 없었다. 해방 당시 남달리 고생을 해보아서인지 이때 비상한 각오를 한 것 같다.

가족들에게 작별 인사를 하고 곧바로 한국은행으로 갔다. 같은 날 오후 2시에 이미 포장된 금궤를 적재한 트럭 두 대가 한국은행 앞에 대기하고 있었다. 이 두 대의 트럭을 인솔하여 임시 육군본부 지휘소가 설치된 시흥보병학교로 갔다. 나의 지휘 아래 은행 지하실에서 89개의 금궤 상자를 반출하는 동안 정부는 대전으로 이전하고 육군본부 역시 철수하고 있었다.

서울의 상황은 긴박했다. 하지만 나는 거꾸로 시흥에서 서울로 돌아와야 했다. 한은에서 군 관계 국고금을 꺼내어 각 군에 나눠 주기 위해서였다. 서울로 돌아오는 중 한강대교 폭파를 위해 통행을 통제하고 있는 육군 공병대와 마주쳤다. 이들은 상부로부터 폭파 명령을 받아 대기 중이라며 서울행을 제지했다. 나는 직책과 사정을 밝히고 우여곡절 끝에 한강을 건넜다. 서울에 돌아와 우선 사무실에 들러 남은 일을 처리했다. 그리고 곧바로 한국은행으로 갔다.

마침 한은의 조사부장이던 장기영(張基榮, 한국일보 회장 역임) 씨가 숙직을 하고 있었다. 장 부장에게 한은의 돈을 받아 각 군에 필요한 돈을 현찰로 나누어 주었다. 그 정확한 액수는 기억이 나지 않으나 육군 트럭 3대, 해·공군에 각 1대의 분량이었다. 89개의 금궤 상자는 물론이며, 트럭 5대 분량의 현찰이니 어마어마한 액수임에는 분명했다. 1950년 6월 27일 오후 7시경이었다.

다음 날 새벽 2시, 나는 채병덕 육군참모총장으로부터 한강철교가 곧 폭파될 것이라는 전화를 받았다. 곧바로 지프차를 타고 본부를 나서 한강대교를 지났다. 만감이 교차했다. 영등포

대방동 부근을 지나는 순간, 등 뒤에서 '꽝' 하는 한강대교 폭파음이 들려왔다. 극적인 순간이었다. 이러한 사실을 몰랐던 피난민들은 끊어진 다리에서 수장되는 비극이 벌어지기도 했다.

집결지인 시흥보병학교에 다시 도착한 시각은 새벽 3시였다. 이미 그곳에는 채 총장과 전날 이곳에 와 대기 중이던 금궤 호송대, 그리고 한국은행 구용서 총재 일행이 기다리고 있었다. 나는 이 일행을 직접 지휘하여 대전으로 이동했다.

일행이 대전에 도착한 것은 6월 28일 낮 12시였다. 나는 먼저 트럭에 싣고 온 금궤를 한국은행 대전지부 금고에 보관시켰다. 곧바로 충남도청에 가서 신 국방부 장관에게 도착 신고를 했다. 그다음에는 도청 별관 청사에 이미 설치되어 있는 관리국 사무실에 나가 전시 직무를 시작했다. 한시도 쉴 수 없는 행보였다.

이튿날 오후 2시경 금궤는 진해 해군 통제부에 도착하여 인수해 갔다. 인수 책임자는 경리부장인 김익성金翼星 해군 중령이었다. 이때 주고받은 수령증을 지금까지 보관했는데 얇은 피지 두 장을 종이끈으로 묶은 것이었다.

그 후 금궤는 진해 LST함정에 보관했으며, 8월 1일 미국 정부의 권고에 따라 경주박물관 소장 국보 및 유물과 함께 부산을 거쳐 미국 상선 편으로 미국의 샌프란시스코로 건너갔다. 이것이 또다시 뉴욕 연방준비은행FRB에 기탁되었다가 1955년 8월 한국이 IMF 및 세계은행에 가입할 때 출자금으로 충당되었다. 이로써 '가장 무거웠던 피난 보따리'나 '가장 길었던 3일'이라는 제목 등으로 국내 언론뿐만 아니라 일본의 〈문예춘추〉에도 소개되었던 금궤 반출 사건이 일단락되었다.

훗날 공산군이 서울에 들어와 제일 먼저 찾은 것이 한국은행의 지금은이었다고 한다. 혈안이 되어 찾아도 찾을 수 없고 단지 나의 명의로 된 보관증만 발견하자 공산군은 "김일환이 금덩어리를 약탈해 갔다"는 방송을 내보냈다고 한다.

'현대사 재발견: 한국 대통령 시리즈'라는 이름으로
'이승만' 편에서 6·25 초기 행적을 다룬 기획기사.
"이승만은 불과 3일 만에 서울이 함락된 책임을 물어 6월 30일 오전
참모총장 채병덕을 해임하고 후임에 정일권 준장을 소장으로 승진시켜
육해공군총사령관 겸 육군참모총장에 임명했다."
1995.8.24. 〈조선일보〉

경주박물관 국보 반출

(15) 10版 第23122號 조선일보 西紀 1995年 8月 24日 木曜日

現代史재발견「한국대통령」시리즈

거대한 생애 李承晩 90년 <46>

6·25 초기 행적

戰爭발발 4시간뒤 첫보고받고 격노

軍·警 정보보고 혼선…「단순충돌」로 파악

蘇機 서울비행에 27일새벽 열차 피난

피난가던 이승만 大邱서 回車… 大田선 美軍참전듣고 고무

◇이승만은 개전 3일만에 서울이 함락된 책임을 물어 6월30일 오전 참모총장 채병덕을 해임하고 후임에 미국에서 급거 귀국한 정일권준장을 소장으로 승진시켜 육-해-공군총사령관 겸 육군참모총장에 임명했다. 선거위원회 용지에 친필로 작성된 임시 임명장은 당시의 급박했던 상황을 잘 보여준다.

◇북한군 행렬 탱크를 앞세운 북한군은 불과 3일만에 서울을 점령했다. 소달구지까지 동원해 남하하고 있는 북한군 행렬.

◇초조한 이승만 6월30일 이승만이 무초대사(오른쪽) 및 드럼라이트 참사관, 처치준장(왼쪽끝) 등과 함께 29일 수원비행장에 도착한 맥아더원수를 맞으러 가는 장면.

◇공산군 도발현장 6·25가 발발하기 전에도 남과 북 사이에는 38선에서 잦은 무력충돌을 빚었다. 사진은 6·25 직전 옹진반도의 공산군 도발현장을 시찰하고 있는 한국군 수뇌부와 유엔한국위원단.

(11) 16版 第23126號 조 선 일 보 西紀 1995年 8月 28日 月曜日

現代史재발견 「한국대통령」 시리즈

거대한 생애 李承晩 90년 <47>

6·25 초기행적

戰況 잇단 오판… 혼란 부채질

서울함락 4시간前까지 "死守하라" 방송

한강橋도 같은 시간 폭파돼 민심 등돌려

釜山피난 결심… 木浦서 폭풍우만나 19시간 사투벌이기도

◇끊어진 한강철교

◇부산서 전황청취

◇지붕없는 광화문

"'내 아까 누구보고 얘기하여 한 자루 구해 달라고 했지. 급해지면 나도 한두 놈쯤 거꾸러뜨릴 수 있지 않겠어. 마지막 남은 총알은 우리 몫이고…….' 대통령은 이때부터 부산 피란 시절 3년 동안 하루도 안 빼고 이 권총을 침대 머리맡 시트 밑에 숨겨놓고 잠자리에 들었다고 한다."

1995.8.28. 〈조선일보〉

1950년 6월 28일 대전에 도착한 후 임시로 설치된 제3국 사무실에서 업무를 보다가 이틀이 지난 6월 30일 대전역 부근으로 자리를 옮겼다. 국방 장관 특명에 의해 대전에서의 수송 통합 업무가 맡겨졌기 때문이었다. 본래 이 업무는 육군수송감이 담당해야 할 일이었지만 전시 중이라 공백이 되었다. 나는 대전역 구내 객차에 사무실을 설치하고 그곳에서 숙식하며 업무를 보았다.

당시 대전역장은 윤기尹起 씨였는데 대전역에 근무하면서 좋은 인연을 쌓았다. 그는 매우 진실한 사람이었다. 훗날 내가 교통부 장관을 역임할 때에 윤기 씨를 서울역장으로 임명했다. 또 대전철도국장 송원영宋元永 씨, 교통본부 육운국장 진병호秦丙昊 씨와도 인연을 쌓았다. 전시 체제였으므로 이들은 모두 나의 지휘를 받았다. 나는 국방부 특명으로 본부국장, 지방국장 등 6명에게 대령, 중령, 소령 등의 계급을 부여했고, 서대전 군 창고에서 바로 군복을 입혔다. 그때 진병호 국장에게는 나의 대령 계급장을 직접 떼어 달아주기도 했다. 송원영 씨는 내가 교통부 장관으로 재임하던 시절 차관으로 인연이 이어졌다.

대전에서 근무하면서 인연을 맺은 이는 이들뿐만이 아니다. 전·현직 정부 관료들을 만날 기회가 많았다. 전황과 정부 동향, 그리고 피난 열차에 관하여 알고자 역 사무실에 자주들 찾아왔기 때문이다. 그중에서 이범석 전 장관 그리고 허정許政 전 교통부 장관 또 피난 중인 이기붕 서울특별시장 등을 기억한다. 여러 차례 만나 뵙던 이기붕 시장은 그 후 국방부 장관이 되면서 나를 차관으로 기용하였다. 대전역의 인연이라고 할 것이다.

대전에서의 생활은 매우 긴박했다. 피난 열차는 지붕까지 피난민으로 가득 찼다. 해방되어 만주에서 환국할 때 그 풍경, 그 고생하던 피난 열차를 연상케 했다. 인산인해의 열차를 타고 고국으로 돌아온 지 5년 후 이런 일을 또 당하니 눈물을 금할 수가 없었다. 그리고 혹시나 서울에 두고 온 나의 가족들이 열차 안에 있지 않나 하고 얼마 동안은 신경을 쓰게 됐고 무슨 기적이나 없을까 혼자서 마음 졸이기도 했다. 남들 앞에서는 웃었지만 속으로는 많은 걱정과 울음을 삼켰다.

마음속 가득한 고뇌를 안고 구내 열차를 사무실 겸 침소로 이용해야 했던 열악한 환경 속에서 혹독한 몸살감기를 앓기도 했다. 침식도 제대로 못했고 또 고열이 계속되어 며칠 동안은 거동조차 하지 못했다. 약도 없었고, 병원도 없었다. 나는 끝내 졸도하고 말았다. 이런 나를 각별히 살펴주고 간호해 준 사람은 당시 국방부 장관실에 근무했던 김진숙金眞淑 소령이었다. 그녀는 당시에 귀한 인삼을 끓여 나에게 가져다주기도 했다. 덕분에 나는 빨리 회복하여 대전역 근무에 최선을 다할 수 있었다. 평생 잊지 못할 은인의 한 분으로 지금도 간직하고 있다. 이것이 인연이 되어 나는 훗날 여군들을 위해 남다른 관심을 갖고 도와주게 되었고, 당시 군에서 유일한 후원자가 되기도 했다.

나의 마음을 어둡게 했던 것은 미군의 패전이었다. 내가 대전역으로 부임해 온 지 하루가 지나지 않아 미군은 일본 규슈九州 지방에서 7월 1일 부산을 통해 한반도에 상륙했다. 미군은 곧 철도를 통해 7월 2일 대전역에 도착했다. 놀랍고 기뻤다. 이들은 도착 즉시 육로로 북진하여 전선에 참전하였다.

하지만 나는 그들의 기세 좋은 북진이 한편으로는 불안했다. 미군이 한반도에 상륙하기 전 너무 편안한 생활에 길들여져 있었을 뿐만 아니라 공산군의 전력을 얕잡아보고 있다고 느꼈기 때문이다. 대전에 도착한 미군의 병력과 장비 가운데 유독 관심을 끈 것은 탱크였다. 적의 전차로 말미암아 국군은 열세를 면치 못하고 있었다. 그런데 우스웠던 일은 그렇게 기대했던 미군 전차마다 울긋불긋 페인트로 낙서가 돼 있었다는 것이다. 이를 보고 미군이 1년 전에 한국에서 철수하여 일본 규슈 지방에 주둔하면서 재미있는 생활을 한 모양이라고 짐작했다. 낙서의 내용은 미 사병들의 애인 이름인지 모르겠으나 하나코, 모모코 등의 일본 여성 이름이었다.

불길한 예측은 정확히 맞았다. 미군은 계속 후퇴를 거듭하여 10여 일이 채 지나지 않아 다시 대전역에 재집결했다. 그리고 열차 편으로 남하했다. 미군이 적군에게 얼마나 심하게 당했는지 전차를 비롯하여 중화기, 그리고 소총까지 모두 잃고 알몸으로 돌아왔다. 이런 진풍경은 처음 보았다.

미군의 패배로 대전에 있던 육군본부도 대구로 이전하지 않을 수 없었다. 7월 14일이었다.▪ 7월 16일에는 정부청사도 대구로 이전했다. 군 및 관의 수뇌부들이 모두 대구로 갔고, 따라서 나는 대전 지역에 유일하게 남은 정부 기관의 총책임자가 되었다. 그리고 미24사단장인 딘(William F. Dean, 1899~1981) 소장을 남하, 피신시키는 중요한 임무가 부여되었다. 딘 소장은 1947년 10월 30일 미군정 장관으로 재직하여 우리나라와 인연이 있는 장군이었다.

▪ 6월 26일 유엔안전보장이사회, 유엔 한국임시위원단이 비관적인 보고서를 제출, 6·26결의안 통과되었다. 그에 따라 미국의 육·해·공군이 본격적으로 전쟁에 참가했다. 6월 30일 트루먼 대통령은 미국 지상군을 한국에 파견할 것을 명령했다. 7월 5일 미군은 경기도 오산 죽미령에서 북한군과 최초 접전하여 참패했다. 7월 7일 유엔안전보장이사회 결의, 미국 등 16개국 참전이 결정되었다. 7월 14일 한국군에 대한 작전지휘권을 유엔군사령관인 맥아더에게 이양한다는 대전각서가 쓰여졌다.

딘 소장과 병력을 위한 열차(객차, 화차, 장물차長物車 등 각 1량)를 편성하여 대기시켰다. 또 나와 참모, 윤기 역장 등 주요 철도원들과 그들의 가족을 위해 열차(10량)를 별도로 준비했다. 그리고 7월 19일에 대전을 떠나 대구로 가기로 계획했다.

대전 탈출 계획을 진행하고 있을 무렵 웃지 못할 촌극이 벌어졌다. 7월 18일 오후 6시경, 갑자기 대전역 구내를 향하여 누군가가 총격을 가했다. 경비병과 참모들은 이에 대응하여 반격을 개시했다. 그런데 얼마 후 아군 상호간에 적으로 오인하여 오발이 일어났다는 것을 알게 되었다. 당시 후퇴하던 경비대원 30여 명이 대전역에 들어오다가 역에 근무하는 우리 일행을 공산군으로 오인했던 것이다. 다행히 아무런 사고가 없었다. 하지만 이것은 그만큼 대전역 주변의 전황이 급박하다는 것과 또 이로 인해 7월 19일 대전 탈출 계획이 좌절될 수 있다는 것을 암시하고 있었다.

7월 19일 아침, 북방 각 역의 연락 전화도 두절되는 등 계획에 차질이 빚어졌다. 대전 이북 지역이 공산군에게 점령당한 것이다. 초조한 가운데 무엇인가 불길한 위급함까지 느껴졌다.

긴급하게 조치를 취해야 했다. 오후 4시경 딘 소장의 열차 편만 남기고 부하들을 인솔하여 열차로 대전역에서 남쪽으로 7.4 킬로미터 떨어진 세천역까지 이동하여 대기했다. 그런데 오후 7시경 딘 소장을 위해 편성했던 열차가 빈 채로 내려왔다. 통신이 두절된 상황에서 별다른 연락을 받지는 못했지만 무엇인가가 단단히 잘못되었다는 것을 직감했다.

고민 끝에 빈 채로 내려온 딘 소장의 열차편에 부하들과 함께 올랐다. 그리고 대구로 내려갔다. 7월 19일의 탈출 계획이 모두 무산되는 순간이었다. 이튿날 행방불명되었던 딘 소장이 공산군에게 붙잡혔다는 것과 7월 19일 낮부터 대전이 공산군에게 포위당했다는 사실을 알았다. 7월 20일, 공산군은 대전을 점령했다.

포로로 붙잡혔던 딘 소장은 1953년 9월 4일 양측 포로 교환으로 한국에 귀환했다. 당시 나는 국방부 차관이었고 한국 대표로서 판문점 포로 교환소에서 그를 포옹으로 맞이했다.

대전을 떠나 대구에 도착한 것은 7월 19일 늦은 밤이었다. 먼저 출발한 선발대가 수리조합 건물에 '국방부 제3국'이라는 나무 간판을 걸어 두었다. 한편으로는 감개무량했지만 쫓겨 다니며 직무를 보는 군인의 신세가 참으로 눈물겨웠다.

대구로 옮겨와 가장 먼저 신경을 쓴 것은 경주 시내의 국립박물관 경주 분관이 보유한 국보를 지켜 내는 일이었다. 전황이 계속 불리해진다면 경주도 안심할 수 없는 상황이었고, 또 경황없는 전쟁 중에 국보가 소실될 수도 있었기 때문이다.

도착한 지 5일이 지난 7월 24일 오후 여독을 풀 여유도 없이 당시 해군에서 근무하던 참모 정규섭鄭奎燮 소령(훗날 준장이 되었다가 외교관 자격으로 미국에 거주하기도 함)을 대동하고 경주박물관을 찾아갔다. 당시 박물관장은 최순봉崔順鳳 씨였다. 내가 박물관을 방문했을 때 최순봉 관장은 혹시 공산군이 아닌가 싶어 인근 파출소로 달려가 확인을 해보기도 했다. 그만큼이나 전황은 긴박했다.

경주에서 2박을 하면서 국보 15점과 유물 124점을 반출했다. 그리고 이를 대구로 이송하여 7월 28일에는 재무부에 이관시켰다. 국보급의 문화재들은 진해 해군으로 전송되어 먼저 가 있던 금괴와 같이 보관하였다가 미국으로 이송되었다. 그리고 휴전 후 세계 순회 전시품이 되었다가 다시 한국에 되돌아왔다.

경주박물관 국보와 유물을 반출하면서 박물관장에게 써줬던 영수증을 보관하고 있는데, 한편에는 영수증이 또 한쪽에는 그 목록이 기록되어 있다.

9·28수복 후 덕수궁에서.
1950.

대구 양곡조작본부糧穀操作本部

대구에 와서 나는 농림부와 의논하여 양곡조작본부를 설치하고 본부장이 되었다. 7월 27일 정부의 징발에 대한 특별조치령 발표에 따른 것이었다. 전시에 군량미 확보는 대단히 중요한 문제였다. 농림부 양곡 담당 사무관 1명, 내무부 지방 담당 주임 1명, 경찰관 1명, 교통부 철도수송 담당 주임 2명, 금융조합연합회 양곡 담당 과장, 한국은행 대구지점장, 그리고 제3국 장교 등이 직원으로 파견되었다.

나는 전방 부대에 군량미를 보급하고 한편으로는 전남, 전북 지방의 양곡을 어청도, 목포, 여수 등지의 항구로 소개疏開시켜 부산으로 후송했다. 훗날 불미스러운 오해를 받기도 했다. 9·28수복 후 심계원(審計院, 현재의 감사원)의 금융조합 감사 때 양곡조작본부에서 후송한 양곡이 축났다고 말썽이 돼 그 책임을 나에게까지 묻는다며 떠들썩했던 것이다.

대구에 내려온 후 공산품도 제3국이 관리하였다. 그리고 각

군과 정부 기관에 필요한 양만큼 지급해 주었다. 6월 25일부터 대구로 후퇴할 때까지 20여 일간은 군사비 일체를 임시 집행 형식으로 사용했고 한국은행 등에서 반출해 각 군에 분배한 지폐를 사용했다. 그러나 대구로 이전한 이후 급박한 전황에서 절차를 제대로 밟지 못한 채 사용하던 군사비도 군사임시비를 편성하여 각 군의 소요 경비를 정상적으로 지출하도록 했다.

이를 위해 대구, 부산 등지의 모든 일반 공장에 군대를 배치, 24시간 완전 가동케 하고 매일 생산량을 보고하도록 했다. 이외에도 군수공장 관리를 맡았다. 당시 군수품 보급은 모두 유엔군 원조품이었고, 일부 국산 내의, 군용 담배인 화랑담배, 부식품 등이 보급되었는데 대구에는 이를 생산하는 유일한 내의방직공장과 연초공장이 있었다. 가장 곤욕스러웠던 일은 불확실한 전황 때문에 이 두 공장의 중요 기계류들을 부산으로 이관하기 위하여 쌌다 풀었다를 반복했던 일이다.

전시 상황에서 자기 몸을 돌볼 틈조차 없이 많은 일을 해야 했다. 하지만 모든 여건은 대전에 거주할 때보다 나았다. 내가 머물던 숙소는 사무실 앞에서 세탁소를 경영하는 주인의 방이었다. 이것이 인연이 되어 당시 나의 전속부관 정의식鄭義植 소위가 그 세탁소 주인의 딸과 결혼하는 경사도 있었다. 그는 이후 대구에서 중견 사업가가 되었다. 대구에서 지냈던 일은 지금도 감사히 생각하고 있다. 숙소 부근에 있는 산업은행 대구 지점의 목욕탕에서 목욕을 했고, 후에는 한국은행 지점의 신세를 졌다. 대구에서도 좋은 인연이 이어졌다.

북한군과의 밀고 당기는 전투가 계속되고 있었다. 전황은 불확실 그 자체였다. 불운하게도, 북한군은 대구까지 밀고 내려왔다. 8월 18일 정부는 다시 부산으로 이전했다. 이어 9월 5일에는 육군본부 또한 부산으로 이전했다. 국방부 제3국의 주요 인력들도 부산으로 가야 했다. 이 과정에서 나는 양곡조작본부 직원들과 그 가족들까지 챙겨야 했다.

직원들뿐만 아니라 그 가족들까지 일일이 신경을 쓴 것은 나 자신이 늘 가족들에 대한 연민을 지니고 있었기 때문이다. 얼마나 애를 태웠는지 점을 보기도 했다. 당시에도 기독교인이었던 내가 점을 믿지는 않았지만, 그만큼 절박했다.

국보류를 반출하기 위해 경주에 갔을 때의 일이다. 당시 정규섭 소령과 함께 이틀을 지냈다. 하루는 저녁 식사를 하면서 우연찮게 가족 이야기가 흘러나왔다. 정규섭 소령도 서울에 가족을 두고 와 당연히 대화는 걱정으로 얼룩졌다. 옆에서 있던 최관장이 갑자기 나가서 노인 한 분을 모시고 오더니, 이분은 철학가인데 가족 일이 그리 걱정되면 한번 물어보라고 했다. 노인은 나와 정 소령을 보고 "걱정 마시오. 산천이 황금색 빛이 들게 되면 그때 가서는 다들 무사히 가족을 만나게 될 것이오"라고 장담했다. 산천이 황금색 빛으로 물든다는 뜻을 이해하지도 못했고, 또 기독교인인지라 그것을 믿지도 않았다. 마음의 위안으로만 받아들였다. 하지만 서울이 수복되어 정 소령과 내가 가족들과 무사히 상봉했는데, 신기하게도 시기가 논밭이 누렇게 물드는 가을이었다.

부산으로 이전하기 위해 양곡조작본부의 직원과 그 가족들을 경북도청 앞에 집합시켰다. 열차 편으로 부산으로 이동했다. 그런데 마지막 열차를 출발시키려는 찰나에 갑자기 굉음이 울리며 사무실 간판이 떨어졌다. 팔공산에서 쏜 적군의 박격포가 그곳에까지 닿은 것이다. 모두들 의자 밑으로 엎드렸고 헌병은 기관사가 겁을 먹고 도주할까 봐 붙잡아 두는 등 일대 소동이 일었다. 부산으로의 피난 역시 매우 긴박하게 진행되었다.

부산 피난 시절 임시 국방부 청사 앞에서
이기붕 장관(맨 왼쪽, 그 옆이 본인)을 비롯해 간부들과 도열한 모습.
1952.9.

부산에서의 인연

8월 18일 부산으로 옮겨 간 정부는 경남도청을 청사로 사용했다. 국방부도 이곳에 자리를 잡았고, 자연히 제3국 사무실도 그 안에 정해졌다. 제3국 직원들과 양곡조작본부의 사람들까지 모두 피신을 시키고 뒤늦게 도착한 나는 선발대가 꾸려놓은 사무실에서 집무를 시작했다. 서울을 떠나 세 번째의 임시 집무실이었다.

부산에서도 좋은 인연은 계속되었다. 그중 한 사람은 김활란(金活蘭, 1899~1970) 박사이고, 또 한 사람은 배제인(裵濟人, 1913~1990) 씨다. 김활란 박사는 당시 이화여대 총장이자 공보처장(1950.8~11 역임)이었다. 김 박사의 사무실 겸 거처는 현재 부산 미국 공보원 건너편 2층 건물이었는데, 필승각必勝閣이라는 큰 문패가 걸려 있었다. 김 박사와 연을 맺게 된 것은 당시 신성모 국방부 장관이 그곳에 숙소를 정하고 있었기 때문이다. 업무 관계로 이곳을 드나들면서 김 박사와 친해졌다. 김 박사는 고고하고 자애심이 깊은 분이었다.

배제인 씨와 친해진 것은 내가 한국은행권 발행의 지원을 담당하면서다. 7월 22일을 기해 정부에서는 전국적으로 새롭게 유통될 한국은행권을 대구에서 발행하고 그간 사용되던 조선은행권을 회수했다. 전시 중이라 한국은행 자체로서는 인력 충원을 할 수 없었고 군에서 이를 지원해야 했다. 제3국이 지원 업무를 맡았다. 군의 책임자는 나였고 한국은행 담당자는 배제인 씨였다. 나와 배제인 씨는 대구지점의 목욕탕을 함께 이용했고 양곡 작업 등을 비롯하여 오랫동안 친교했다. 그에게 공사 간의 많은 지도를 받았다. 배제인 씨는 훗날 대구지점장을 거쳐 본점 부장, 부총재를 지냈다.

9월 5일 육군본부가 부산으로 이전한 이후 북한군은 파죽지세로 밀고 내려와 9월 6일에는 영천까지 다다랐다. 9월 7일 경주 서쪽에 위치한 안강에서의 격전을 기점으로 전세는 역전된다. 영천수복작전이 시작된 것이다. 당시 사살된 적군의 수는 4,755명에 이른다. 연이은 아군의 승전보에 이어 9월 15일에는 유엔군의 인천상륙작전이 성공했다. 그리고 그 이튿날에는 낙동강에서 유엔군의 총반격이 개시되었다. 북한 괴뢰군을 패퇴시키고 국군의 북진이 시작되었다.

육군본부는 다시 대구로 이동했다. 9월 27일 새벽, 국군 제17연대와 해병대 용사들은 중앙청으로 돌입하여 태극기를 게

양했으며, 서울에 경인 지역 계엄사령부가 설치되었고, 국방부는 제3국 분실을 마련하였다. 9월 28일에는 국군과 유엔군이 서울을 완전히 수복한다. 정오에는 이승만 대통령과 맥아더 장군이 참석한 가운데 감격의 수도탈환식이 국회의사당에서 거행되었다. 내가 육군 준장으로 진급한 지 9일 만이었다.

10월 1일 아군은 38선을 돌파하고 북진해 들어갔다. 서울이 완전히 탈환되고 또 아군이 38선을 넘어 북상하자, 군 관계자들도 서울에 입성했다. 나는 10월 10일 양곡 조달 등 전국적인 업무를 추진하기 위해 단신으로 서울로 출발했다.

서울로 가는 도중에 비행기(공군항공기로 국민헌납기 T6였다) 추락사고를 당하는 등 많은 우여곡절을 겪었다. 날씨는 추웠고, 눈이 오기 시작했다. 부산을 떠나 대전을 거쳐 날씨는 점차 눈보라가 심해졌다. 천안 가까이 가서는 도저히 서울로 들어갈 수 없다는 조종사의 말에 할 수 없이 대전으로 회항했다. 얼마 후 대전 공군 비행장이 보여 착륙하는 줄 알았더니 내리지 못하고 눈보라가 심하여 앞도 잘 보이지 않은 가운데 그냥 몇 번이고 상공을 선회하고 있었다. 얼마 후 '펑' 소리와 함께 착륙하자마자 비행 조종사와 나는 땅에 뒹굴었다. 날개 한쪽이 완전히 파손되었다. 비행기 앞바퀴 두 개 중 한 개가 작동되지 않아 균형을 잃어 일어난 사고였다. 다행히 인명 피해는 없었다.

즉각 몸을 추슬러서 시내의 11사단 사령부를 찾아갔다. 사단장은 출타 중이어서 일직 장교에게 지프차를 준비하라 지시했다. 지프차가 준비되자 곧 서울로 향했다. 지프차는 계속 눈길을 달렸으나 앞은 안 보이고 깜깜한 밤길에다 길에 눈이 쌓였는데, 나는 무리인 줄 알면서도 길을 재촉했다. 그런데 이번에는 차 사고가 났다. 천안 시내 변두리 부근에서 지프차가 논두렁에 미끄러져 뒤집어진 것이다. 지프차 안의 사람들은 겨우 차 안에서 기어 나왔다. 두 번째 재난이었다.

날은 춥고 어두운 데다가 교통수단까지 없게 되자 할 수 없이 상경을 뒤로 미룰 수밖에 없었다. 천안을 향해 도보로 걷기 시작했다. 천안에 도착한 것은 자정 무렵이었다. 너무 늦어 여관을 구할 수 없어 천안경찰서를 찾아갔다. 그리고 부탁을 해서 경찰서 옆에 있는 작은 점포의 마루방에서 하룻밤을 지냈다. 다음 날 아침, 다시 일으켜 세운 지프차로 서울로 귀경할 수 있었다. 10월 11일이었다. 서울로 돌아오는 길이 이렇게 험할 줄 미처 몰랐다.

"나는 필요하다고 생각할 때에는 언제라도 작전 지휘권을 되찾아 올 것입니다.
이 점을 유의해서 앞으로 미군과 잘 협조하여 이 난국을 헤쳐 나가길 바랍니다."
이렇게 해서 이승만은 맥아더 유엔군 총사령관에게
한국군의 작전권을 위임하는 서신을 발송했다.
1995.8.31. 〈조선일보〉

서울 수복의 기쁨과 슬픔

(15) 10版 第23129號 조 선 일 보 西紀 1995年 8月 31日 木曜日

現代史재발견「한국대통령」시리즈

거대한 생애 李承晩 90년 <48>

韓國軍 작전권이양

"援軍 필요하다" 美에 지휘委任

苦心끝 결단 맥아더사령관에 서신발송

워싱턴선 이승만정권-「仁川상륙작전」난색

"언제든 되찾겠다"

◇전방시찰 전쟁이 열세에 있던 개전 초기 전방 시찰에 나선 이승만부부.

◇50년 광복절기념식 1950년 8월 15일 전쟁이 수세에 몰린 가운데 대구 문화극장에서 열린 광복절 기념식에 참석하고 나오는 이승만.

◇유엔旗 인계 7월7일 유엔 안보리의 유엔군 파견결정에 따라 동경 맥아더사령부 건물 옥상에서 열린 … 美육군참모총장이 맥아더사령관에게 유엔기를 인계하고 있다. 유엔기를 건네받는 오른쪽이 맥아더.

「9·28수복」때 비밀리 北進명령… 美전략구상 정면 부정

◇이승만과 맥아더 서울수복후 9월29일 서울에 온 이승만이 맥아더와 같이 앉아 잠시후면 중앙청(현 국립중앙박물관)홀에서 열리게 될 서울 탈환 경축식을 기다리고 있다. 책상위의 군화 자국이 당시의 절박했던 상황을 상징해준다.

서울에 돌아와 충정로 입구에 있는 목재 건물 2층에 제3국이 설치되었다. 계엄 업무와 각 군의 정비는 물론 민간에 대한 지원이 우선이었다. 당시 서울 시내는 전화戰禍로 완전히 폐허가 되어 있었고, 민간의 피해도 적지 않았다.

서울에서 집무를 보고 있는 가운데 정부도 환도還都하였다. 서울을 떠난 지 만 4개월 만이었다. 정부는 환도해 오자마자 당시 부산으로 피난한 사람들과 서울에 남은 사람들을 구분했다. 이 때문에 도강파니 잔류파니 하는 등의 유행어가 떠돌았고, 신경전도 벌어졌다. 이런 파벌 싸움은 참으로 불행한 일이 아닐 수 없었다.

나에게 무엇과도 바꿀 수 없이 기뻤던 일은 가족과의 재상봉이었다. 6월 27일 가족을 서울에 두고 단신으로 떠난 나는 3개월 만인 10월 11일 서울에 도착하자마자 후암동 집으로 달려갔다. 집은 전소되고 형태조차 없었다. 크게 낙망하여 다시 광화문 계엄 사무소로 갔다. 남대문 로터리(현 상공회의소 앞길) 부근에서 11개월 된 어린아이 의광義光을 업고 가는 아내를 만났다. 당시 나는 얼마나 기뻤던지 나도 모르게 "아이구! 하나님!"이라고 외쳤다. 기적과도 같은 일이었다. 하나님께서 우리 부부를 극적으로 상봉시켜 주신 것이다.

그간 서울에 남은 가족들의 고생은 이만저만이 아니었다. 노부모를 모시는 한편 군인 가족 신분이기 때문에 어린것을 데리고 피신을 해야 했다. 친척 집에도 못 있게 되어 몇 번이고 옮겨 다니다 어느 구석 이종사촌 댁에서 지냈는데, 서울이 수복되고 후암동 집에 갔더니 소실되어 설상가상의 고생을 겪었다 한다. 하지만 이런 고초를 겪은 것은 우리 가족만이 아니었다. 모든 국민이 겪은 전쟁의 비극이다. 그나마 우리 가족은 인명피해가 없으니 참으로 감사한 일이었다.

가족을 만났으니 가족이 기거할 집을 얻어야 했다. 서울시의 실장이 시내 몇 곳을 보라고 하였으나 나는 후암동을 떠나는 것이 싫고 또 전보다 조금이라도 나은 것은 싫다고 하여 후암동 264-11번지에 거주하기로 했다. 일본식 2층 가옥이었고, 대지가 59평이었다. 전에 살던 후암동 56-5번지의 집(전쟁 중 폭격으로 전소)은 자비로 마련했지만 이번에는 그럴 형편이 못되었다. 이때 돈을 융통해 준 곳이 정부 기관인 관재처였다.

이렇게 가족들이 한집에서 생활할 수 있었다. 그런데 이때 또 다른 기적이 일어났다. 8·15해방 일주일 전에 만주 하얼빈에서 일본군으로 징집되어 끌려간 후 행방불명되었던 넷째 동생 홍환이가 구사일생으로 후암동 집에 돌아온 것이다. 당시 아버지께서는 노약하셨고 피난살이에 몸이 축나 병석에 누워 계셨다. 임종 직전이었다. 그런데 5년 만에 그리던 아들을 만나 한을 푼 후 3일 만에 돌아가셨다. 11월 2일 저녁이었다. 하나님의 크신 은혜였다.

이후 홍환은 충남 논산훈련소 건설부대에 배속되어 근무하다가 1951년 10월 24일 작전 중 중장비 전복 사고로 순직했다. 홍환은 만주 하얼빈에서 자랐으며 일본군 만주 군대에 징집되어 갔다가 소련군에게 다시 붙잡혀 시베리아에서 수감생활을 했고, 6·25전쟁이 발발하기 1년 전에 고향인 철원에 수감되어 있다가 북진하는 아군에 의해 구출되어 서울 집에 돌아왔다. 러시아어에 능통했고, 그 때문에 국방부 정훈국에서 근무하기도 했다. 그러다가 육군종합학교에 입교하여 공병 소위로 임관되었다. 당시 어머니는 다시는 군생활을 하지 말라고 극구 말렸다. 하지만 그는 공병부대에 배속받고 즐겁게 근무하였으며 휴가를 받아 집에도 몇 번 다녀가기도 했다. 그런데 불의의 사고를 당한 것이다. 참으로 애통하고 비통한 일이었다. 구사일생으로 생후 처음 조국에 돌아왔건만 겨우 1년도 될까 말까 한데 사람의 운명이 다한 것이다. 이것이야말로 전쟁의 비극이며, 수

많은 우리 동포들이 이런 쓰라림을 당했었다.

홍환은 순직 후 중위로 일계급 특진되었다. 논산훈련소에는 한동안 '홍환 야외극장'이라는 극장이 생기기도 했다 한다. 홍환은 죽어가면서 "나는 외국 군대까지 가서 살아왔고, 공산군과 싸우는 대한민국 군인이 됐다는 것을 더없는 삶의 보람이자 영광으로 생각하며, 여한 없이 이 세상을 떠난다"고 했다. 지금 그는 현충원(동작동 국립묘지 10지묘 836)에 잠들어 있다.

서울 동작동 국립묘지에 안장되어 있는 동생 홍환의 묘.
대한민국 군인으로 세상을 떠난 그가 늘 자랑스럽다.

북진과 1·4후퇴

(11) 10版 第23133號 조 선 일 보 西紀 1995年 9月 4日 月曜日

現代史재발견 「한국대통령」 시리즈

거대한 생애 李承晩 90년 <49>

38선 돌파명령

"명령, 國軍은 즉각 北進하라"

통일適期로 생각, 「大田협정」깨고 결단

맥아더 추후승인… 한국에 주도권 내줘

10월 20일 평양수복… 시청광장서 민족단합 호소 연설

"'여러분, 38선에 도달한 우리 국군에 어찌해서 북진하라는 명령을 하지 않소?
……나는 맥아더 장군에게 우리 국군 지휘권을 맡기기는 했으나
내가 자진해서 한 것입니다. 따라서 되찾아 올 때도 내 뜻대로 할 것이오.'
이 대통령은 이어 종이 한 장을 집어 들었다.
'명령, 국군은 즉각 북진하라.'"
1995.9.4. 〈조선일보〉

국군의 북진은 계속됐다. 10월 1일 국군이 38선을 돌파했고 2, 3일 뒤에는 유엔군이 이를 지원하며 뒤따라 압록강에 다다랐다. 김일성은 중국과 북한의 경계 지대인 신의주로 도피하였다. 모두들 마치 통일이 목전에 이른 것같이 흥분하였다. 정부는 10월 10일자로 이북 전 지역에 계엄을 선포했고, 10월 30일에는 이승만 대통령이 직접 평양에 가서 평양시민환영대회에 참석하기도 했다.■ 새로운 역사의 신호탄처럼 보였다.

연이은 승전에 따라 후방은 수복 지역 군정 준비에 들어가야 했다. 그만큼 내가 맡은 업무도 많아졌다. 일차적인 기초 업무를 수행하기 위해 11월 18일경에 장교 3명을 수행하고 육군 항공기로 흥남 군용비행장에 도착했다. 기온은 영하 20도 정도로 몹시 추웠다. 그다음 날 오전, 나는 함경남도 도청을 찾아갔

■ 1950년 10월 11일 서부전선의 38선 지역인 고랑포 및 개성 지역을 돌파한 한국군 제1보병사단과 유엔군은 시변리를 통과하여 10월 19일 평양을 탈환했다. 10월 30일 이승만 대통령은 평양시민환영대회에 참석하여 "이제는 남북한 동포들이 다시는 흩어져서 살지 말자"고 연설했다.

다. 우리 정부에서 임명한 이귀하李龜河 지사(남하 후 이북5도지사 역임)가 우리 일행을 맞이해 주었다. 그는 곧 우리 일행을 국일관이라는 식당으로 데려가 환영 인사를 했다. 국일관은 8·15 해방 전부터 있었던 고급 식당인데 당시에는 영업은 하지 않고 건물만이 남아 있었다. 나의 사무실은 도청 별관 공회당에 마련되었다. 이곳을 중심으로 원산, 평양까지 방문 계획을 수립하고 분주하게 움직였다. 4, 5일이 지나 나는 업무차 미 10사단장을 찾아갔다.

군사단장은 친히 적군과 아군의 전황을 설명해 주었다. 그런데 말미에 심각한 표정으로 이곳을 즉시 떠나라고 권고했다. 중공군의 참전으로 전황이 급선회하고 있으며, 곧 이곳을 향해 진격을 해올 것이라고 말했다. 중공군의 개입으로 전황은 다시 불리해졌다. 나는 11월 23일 군용기로 다시 서울로 돌아왔다. 원래의 계획과 목적은 다 수포로 돌아갔다. 참으로 가슴 아픈 일이었다. 전세는 다시 뒤바뀌었고, 북진하였던 아군은 후퇴를 거듭하여 끝내 1950년 12월 24일에는 서울시에 계엄령이 내려졌다. 그 유명한 1·4후퇴의 전초가 시작된 것이다. 1년에 두 차례나 수도 서울을 떠나야 하는 비운을 맞이한 것이다.

정부의 후퇴 작업은 전보다 훨씬 원활하게 이루어졌다. 일전의 경험이 유익했던 것이다. 이번에는 주저 없이 가족들을 부산으로 내려보냈다. 정부는 1월 3일 부산으로 떠났다. 나는 다음 날인 1월 4일 지프차를 타고 부산으로 떠났다. 국방부의 사무실은 기존에 있었던 경남도청이었다. 대구에는 여전히 분실分室을 두고 있었다. 장관은 항시 대구 육군본부에 임시 사무실을 두고 부산 본부보다 대구에서 전방 지휘에 진력했으며, 차관은 항시 부산에서 집무하는 형국이었다.

1·4후퇴로 내려온 부산에서 김활란 박사와 재상면했다. 큰 기쁨이기도 했다. 김활란 박사는 1·4후퇴로 부산에 내려와 다시금 숙소를 필승각必勝閣에 두었었다. 김 박사는 6·25 직후 공보처장으로 전시 국가 홍보를 담당했다가 서울이 수복되자 이화여자대학에 복직했다. 그 후 1·4후퇴를 맞아 다시 부산으로 내려오게 되자 이번에도 국민홍보외교동맹을 결성하여 우리 문화를 세계 각국에 알렸고 16개국의 참전 군인들을 격려하기도 했다. 김 박사는 영어에 능통했으며 기독교 신자이기도 했다.

김 박사는 전후방의 유엔군 장병 부대를 방문하여 말씀으로 전도하였다. 당시 유엔군 장병들은 전쟁을 겪고 있는 한국에 이런 분이 있는가 하고 의심하며 마치 천사가 찾아온 것과 같은 마음으로 환대했다고 한다. 그리고 자기들의 사명을 다시 깨닫고 한국에 참전하여 우리 동포들을 돕고 공산당과 싸우는 것을 큰 자랑으로 생각했다. 또한 김활란 박사를 소중히 여겼다. 사기도 더없이 고취되었다. 나는 김활란 박사가 하는 일을 보고 많은 감동을 받았다.

행정적인 업무가 정치적 흥정이 되어 버린 국민방위군은
처음부터 많은 폐단을 안고 있었다. 사진은 소집된 국민방위군 모습.
1951.

출처: http://ko.wikipedia.org/wiki/%EA%B5%AD%EB%AF%BC%EB%B0%A9%EC%9C%84%EA%B5%B0_%EC%82%AC%EA%B1%B4

두 번의 억울한 일

후퇴를 하면서 가장 중점을 두었던 것은 양곡조작사업이었다. 대구에서 발족하여 부산에서 실시했던 전국 양곡 조작은 서울 수복에 따라 군량미 확보에 더욱 주력해야 했다. 당시 수복된 각 도에 제3국 분실까지 설치하고 육군 군대를 동원하여 좋은 성과를 올리고 있었다. 이를 집행했던 주관 기관은 금융조합(현 농업협동조합연합회)이었고, 군은 이를 지원했다.

이렇게 확보된 군량미가 1·4후퇴로 말미암아 적군의 손에 들어간다면 그것이야말로 큰일이었다. 이를 사전에 방지하기 위해서는 지방에 수집되어 있던 양곡을 다른 곳에 보관해야 했다. 그중에서도 곡창 지대였던 전북 일대 호남평야의 양곡이 문제였다.

고심 끝에 육지에서 멀리 떨어진 서해안 어청도(전라북도 군산시 고군산군도에 속한 섬)로 옮겨 놓기로 했다. 양이 워낙 많아 그 정확한 수량을 기억하지 못하지만 흡사 양곡 전쟁이 벌어진 듯했다. 전쟁 중이라 수송이 어려워 화물자동차에 손수레까지 동원되었다. 그리고 바닷가까지 옮겨진 양곡을 섬으로 해상 수송했다. 이렇게 보관된 양곡은 수복 후에 다시 본토에 들여와 군량으로 충당되었다.

그런데 휴전이 성립된 후 안정을 되찾은 정부는 심계원(현 감사원)을 통해 이것을 조사했는데, 그 과정에서 장부상의 곡량이 현품과 차이가 있다 하여 당시 이를 취급했던 전북도청과 현지 금융조합의 책임자들이 문책을 당하고 이 작전을 계획한 나도 조사를 받아야 했다. 억울한 일이었다.

당시 군은 주체 기관이 아닌 지원 기관이었고, 양곡의 양이 얼마이며 또 어떻게 관리되는지 알 수 없었다. 게다가 전쟁 중에 모든 일을 평시처럼 순조롭게 원칙을 지켜 가면서 처리할 수는 없었다. 나의 죄라면 그저 양곡이 공산군에게 넘어가지 않도록 최선을 다한 것뿐이었다.

당시 나는 억울한 마음에 만약 그런 식으로 따진다면 전화戰禍로 유실된 물자와 인명의 피해는 어떻게 감사하는가 하는 생각을 하기도 했다. 그러나 반발은 하지 않았다. 평시가 되어 전시에 한 일들이 부정확하다는 취지에서 벌이는 감찰 당국의 처사이고 보니 나무랄 수도 없는 일이라며 자탄을 했을 뿐이다.

군생활을 하면서 내가 억울함을 당한 일은 또 있다. 바로 국민방위군 사건이다. 국민방위군이란 6·25전쟁 중 17세 이상 40

세 미만의 민간인으로 조직된 군대로서, 전시나 사변에서의 신속한 병력 동원을 그 목적으로 했다. 6·25전쟁 후 전력 보강을 위하여 부산에서 8월 22일 국민병 모집을 개시했고, 중공군의 개입으로 전황이 어려워지자 정부가 재차 부산에 내려가서 1·4 후퇴 직전인 1950년 12월 21일 제2국민병을 모집했다.

그러나 병력 수송과 훈련, 무장 등에 필요한 예산이 제대로 확보되지 못한 상태였고 행정적인 조치도 미흡하였다. 군인들의 지휘 책임자로 대한청년단(대한민국 건국 직후 결성된 우익 청년단체) 단원들을 뽑아 현역으로 배치했기 때문에 지휘 통솔력이 부족해 많은 문제점을 낳았다. 실제로 1·4후퇴 때 국민방위군이 서울에서 부산까지 도보로 후퇴하면서 굶주림과 추위에 시달려 천여 명의 사망자가 나왔다.

1951년 1월 15일 부산 피난지에서 열린 국회에서 이 문제에 대해 집중적으로 추궁하자 그해 2월 36세 이상인 장병들은 귀가 조치했다. 그런데 국민방위군 간부들이 유령 인원을 조작하여 거액의 금품을 착복한 것과 5만 2,000섬의 양곡을 부정 처분한 것이 드러났다. 이로 인해 훗날 이시영 부통령과 신성모 국방부 장관이 사임하는 등 정국이 어지러웠다. 결국 국회의 결의에 따라 국민방위군은 1951년 5월 12일에 해체되었다.

나는 처음부터 국민병 모집에 견해가 달랐다. 그 까닭은 앞에서 지적되었던 폐단과 거의 일치하는 것으로 예산 문제, 지휘

계통 문제, 행정 절차 문제 등이었다. 하지만 나의 견해와는 달리 이미 1950년 12월 11일 공포된 국민방위군설치법에 따라 국민방위군이 꾸려지고 있었다.

나는 고심 끝에 1월 말경 대구 육군본부에 있는 국방부 장관실을 찾아갔다. 신성모(1891~1960) 장관과 정일권(1917~1994) 참모총장에게 국민방위군에 대한 견해를 피력하기 위해서였다. 나는 국민방위군을 국방부에서 맡지 말고 다른 부처에 넘기라고 했다. 전시 국방비 소요와 예산상의 문제점, 그리고 전후 정리에 국방부가 감당해야 할 어려움 때문이었다. 그 구체적인 방책으로 내무부로 하여금 국민병을 모집하여 국방부에 제공하고 국방부는 오로지 전쟁 사무에만 전력하는 시스템을 제시했다. 즉, 국방부는 전쟁에만 신경을 쓰고 후방 사무는 내무부 쪽에 맡기자는 것이었다. 전시의 여러 정황을 고려해 보았을 때 이것은 적절한 대안이었다. 신 장관과 정 참모총장, 그리고 나는 이에 쉽게 합의를 보았다. 장관은 그 자리에서 부산에 위치한 국방부 장경근 차관에게 지시하여 다음 날 국무회의에 상정하게 했다.

다시 부산으로 내려가 다음 날 경남도청 회의실에서 개최된 국무회의에 차관을 수행하여 참석했다. 국방부의 입장을 여러 국무위원들에게 설명했고 이 회의에서 의결이 되어 국방·내무·법무 장관이 대책위원이 되어 차기 국무회의에 상정하기로 했다. 그리하여 국무회의가 끝난 후 바로 도청 내 법무 장관실에서 재차 회의를 가졌다. 이 회의에 참석한 사람은 김준연金俊淵 법무부 장관(1950.11~1951.5 역임), 조병옥趙炳玉 내무부 장관(1950.7~1951.5 역임), 장경근 국방부 차관, 그리고 국방부 제3국장인 나였다.

국무회의에 상정한 국방부 안에 의거하여 내무부 장관이 훈련 총감이 되어 소집된 국민병을 각 도시 행정서장으로 하여금 훈련을 감당하도록 했다. 국방부는 필요에 따라 내무부로부터 신병을 지원받기로 하고 법무부는 이에 따르는 법적 조치를 하기로 했다. 이는 최초 계획한 것이 완전히 달라진 것이었다. 말하자면 원안이 전복된 셈이었다. 그런데 이 새로운 안에 반대하는 김윤근(金潤根, 훗날 국민방위군 사령관 역임)이 급히 대구로 올라갔고, 신 장관을 설득하여 국민방위군이 국방부 소관이 되어버린 것이다. 그리고 김윤근을 위시한 그 일파들이 주요 요직을 맡게 됐다.

처음으로 모든 일이 행정적이고 사무적으로만 되지 아니하고 보이지 않는 무엇인가에 의해 움직인다는 것을 알게 되었다. 또 장관들도 정치적 관계가 있음을 알게 됐다. 행정적인 업무가 정치적 흥정이 되어 버린 국민방위군은 처음부터 많은 폐단을 안고 있었다. 결국 얼마 가지 않아 국민방위군 사건이 터진 것이다.

국회조사위원회에서 이 사건의 전모(1950.12.17~1951.3.31)가 폭로되었고, 4월 30일 국민방위군 폐지안이 통과되어 5월 12일 정부는 이를 선포했다. 이에 국민방위군은 해체되고 간부 11명은 중앙군법회의에 회부되며 사령관 이하 5명은 처벌당하는 등 일대 불상사가 발생했다. 국방·내무·법무 장관은 사건 직후, 그리고 장경근 국방부 차관은 6월에 해임되었다.

國防部次官

第1期 (1951.6.23—1952.3.29)

1. 李起鵬長官을 보좌
2. 次官任命.
3. 長官施政方針
4. 次官生活
5. 國防情勢
   政治
   休戰反對
   避難民
6. 業務
   國防部庁舍
   國軍[illegible]
   從軍記者團
   〃 作家團
   傷痍軍人
   學徒軍事訓練
   在鄕軍人會
   造林 生産

第3回改編.
勝利公司
國會[illegible]事件
徵發物資
[illegible]
兵役免除
[illegible]

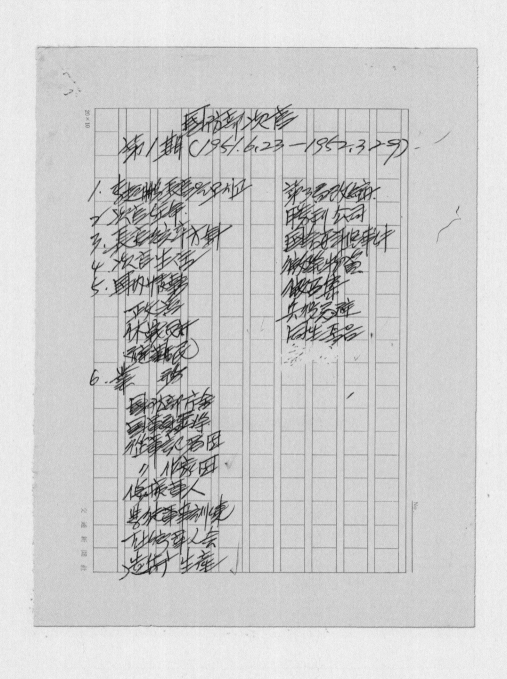

5장

국방부 차관 시절

국방부 차관은 민간인 신분으로 사복을 입어야 하나,
육군 소장에서 예편 후 별도의 사복 준비가 어려워,
전에 입던 카키색 군복에서 계급장과 이름표를 떼고 입었다.
1951.

소장 진급과
차관 임명

1사단 전진부대 장병들을 독려하는 모습.
1951.

국민방위군 사건으로 대대적인 국방부 수뇌 인사이동이 단행되었다. 신성모 장관은 1951년 5월 7일자로 물러나고, 당시 서울특별시 시장이던 이기붕(1896~1960) 씨가 신임 장관으로 발령이 났다. 나는 신성모 장관을 2년 2개월 동안 모셨다.

장관 교체와 동시에 뜻밖에도 나는 준장에서 소장으로 1계급 승진하였다. 당시 내 나이 37세였다. 장관직을 물러나는 신 장관이 그동안 나의 노력을 높이 평가하고 승진시켜 준 것이다. 장관 교체 날짜와 승진 날짜가 동일하다 보니 주위에서는 모두들 신기하게 여겼다. 장관 이취임식이 끝난 후 이기붕 장관이 나를 직접 장관실에 불러 어깨에 계급장을 달아 주었다. 참으로 놀랄 일이고 전무후무한 일이었다. 다시금 이 두 분과 하나님께 감사할 뿐이다.

소장으로 진급한 지 얼마 지나지 않은 6월 23일 나는 차관으로 임명되었다. 당시 장경근 씨가 차관 대리로 일하고 있었다.

그는 6·25전쟁 1개월 전인 1950년 5월에 국방부 차관에 부임하여 전쟁 중 많은 고생을 했다. 그 후임에 제3국장인 내가 기용된 것이다. 3대 차관이었고, 소장에 진급한 지 한 달이 막 넘어서였다. 이번 역시 주위 사람들 모두가 놀랐다.

내가 국방부 차관으로 재임한 기간은 1951년 6월부터 1953년 11월까지다. 전쟁 와중에 준장과 소장으로 진급했고 1951년 6월에는 이기붕 신임 장관의 추천으로 국방부 차관이라는 요직까지 맡게 되었다. 이것은 큰 영광이기도 했지만 동시에 큰 부담이기도 했다. 난생 처음으로 두려움을 느끼기도 했고, 기적 같은 길을 걷고 있는 것 같았다. 하나님에 대한 의지는 더욱 커지고 신앙도 깊어졌다. 그해 가을 부산 LST 단양함 해군본부교회■에서 세례를 받았다. 당시 참석자는 이기붕 국방부 장관을 비롯한 각 군 참모총장 등이었고, 세례를 집례한 사람은 정달빈 목사였다.

비가 내리는 중에도 불구하고 이종찬(李鐘贊, 1916~1983) 육군참모총장은 대구에서, 손원일(孫元一, 1909~1980) 해군참모총장은 철원에서 달려와 세례식에 참석해 주었다. 김정렬(金貞烈, 1917~1992) 공군참모총장은 비행기를 타고 왔는데 날씨가 나빠

■ 군종 목사 제도는 1951년 이승만 대통령이 창설하였다. 6·25전쟁 중 미3사단 10공병대대의 무명의 카투사 병사가 이승만 대통령에게 "성직자가 군에 들어와 전투에 임하는 장병들의 가슴에 신앙의 철판으로 무장시키고 기도로 죽음의 두려움을 없게 해달라"는 탄원서를 상신한 것이 계기가 되었다. 군목실은 1950년 12월 4일 한국군 최초로 해군본부에 설치되었다.

고생을 했다.

우스운 에피소드도 있다. 예식 중 세례한 사람에게 나눠 주는 성스러운 떡을 세례를 받지 아니한 사람은 받지 말아야 하는데 이 장군과 김 장군은 이를 알지 못해 비신자이면서도 주는 대로 받아먹은 것이다. 나중에야 이 사실을 알고 난처하여 혼이 났다. 어쨌든 이것은 전에 없는 큰 세례식이었고 그 분위기는 국방부의 큰 행사처럼 여겨질 정도였다.

이기붕 장관(가운데)과 장경근 전임 차관(오른쪽)과 함께.

이기붕 국방부 장관

전쟁 중에도 상이군인 위안을 위한 가을철 대운동회를 국방부가 주최하고
사회부, 대한상이군인회, 대한상공회의소가 후원하여 열었다.
1951.11.11.

국방부 병무국 주최로 열린 제1차 병사 사무 강습회 기념 사진.
1951.12.21.

제1차 해군본부교회 기념 촬영.
1952.2.10.

국방부 차관으로 재직하면서 세 분의 장관을 모셨다. 첫 번째로 1951년 6월 23일부터 1952년 3월 29일까지 이기붕 장관을 모셨다. 두 번째로 1952년 3월 29일부터 1953년 6월 30일까지 신태영申泰榮 장관을 모셨다. 그리고 손원일 장관을 1953년 6월 30일부터 1953년 11월 10일까지 모셨다.

이기붕 장관은 정치가 출신으로 미국 아이오와 주 데이버 대학을 졸업했다. 1934년 귀국 후 이승만 박사의 비서였으며 1949년 서울특별시장을 지냈다. 내가 차관이 된 때는 전쟁이 발발한 지 1년 남짓 된 시기로 전쟁은 새로운 양상으로 접어들었다. 국내외 정세는 복잡했고 특히 국내의 정치에 많은 문제가 있었다. 이승만 대통령이 성격이 온후하고 6·25 문제에 정통할 뿐만 아니라 정치가 출신인 이기붕 씨를 기용한 것은 이러한 상황을 타개해 보려는 노력의 일환이었다. 따라서 이기붕 장관은 이에 상응할 만한 인재를 기용해야 했고, 이에 내가 차관으로 임명되었다.

내가 차관으로 임명된 것은 매우 이례적이었다. 왜냐하면 전투 계열의 장교가 아니라 비전투 계열, 즉 경리장교였기 때문이다. 이기붕 장관이 나를 임명한 것은 6·25 당시 보여 준 많은 공적과 대전역 대면 후 나를 좋은 인상으로 기억했기 때문이다. 여기에는 평소 친분이 두터웠던 김활란 박사의 영향도 컸다. 하지만 무엇보다 큰 이유는 나의 다양한 경력과 행정적 성과 때문이었다.

1948년부터 국방부 제3국장을 역임하면서 건군, 정군整軍, 전쟁 등의 다양한 사무를 맡았고 국방부와 각 군 행정, 대국회 업무 등 많은 일을 경험했다. 그 과정에서 장관을 대신하여 처리한 일도 부지기수였다. 이러한 까닭에 이기붕 장관은 선뜻 나를 차관으로 기용한 것이다. 차관은 그 직책의 특성상 군인 신분이 아닌 민간인 신분이었다. 오랫동안 군인으로서의 삶을 살아온 나에게 이는 참으로 신기하고도 착잡한 일이었다.

차관에 임명된 나의 마음은 무거웠다. 조국에 돌아온 지 5년밖에 되지 않았는데 과연 국방부 차관 같은 중차대한 직책을 담당해도 되는 것인지 하는 생각 때문이기도 했다. 나는 이기붕 장관의 뜻을 존중해 따르기로 했다. 후임에 국장 출신인 양국진楊國鎭 참모를 천거하려고 본인에게 물었더니 거절했다. 그는 나와 같은 만주육군경리학교 출신으로 1년 후배였다. 그 후 얼마 있다가 강영훈姜英勳 장군이 국방부 제3국장을 맡았다. 그는 훗날 국무총리를 역임하기도 했다.

당시 내가 받은 차관 임명장은 '육군 소장 김일환 국방부 차관에 임함. 대통령 이승만. 단기 4284년 6월 23일. 국무총리 장면' 이라 기록되어 있으며, 이승만 대통령의 친필과 장면 국무총리의 친필로 작성되었다.

전시 상황이었던지라 국방부는 부산에 있었으며, 장관은 서대신동에, 나는 동대신동에 살았다. 정치가인 이기붕 장관은 훌륭한 행정가였다. 원리 원칙과 합리를 중시하였고 후덕한 신사였다. 나를 친아우나 자식같이 사랑했다. 이 장관은 항상 나를 세상에서 가장 부지런한 사람이라고 말하곤 했었다.

하루 일정은 매일 아침 장관실에 찾아가 업무 보고를 하고 지시를 받는 것으로 시작했다. 그것이 끝나면 사무실로 향했고, 장관은 대구 또는 전방 전선으로 갔다. 장관은 출장이 많았고, 본부는 차관이 지키는 일이 많았다.

나는 이기붕 장관의 훌륭한 인격과 관련하여 몇 가지 일화를 기억하고 있다. 혼자 사무실을 지키는 시간이 많은 나는 장관 없이 업무를 보는 것이 불안하기도 하고 또 장관의 부재 시 찾아오는 사람들에게 어떻게 처신해야 할지 몰라, 하루는 장관에게 장관 부재 시에 찾아오는 국회의원, 일반 정객 또는 친지 등에 대한 처신 문제와 특히 유의할 사항이 있으면 지침을 받고자 했다. 그런데 이 질문을 받은 장관은 간명하게 대답했다. 누구에게든지 차별 없이 대하고 단지 친절하게만 대해 달라는 것이었다. 그리고 “지금은 전시 중이며, 당신과 나는 국방부의 책임을 맡고 있음을 기억해 달라”고 했다. 마지막으로 자신은 가리는 사람이 하나도 없다고 덧붙였다. 이것은 말하자면, 나와 자신은 국방을 책임진 관리로서 그것에만 전력을 쏟으면 그만이며 인기 위주의 처세술은 필요치 않다는 것이었다. 장관이 이러한 뜻이고 보니 나는 인간관계와 업무를 자연히 소신 있게 처리할 수 있었다.

하루는 이기붕 장관이 장관 직인職印 보관 문제를 물었다. 사정은 이러했다. 당시 새로 부임해 온 장관 전속부관인 안 모 소령이 장관 부인에게 총무과에 보관되어 있는 장관 직인을 앞으로 장관 부관실에 보관하는 게 안전하다고 차관에게 지시하여 달라고 부탁한 것이다. 이에 장관 부인은 이를 장관에게 말했고 장관은 다시 나에게 물은 것이다. 나는 그 자리에서 규정상 그것은 안 된다고 말했다. 그러자 장관은 두말없이 그대로 하라고 했다. 사소한 일이지만 행정 편의보다 원리 원칙에 입각한 행정을 추구했음을 알 수 있다.

내가 차관이 된 후 가장 어려웠던 일은 업무가 아니라 먹을거리와 입을거리의 문제였다. 군인으로 국방부를 살필 때에는 주식과 별식을 배급받을 수 있었는데, 이제 군복을 벗게 되니 그

혜택이 없어져 아쉬웠던 것이다. 또 하나는 오랜 군인생활로 인해 양복이 없었고, 그나마도 착용할 일이 없었는데 당장 민간인이자 문관 신분이 돼버린 후에는 양복을 입어야 했다. 가정 형편이 어려운 데다가 전쟁 중이니 양복을 구하기도 어려웠다. 결국 나는 그간에 입던 군복 중 양복과 비슷한 군복을 골라 그 휘장을 떼고 입고 다녔다.

어느 날 내가 외국 장교와 야유회에 나갈 일이 있었다. 유엔한국위원회에서 주관하는 모임이었다. 저녁이었고, 나는 당시에도 양복 아닌 양복을 입고 갔다. 그 자리에는 국내외 많은 인사들이 모여 있었다. 태국 유엔 대표인 모 예비역 장군과 정담을 나누는 중 갑자기 이기붕 장관이 나의 손을 이끌고 그 건물 안에 있는 자기 숙소로 끌고 가는 것이었다. 나는 따라갔다. 그는 자기 옷장에서 넥타이를 골라서 나의 것을 풀고 매주었다. 그리고 감색 양복에는 자기가 매준 넥타이가 잘 어울린다고 한 뒤 내가 신은 감색 구두는 맞지 않으니 흑색 구두로 하라는 충고도 친절하게 해주었다. 이것을 계기로 후에 우리 두 사람은 더욱 가까운 사이가 되었다. 당시 나는 시골 신사였다.

역대 국방부 장관과 함께.
왼쪽부터 2대 신성모, 3대 이기붕, 4대 신태영 장관.
1952.

신태영 국방부 장관

부산 동래에서 열린 전몰장병 합동추모식에
이승만 대통령을 모시고 참석하여.
1952.9.28.

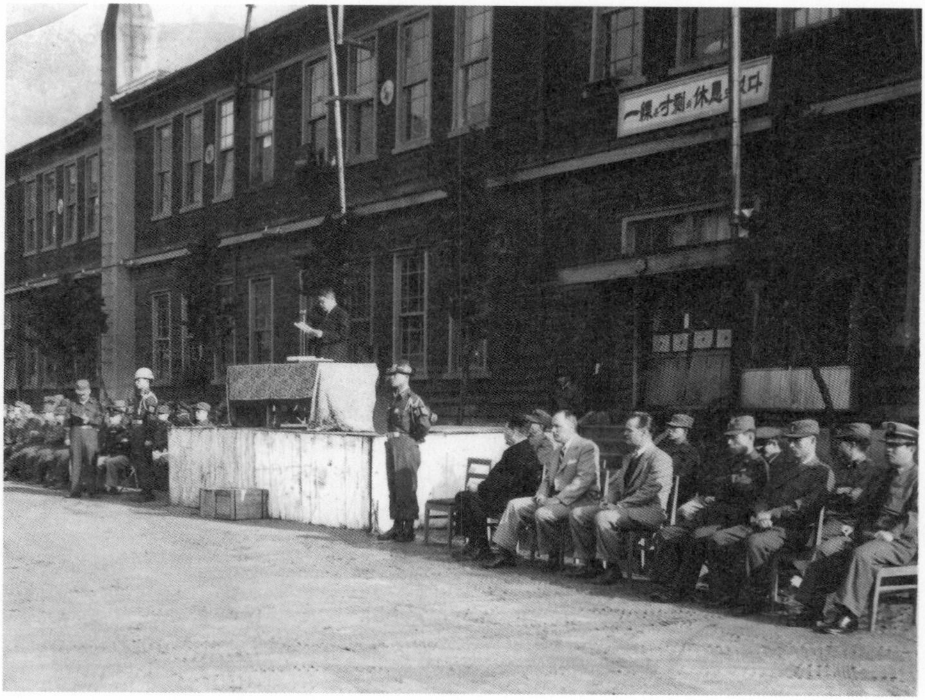

부산 임시 국방부 청사에서 삼일절 기념식을 거행하며.
1953.3.1.

부산 임시 국방부 청사의 차관 집무실에서.

내가 두 번째로 모시게 된 장관은 신태영 장관이다. 신 장관은 구한말 국군 출신으로 일본육군사관학교 출신이며 소장 시절 1949년 10월부터 1950년 4월까지 육군참모총장을 지냈다. 당시에는 중장이었고, 이기붕 국방부 장관 후임으로 국방부 장관이 되었다.

1952년 들어 국내 정치는 어지러웠다. 야당과 이승만 대통령의 정쟁이 심화되었다. 1952년 4월 20일 장면 국무총리가 사임했고, 장택상(張澤相, 1893~1969) 씨가 그 후임이 되었다. 그는 1952년 5월 9일부터 그해 10월까지 국무총리직을 맡았다. 4월 21일에는 개헌 반대 시위가 부산 시내 중심가에서 발생했다. 정국이 어지러운 가운데 5월 25일에는 경상남도와 전라남북도에 계엄이 선포되었다. 계엄은 7월 28일까지 계속됐다.

또 다른 문제도 발생했다. 당시 대구에 주둔하고 있는 이종찬 육군참모총장이 출병을 거부하는 사건이 벌어진 것이다. 내우

외환의 도가니가 된 시기였다. 계엄 선포 다음 날인 5월 26일에는 대통령 직선제와 관련해 소위 부산정치파동이 일어났다. 이 사건으로 국회의원 50여 명이 헌병대에 끌려가기도 했으며, 김성수(金性洙, 1891~1955) 부통령은 국회에 사표를 냈다.

어느 날 장택상 총리가 신태영 국방부 장관과 이범석 내무부 장관을 호출했다. 그런데 공교롭게도 두 사람 모두 출타 중이었고 나와 내무부 차관이 불려갔다. 장 총리는 정국이 어수선한 가운데 시내에 폭력배들이 활개를 치고 있으니, 내무부는 경찰력을 동원하여 치안을 유지하고 군도 이에 협조하라고 지시했다. 당시 부산은 정쟁의 핵에 해당하는 지역으로 시민들은 치안에 불안을 느끼고 있었다.

나는 집무실로 돌아와 부산 헌병부대장을 호출하여 경찰을 도와 협조할 것을 지시했다. 그런데 훗날 이것이 문제가 되었다. 무슨 자격으로 총리가 군을 동원하였느냐는 문제가 대두된 것이다. 이는 장 총리의 반대파들이 장 총리에게 시비를 거는 과정에서 대두된 문제였다. 결국 이 과정에서 신 국방부 장관에게 책임이 돌아왔고, 신 장관은 다시 나에게 그 경위를 묻고 그 처사에 대해 불만을 표시했다.

나는 총리의 지시였고, 또 부산 시민들의 안전을 위한 것이었으며 장관 부재중에 자의적으로 판단한 일이기에 만약 그것이 문제가 된다면 책임을 지고 물러나겠노라고 했다. 신 국방부 장관은 이승만 대통령에게 자신은 당시 전방에 나가 있어 상황을 잘 몰랐고, 차관이 임의로 판단한 모양이라고 보고했다. 한데 이승만 대통령은 나를 탓하기보다 신 장관을 더 못마땅해했다. 그리고 그것 때문이었는지 그 사건은 별 탈 없이 무사히 끝났다. 나의 차관 시절 가장 위태로운 시기였다. 처음으로 정치, 그리고 자신의 처사, 상사를 모시는 법, 또 부하를 다스리는 법, 더 나아가서 자기 책임을 갖는다는 것을 배웠으며 이것이 나의 정치 역사의 첫발인 셈이었다.

1952년 초 당시 손원일 해군참모총장(앞줄 가운데)의 예방을 맞아
이기붕 장관과 차관인 본인 그리고 국장들과 찍은 기념 사진.

손원일 국방부 장관

손원일 장관은 내가 차관으로 재직하며 모신 세 번째 인연이다. 손 장관은 1909년 평남 강서에서 태어나 중국 상하이 국립중앙대학 항해과를 졸업했다. 항해사 출신으로 1948년 해군 초대 참모총장을 역임했다가 1953년 6월 28일 중장으로 예편, 6월 30일 국방부 장관에 취임했다. 손 장관의 부친인 손정도 목사는 일제시대 만주에서 독립운동을 했다. 그분은 조국이 광복된 후에 조국에 돌아와 해안경비대를 창설하고 해군 건설에 지대한 공을 세웠다. 항해사 출신으로 외국어, 특히 영어에 능통했다. 행정 업무에는 그리 능통치 못했는데 그것은 정규군 이력이 없었던 탓이다. 또한 선진화된 구미 사회생활을 오래하여 군 경력자들과 잘 적응을 못 하는 것도 있었다. 특히 그분은 형식과 격식을 중요하게 생각하지 않았다. 또 자신이 해군 창설에 공이 크기에 해군의 입장에서 업무를 보았고, 국방부에 육군 출신이 많은 것을 못마땅하게 여기기도 했다. 인생을 즐겁게 지내려는 댄디보이 같은 성향도 있었다.

내가 민간 출신인 이 장관과 육군 출신인 신 장관, 그리고 해군 출신인 손 장관까지 여러 분야의 상사를 모실 수 있었던 것은 행운이었다. 서울이 다시 수복되어 후암동 집에서 가족들과 함께 생활할 수 있다는 것만으로도 충분히 만족스러운 시간이었다.

陸軍本部管理室長

1953. 11. 23 — 1955. 9. 16

一、任命 (行政管理)

二、參謀總長을 보좌

三、國內外 情勢

1. 54. 2. 17 三軍合同參謀會議 設置

2. 3. 21 第1軍 發足

3. 7. 1 日本防衛廳 自衛隊 正式 發足

4. 7. 25 大統領 訪美 途程

5. 7. 30 韓美兩大統領 共同聲明

UN旗下에 統韓 聲明

6. 8. 18 國會 美軍撤收 反對 決議

7. 11. 20 美8軍司令部 日本으로 移動

8. 12. 2 石炭公社 年産 7千t 操業

9. 12. 27 大統領特命 [illegible] 華沙 ...

1955

10. 55. 1. 17 韓美軍事援助協定書 調印

11. 2. 22 參謀部 創設

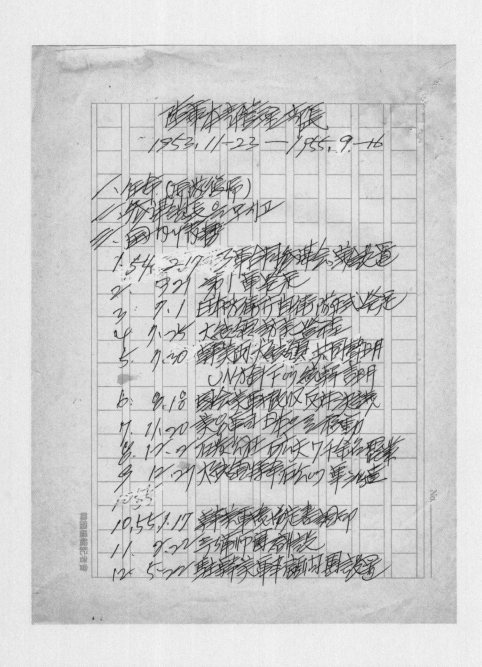

12. 5. 22 駐韓美軍事顧問團 設置

6장

육군본부 관리부장 시절

군대에 필요한 물자를 관리하고 보급하는 군수행정의
중요한 병과인 병참단대장회의를 마치고서.
1954.1.18.

육군본부
관리부장

국방부 차관직 사임 후 백선엽 대장의 요청으로 다시 군복을 입게 되었는데,
당시 장성급에서 이 같은 일은 전무후무했다.
1954.3.1.

미 군사고문단과 회의하는 모습.
테이블 안쪽 끝에서 정면을 향하고 있는 사람은 육군경리감 이효 장군,
오른쪽에서 세 번째는 정일권 당시 참모총장.
1954.

22사단■ 창설 제2주년 기념 행사에 참석하여.

1955.4.

■ 제22보병사단은 육군본부 직할부대로 1953년 4월 강원도 양양에 창설되었고 1958년 12월 해체되었다. 부대 애칭은 '우뢰와 같이 적진으로 공격하여 통일의 종을 친다'는 뜻으로 '뇌종부대'라 불렸다.

육군본부 관리부장 시절, 김현철 재무부 장관과 함께.

1953년 여름에 접어들면서 전세는 다시 우리 쪽으로 기울었다. 그리고 1953년 7월 13일 중공군이 후퇴하며 602고지 전투 등 대반격이 시작되었다. 7월 14일 북한과 중국은 휴전 협상에 동의했다. 하지만 휴전 동의 후에도 막바지 전쟁은 계속되었다. 7월 16일 국군의 전면적인 반격이 전개되었다. 그 결과 7월 20일까지 금성천(강원도 김화군, 화천군)을 수복했다. 7월 27일 유엔군과 북한군 및 중공군은 판문점에서 휴전협정에 공식적으로 조인한다. 이에 따라 포로 교환이 이루어지며, 1953년 8월 5일부터 9월 6일 사이에 우선 송환 희망자 9만 5천여 명이 판문점에서 송환되고, 송환 거부 포로 2만 2천여 명은 중립국 송환 위원회에 넘겨져 자유의사에 따라 행선지를 결정하게 하였다. 대전에서 피랍되었던 딘 소장도 1953년 9월 4일 오전 10시, 판문점 자유문을 통해 귀환했다. 국방부 차관인 나는 한국 정부를 대표하여 그를 포옹으로 영접했다. 그리고 11월 나는 육군본부 관리부장이 된다. 당시 나의 나이 39세였다.

내가 육군본부 관리부장으로 재직한 기간은 1953년 11월 23일부터 1955년 9월 16일까지다. 육군은 참모총장 산하에 일반참모비서실, 보도실, 참모차장이 편제되었고, 참모차장 산하에 행정참모부, 기획참모부 이렇게 2부와 인사국, 정보국, 작전국, 군비국 이렇게 4국이 있었는데, 관리부는 기존 2부와 대등한 위치에서 새롭게 조직된 부서였다.

1953년 늦가을, 차관직을 사임했지만 후임인 강영훈 장군이 취임을 거절해 그다음 후임자가 오기를 기다리며 차관실에 출근하고 있었다. 하루는 대구에서 육군참모총장인 백선엽白善燁 대장이 찾아왔다. 백 대장은 해방 전 만주에서 같이 지낸 일이 있었고 군관학교 4년 후배이기도 했다.

그는 육군이 새로운 직제로서 관리부장(중장, 참모부장급)의 제도를 설치하는데, 나에게 다시 군복을 입고 그 자리를 맡아 달라고 부탁했다. 대통령의 인가는 자신이 받겠다고 했다. 당시 나는 차관직을 그만두고 무엇을 할까 고심하던 차였다. 학교 선생이나 군수 정도를 생각하고 있었는데 주위에서는 도지사 정도는 해야 한다는 말도 많았다. 어쨌거나 그러던 차에 생각지도 않았던 제의가 들어왔고 나는 이를 쾌히 승낙했다. 백 대장은 새로운 길을 열어 준 귀인이었다.

이호李澔 장군(육군 법무관 준장)과 이취임을 마치고 둘이서 경무대로 가서 이 대통령에게 인사를 드렸다. 이승만 대통령은 “자네는 군에 되돌아가게 됐군” 하며 격려를 해주었다. 당시 군의 역사상 장성급이 군복을 벗었다가 다시 입은 일은 전무후무했다.

11월 23일 단신으로 대구 육군본부에 부임하여 초대 육군 관리부장이 되었다. 이제 장관이 아니라 참모총장을 모시게 된 것이다. 내가 모셨던 참모총장은 두 명으로 백선엽 대장과 정일권 대장이었다. 백 대장은 1952년 7월부터 1954년 2월까지 역임했고, 정 대장은 1954년 2월부터 1956년 6월까지 역임했다.

백선엽 대장은 1920년생으로 1941년 만주군관학교를 졸업했다. 사단장, 군단장, 군사령관, 육군참모총장, 합참의장, 대사 등을 역임했다. 6·25 당시 명장군이었고 북진하여 평양 침공 시에 선봉부대장이었으며, 온후한 성품이었다.

정일권 대장은 1917년생이다. 1937년 만주군관학교를 졸업했다. 6·25전쟁 당시 3군 총사령관을 지냈으며 이후 육군참모총장, 합참의장을 역임했고, 1957년 대장 예편 후에는 터키, 프랑스 대사도 역임했다. 6·25전쟁 당시 대전에서 3군을 지휘한 명장이었고, 지장이며 덕장이었다. 훗날 박정희 대통령 시절 장관, 총리, 국회의장 등 정계에서도 많은 일을 했다. 나와는 만주군관학교 동기생으로 특별히 가깝게 지내 온 사이였다.

내가 육군본부 관리부장으로 재직하는 동안 군에는 많은 변화가 있었다. 국방부에 3군 합동참모회의가 설치되었다. 이승만 대통령이 이를 공포했고, 초대 의장에는 이형근李亨根 대장이 임명됐다. 1954년 2월 17일이었다. 1954년 3월 21일에는 육군 강화책으로 원주에 제1군이 창설되었다. 사령관에는 백선엽 대장이 임명됐다. 나는 그해 5월 26일 중장으로 승진했다. 백선엽 총장의 배속配屬으로 육군본부 관리부장(참모부장격)을 중장 직위로 정한 것이다. 이는 경리장교로서는 처음이자 마지막 있는 일이었다.

반공 포로 석방을 앞두고 거제도 포로수용소에서.

1953.

워싱턴에서의
원조 협상

원조 협상을 위해 이승만 대통령을 모시고 미국에 도착하여.
1954.7.26.

미 군사고문단은 제반 군사 지원의 효율적 관리와 이를 뒷받침하는 행정적·제도적 시스템을 운영하는 등 선진 관리 방식을 자문하는 역할을 담당하면서 한국군의 행정 및 관리 체제 안정에 많은 도움을 주었다.
1954.9.30.

1954년 7월 25일 이승만 대통령은 미국 방문길에 올랐다. 나는 대통령을 수행하여 한미회담에 참여했다. 이 대통령 일행은 25일 오후 5시 정각에 서울을 출발하여, 알래스카와 시애틀을 경유하여 26일 오후 4시 정각 워싱턴에 도착했다. 수행원은 나를 포함해 모두 27명이었다.

워싱턴에 도착한 이 대통령은 미국의 아이젠하워 대통령과 만나 회담을 가졌고, 그 결과 7월 30일 워싱턴에서 유엔의 계획에 적극 협력한다는 한미 양국 대통령 공동성명을 발표했다. 하지만 애초에 계획했던 일주일간의 방미 일정을 모두 채우지 못하고 귀국했다. 거기에는 숨겨진 비화가 있다. 정일권(당시 육군참모총장으로 수행함) 씨가 이를 자신의 회고록에 잘 기록해 두었다.

당시 이 대통령의 방미 목적은 휴전 후 보다 많은 군사 원조와 경제 원조를 얻는 데 있었다. 이 대통령의 워싱턴 공항 환영식에는 닉슨 부통령과 렛포드 제독이 나왔다. 그리고 곧 첫 회담이 열렸다. 당시 협의 사항은 다섯 가지로 결정되어 있었다. 그런데 아이젠하워 대통령은 이를 무시했고 태도도 오만했다.

아이젠하워 대통령은 자리에 앉자마자 이 대통령이 미국의 반대에도 불구하고 반공 포로를 석방한 것에 불만을 토로했다. 이승만 대통령은 이것이 침략자인 북괴군으로부터 자유와 민주주의를 수호해야 한다는 유엔 결의를 지키기 위한 결정이었다고 응수했다. 이승만 대통령은 민족주의자였고, 그 무엇보다 민족이 우선해야 한다고 여기고 있었다. 또한 비록 6·25전쟁에서 유엔군의 지휘를 받긴 했지만 민족의 생사에 관련된 문제에 대해서는 자주권을 행사할 수 있다고 생각했다. 소련이나 중국을 염두에 두지 않을 수 없는 미국의 입장에서 이승만 대통령의 독단적 행동은 어려운 문제일 수밖에 없었다. 아이젠하워 대통령은 휴전협정에 반대한 문제도 따졌다.

이승만 대통령은 한국 국민의 숙원이 통일이므로 휴전협정에 조인할 수 없다고 말했다. 이 대통령의 태도에 덜레스 국무장관은 대통령으로 그 자리에 앉아 있는 것도 미국의 덕분이라며 응수했고, 이에 이 대통령이 회담장을 떠난 것이다. 평소 이 대통령은 덜레스 국무장관이 일본의 편을 든다 하여 못마땅하게 여기고 있었다. 수행원 일행은 이 대통령의 뒤를 따라 국무부 청사에서 나왔다. 이 대통령의 배짱 있는 모습이었다.

이 대통령은 당초 일주일 동안의 방미 일정을 3박 4일로 단축하고 한미 양국 대통령 공동선언 후 귀국했다. 귀국 직전 수행원들이 투숙했던 헤이 애덤스 호텔에 찾아와 소환할 때까지 몇 달이고 남아서 군사지원·경제협력 문제를 토의하고 될 수 있는 대로 많은 자금을 확보하라고 지시했다.

이 때문에 나는 미국 국방부와의 협의를 위해 8월 초부터 9월초까지 워싱턴에 체류하며 국방부 군원조담당관실에 나갔다. 30여 일간 무려 16회나 그곳에 출근하다시피 했다. 생전 처음 미국을 방문한 데다가 대통령 수행 연락을 받은 것이 출발하기 3, 4일 전이라 준비도 충분치 않았다. 영어도 서툴렀다. 이에 반해 미국 측은 내가 만주에서 고생한 일 등을 소상히 파악하고 있었다. 양국 실무자회의에서 첫 인사말에 옛날 만주에서 얼마나 고생했느냐고 말을 건네 깜짝 놀랐다. 반면 우리는 충분한 사전 준비 없이 같이 일해야 했다. 우리가 배울 점이었다. 또 우리가 준비해 간 자료가 미국의 자료와 달라 고생했다. 산출 기초가 달랐기 때문이다. 미국은 1인당 기준으로 계산을 했지만 우리는 그렇지 않아 상호 간의 자료 대조가 어려웠다.

한편으로는 협상을 하고 또 한편으로는 자료를 재작성해야 했다. 회의가 끝나는 대로 호텔에 들어가 밤잠을 물리쳐 가며 작업을 했다. 같이 간 일행 중 일부는 여유 시간에 외출을 하기도 했지만 나는 그러지 못했다. 명색이 육군 중장이 낮에는 정복을 하고 밤에는 일개 사병과 다를 바 없이 계산에 매달린 신세였다. 경리장교가 된 것을 언제나 자랑스럽고 영광스럽게 느껴 왔었으나 이때 당시 얼마나 힘들었던지 왜 경리장교가 돼서 외국까지 와서 이런 고생을 하나 하고 호텔 전망대 위에서 눈물을 흘리기도 했다.

각고의 노력 끝에 미국으로부터 7억 달러의 군사 원조를 받아냈다. 이 원조비로 10개의 예비사단과 보급창을 마련해 미군의 의존에서 벗어나 우리만의 보급 계통을 확립할 수 있었다. 한편 이 대통령의 미국 방문 후 한미 관계가 소원해졌다. 8월 18일에는 국회의 미군 철수 반대 결의가 있었다. 하지만 주한 미군 8사단 사령부는 석 달이 지난 11월 20일 일본으로 이전했다.

제2병참단 62세탁중대 세탁 트레일러 앞에서.
적절하고 깨끗한 군피복의 원활한 공급과 관리를 위해
현장 검열이 수시로 필요했다.
1954.

군 보급 절약운동과 석탄 개발

제2병참단 62세탁중대 세탁트레라 앞에서 잠시 스냅한 검열관들과 단장

왼쪽으로부터 단장
가운데 검열보좌관 고대령
셋째 검열반장 김일환 중장각하
넷째 62세중 세탁병

육군본부 관리부장 겸 대한석탄공사 군파견단장으로
탄광 현장을 시찰하며.

작업을 시작하기 앞서 현장 관리자들과 광부들을 격려하며.

탄광 갱 입구에서.

현장의 사기 진작을 위해 광부를 '산업전사'라 칭하고,
모범 산업전사 표창식을 가졌다.
1954.

모범 산업전사들을 경무대에 초청하여 이승만 대통령 내외와 기념 사진을 찍는 모습.
앞줄 양복 차림으로 앉아 있는 이는 임송본 당시 석탄공사 총재.
1955.

새롭게 편제된 관리부장의 업무는 도전의 연속이었다. 육군의 최대 목표는 휴전 후 군의 재정비와 관리 업무 강화였다. 백선엽 참모총장이 미국 육군제도를 참고하여 육군본부 관리부장이라는 직책을 만들고 나를 직접 찾아와 부탁한 것도 이 때문이었다. 나의 업무는 자연히 군 관리 업무 강화로 기울어졌다. 그중 하나가 관리 업무를 좀더 효율적으로 수행하기 위해 차트 브리핑 제도를 도입한 것이다. 현재 브리핑 제도의 시초인 셈이다.

1954년 6월부터 군보급절약운동을 실시했다. 군 장병에게 절약 개념을 주입시키며 근검절약을 실천하여 금품을 아낌으로써 군과 국가에 대한 애국심을 함양하는 것을 그 목적으로 했다. 군보급절약운동에 대해 정일권 참모총장이 대통령에게 보고했으며, 육군 대강당에서 유엔군 사령관을 초청하여 보고회도 개최했다.

군인으로서의 삶에 전성기가 다섯 번 있었는데 군보급절약 운동은 세 번째에 해당된다. 첫째는 창군 업무, 둘째는 6·25전쟁 처리, 넷째는 미군과의 원조 관련 협상 업무, 다섯째는 석탄 개발 사업이었다.

1954년 10월경, 어느 날 정일권 참모총장이 나를 데리고 경무대 집무실로 갔다. 이 대통령은 자주국방을 위해서는 화약 생산이 중요한데 현재 인천화약공장이 잘 운영되지 않으니 군에서 맡아 운영하라고 지시했다. 나는 운영은 민간에서 담당하고 군에서는 원조만 하는 것이 바람직하다고 말씀드렸고, 이 대통령은 그 건의를 받아들였다. 훗날 나를 상공·내무·교통 장관으로 두루 기용하는 데서 드러나듯이 이 대통령은 누구보다도 나를 신뢰하고 있었다. 화약공장은 내가 2년 후 상공부 장관으로 가면서 민간에 이양됐다. 이것이 현재 한국화약, 즉 현재의 한화다.

1954년 10월, 이 대통령은 인천화약공장에 관한 논의를 마친 며칠 후 또다시 정일권 참모총장과 나를 경무대로 호출했다. 이 대통령은 석탄 사정이 대단히 어려워 국민들의 생활이 어렵고, 전력 상황도 개선되지 못하고, 이로 인해 주요 산업 시설이 가동되지 못하는 혼란한 상황인데 석탄공사는 도저히 할 수 없으니 이를 군에서 맡아 운영하라고 지시했다.

당시 서울에서는 땔감이 부족해서 토탄土炭이라는 것을 석탄

대신 사용했다. 석탄이 부족해 발전소도 가동이 안 되는 상황이었다. 산업공장의 가동률 역시 현저하게 낮았다. 모두가 석탄이 부족해 빚어진 현상이었다. 하지만 이를 책임져야 할 대한석탄공사는 자금이 돌지 않아 부도가 날 위기에 처해 있었다. 수요자가 없기 때문이 아니었다. 그 반대로 수요자는 넘쳐나 이미 대금을 지불하고 석탄 공급을 기다리는 곳이 많았다.

내가 처음 석탄공사에 갔을 때에도 "돈 받고 석탄을 안 준다"고 아우성이었다. 문제는 공급, 즉 석탄 생산 부족이었다. 엎친 데 덮친 격으로 석탄공사는 임시방편으로 지하 광맥 석탄을 팔고 있는 지경이었다. 게다가 1954년 석탄공사 소속 노동자 7천여 명은 임금인상 파업을 벌였다. 부실 경영까지 누적되어 있었던 것이다. 이 대통령은 석탄공사의 총체적인 운영난을 타개하기 위해 군을 석탄공사에 파견키로 하고 12월 27일 나를 육군 파견단장으로 임명하려고 했던 것이다. 나는 두말없이 이에 따르기로 했다. 이 대통령의 지시는 전에 없이 강경했다.

12월 5일부터 강원도 영월 탄광 등을 시찰하고 10일과 18일 오후에 경무대에 가서 이 대통령께 계획안을 보고 드렸다. 이 대통령은 1954년 12월 27일 대통령령 제10호를 공포하고 석탄공사 파견단 업무를 공식적으로 하달했다. 그날 오후 대한석탄공사 총재실(총재 임송본林松本)에서 손원일 국방부 장관, 강성태姜聲邰 상공부 장관 참석하에 취임식을 가졌다. 그리고 다음 날인 12월 28일부터 석탄공사에 출근했다.

석탄공사의 출근 시간은 9시였지만 총재를 제외한 모든 직원들의 출근 시간을 8시로 변경했다. 8시는 육군의 출근 시간이었다. 석탄공사의 기강을 바로잡고 실적을 올리기 위해 채택한 방침은 '현장제일주의'였다. 12월 31일 참모 한 명을 대동하고 1월 1일부터 장성탄광을 비롯한 강원도 일대의 탄광들과 경북의 탄광 등을 직접 돌아보았다. 연말연시를 현장에서 보낸 것이다. 이렇게 내가 제일 심혈을 기울인 것은 현장의 사기 진작이었다.

우선 광부를 '산업전사'라 칭했다. 1955년 2월 15일에는 청량리역에서 모범산업전사 환영식을 가졌으며, 이틀 후에는 탄광 모범산업전사 환영대회 및 표창식을 거행했다. 모범산업전사는 10년 이상 근속한 광부 19명이었다. 19명만을 초청한 것은 나와 함께 일하던 최성실崔誠實 씨의 제언을 받아들인 것으로 19공탄의 이미지를 시민들에게 심어 주자는 취지였다. 또, 그들을 경무대에 데리고 가 대통령과 직접 인사를 시키고 서울 시내에서 시가행진을 벌였으며 조선호텔에서 묵게 했다. 이 대통령은 이들에게 양복을 하사했다.

현장제일주의는 일시적인 행사로만 끝나지 않았다. 나는 광부들과 채탄장에 뛰어들기도 했고 함께 기거했으며, 심지어 그들의 언어와 동작을 익히고 그것을 파악해 두었다. 기동력을 위해 군 트럭으로 수송력을 보완하고 갱목을 운반했다. 노무자들에게 군대 작업복을 지급하고 사택을 지어 주었다. 또 후생시설에도 관심을 기울였다. 현장 일선의 광부들을 위한 이러한 배려는 이전까지는 없던 것이었다.

전쟁으로 파괴된 화천, 영월 등지의 많은 탄광을 복구하였고 함백, 장성 등 새로운 탄광을 개척했다. 이러한 노력으로 탄광업은 서서히 본 궤도에 올라섰다. 1년 만에 5배가량의 석탄이 증산되었다. 이 대통령은 현장에서 지내느라 새까맣게 그을린 나에게 "군인들이 수고가 많았어. 석탄을 잘 캐고 아무튼 잘했어"라며 격려해 주었다. 이를 단순한 격려라고 생각했다. 하지만 이승만 대통령의 뜻은 다른 데에 있었다.

國防部長官 9代

1955.9.16 — 1958.8.8

○ 任命

陸軍大將 50 세의 [illegible] 國防部長官으로 [illegible]

[illegible]되지 않았다.

陸軍本部 [illegible] 大佐

[illegible] 石[illegible] 陸軍 [illegible] 長으로 [illegible]

長 9個月 만에 [illegible]이 되었고

이다. 國防部 [illegible] 長에서 [illegible]

되어 [illegible] 國防部 次官을

마치고 [illegible] 復

歸하여 軍服을 입은 [illegible] 9個

月 만에 다시 軍服을 벗게 된

것이다.

이때 大統領께서 [illegible]을 보내라고 [illegible]

고 [illegible]으로 그리고 [illegible]

陸軍 [illegible] 國防部長官에서

[illegible] 部長官으로 이름을 [illegible]

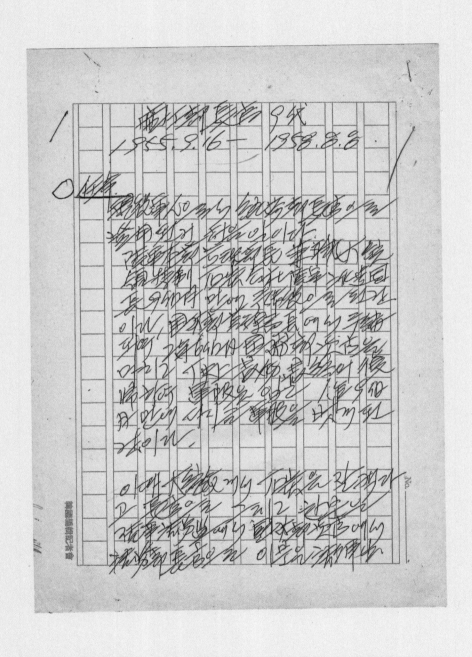

7장

상공부 장관 시절

제9대 상공부 장관 취임식.

현직 군인이 상공부 장관에 임명된 경우는 처음이었다.

1955.9.16.

제9대
상공부 장관 취임

이취임식에서 강성태 전임 상공부 장관과 악수를 나누며.
1955.9.16.

1955년 9월 10일, 그날도 나는 전남 화순 탄광 현장에 있었다. 그날 밤 전라남도 도지사에게 전화가 걸려왔다. 그는 12일 대통령께서 경무대에 출두하라는 전갈이 왔다며 무슨 좋은 일이 있느냐고 물었다. 나로서는 알 수 없었다.

다음 날 군용기를 타고 서울에 도착하여 오후 2시경에 경무대로 대통령을 찾아뵈었다. 이 대통령은 나를 보자마자 "자네, 그간 일 잘했어. 자네를 상공부 장관 시킬 것이니 그리 알고 있어" 하고 단도직입적으로 말했다.

뜻밖이었고, 놀라지 않을 수 없었다. 경리장교 출신인 나는 육군본부 관리부장이 마지막 공직일 것으로 생각하고 있었다. 그런데 다시 군복을 벗고 상공부 장관에 취임하게 된 것이다. 5일 후인 1955년 9월 16일 나는 상공부 장관으로 임명되었다. 각계가 놀라고 모두가 야단이었다. 현직 군인으로서 상공부 장관에 임명된 것은 내가 처음이었다. 만주에서 온 무명 청년이

9년 만에 상공부 장관에까지 오르게 되니 이는 하나님의 역사인 것이다.

기묘한 것은 최성실 씨가 이를 꿈으로 예견했다는 것이다. 19명의 산업전사 환영대회를 마치고 얼마 후였다. 최성실 씨가 내가 상공부 장관으로 임명되었다는 기사가 실린 호외를 들고 후암동에 있는 내 집으로 달려가다가 잠을 깨었다는 꿈 이야기를 해주었다. 상공부 장관은 생각지도 못했기 때문에 쓸데없는 말을 함부로 하지 말라고 호된 꾸지람을 했었다. 그런데 정말로 그의 꿈대로 내가 상공부 장관이 된 것이다. 그에게 장관 취임사 초안을 맡겼다. 이때 함께 장관에 임명된 사람은 국방부 차관이었던 이호李澔 씨와 군 원로였던 이응준李應俊 장군이 각각 법무부 장관과 체신부 장관으로 임명되었다.

1955년 9월 16일부터 1958년 8월 8일까지 나는 약 3년 동안 상공부 장관으로 재직했다. 내 나이는 불과 41세였다. 일개 청년이 이런 중책을 맡고 나니 실로 두렵고 송구스러운 마음을 금치 못했다. 지금까지의 국가에 대한 봉사보다 더 막중한 책임이었다. 나는 스스로를 낮추는 한편, 교회에는 더욱 부지런히 다녔다.

취임식은 1955년 9월 16일 육군본부(현재 전쟁기념관) 광장에서 거행되었다. 정일권 육군참모총장, 이호 장군과 이응준 장군이 참석했다. 이로써 2년 6개월 동안 국방부 차관으로 일한 후 육군본부 관리부장이 되었다가 1년 9개월 만에 다시금 군복을 벗게 된 것이다.

취임 후 국무위원 자격으로 국무회의에 참석하게 되었다. 통상 정례 국무회의는 화요일에는 경무대에서, 금요일은 중앙청에서 개최되었다. 취임 당시 상공부의 과제는 한두 가지가 아니었다. 1955년 8월 17일에 대일 교역이 금지되고 상공부 차관과 무역국장이 경질되었다. 그러나 미국과 일본과의 협력 없이 경제 부흥을 도모할 수는 없었다. 이것이 이 대통령의 딜레마였고, 국내 산업의 활성화를 위해 군인임에도 불구하고 산업과 경제, 경영 능력이 돋보이는 나를 상공부 장관으로 임명한 이유였다.

석탄공사 육군파견단장으로 일하던 시절부터 여러 차례 이 대통령과 독대하였고, 이 대통령의 이러한 뜻을 잘 알고 있었다. 그러나 이제 막 불혹을 지나 일국의 장관이 된 것은 큰 책임이 아닐 수 없었다. 큰 힘이 되었던 것은 신앙에 따라 소신껏 일하라고 당부하던 이승만 대통령의 총애였다.

상공부 장관 재임 당시 이승만 대통령 내외 및 전 각료들과 함께.
맨 왼쪽부터 손창환 보사부 장관, 본인, 오재경 공보실 실장, 김현철 재무부 장관,
송인상 부흥부 장관, 이근직 내무부 장관, 이호 법무부 장관, 조정환 외무부 장관,
문봉제 교통부 장관, 김정렬 국방부 장관, 강명옥 법제처장, 정재설 농림부 장관,
신두영 국무원 사무국장, 최재유 문교부 장관, 이응준 체신부 장관.

시정 방침과
무역 진흥

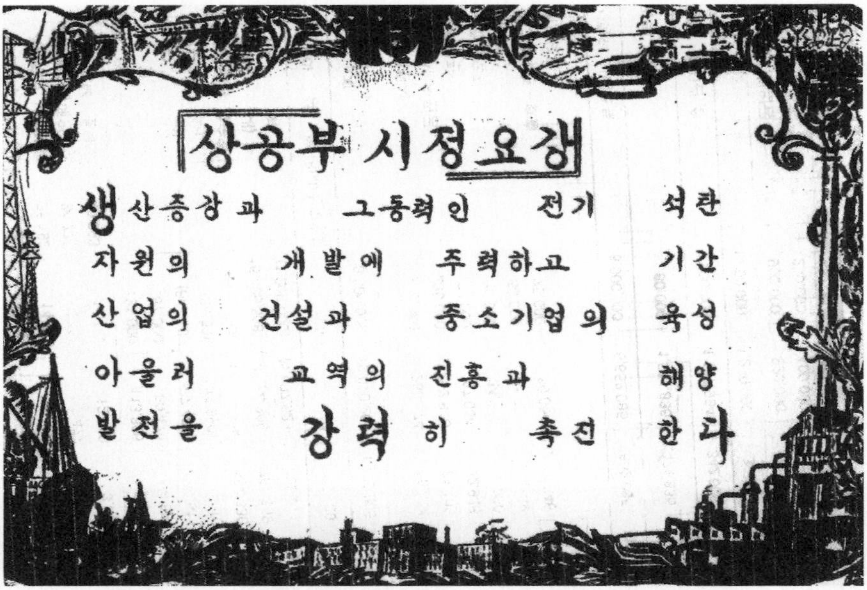

국내 산업 발전과 경쟁력 향상이라는 목표 아래 상공부 시정 요강을 세우고
누구보다 나 자신이 먼저 이를 늘 가까이 하고 되뇌었다.

상공부 장관 집무실에서.
1달러가 귀했던 그 시절, 수출을 권장하기 위해
세계 지도를 벽에 걸고 집무실을 상품 전시실로 만들었다.

이승만 대통령 내외와 육군본부교회에서 예배를 드린 뒤.
사진 왼쪽 다섯 번째부터 장도영 장군, 박치순 군목, 임병직 유엔대사, 유재흥 장군.
1956.

경제 부흥을 위한 중점 시정 방침은 기간산업 육성과 국산품 장려였다. 이 두 가지는 국내의 산업 발전과 경쟁력 향상을 위해 반드시 이뤄야 하는 과제였다. 목표 달성을 위해 시정 요강을 '생산 증강과 그 동력인 전기·석탄 자원의 개발에 주력하고 기간산업의 건설과 중소기업의 육성과 아울러 교역의 진흥과 해양 발전을 강력히 촉진한다'로 정했다. 그러나 이것은 어디까지나 목표일 뿐 현실은 암담하기만 했다.

내가 상공부 장관으로 부임한 1955년은 6·25전쟁이 끝나고 휴전된 지 2년에 접어드는 해였다. 6·25전쟁으로 황폐화된 산업 시설은 아직 복구되지 못했다. 석탄을 비롯하여 산업을 일으킬 만한 자원도 거의 없었다. 무역도 부진했다. 유일하게 의지할 곳은 미국의 원조였지만 이승만 대통령과 아이젠하워 대통령의 관계는 원활하지 못했다. 한국과 미국의 관계가 소원하여 원조도 넉넉하지 않았고, 그나마 그 원조마저도 국방 쪽에

쓰여야 했다.

당시 한국의 경제 사정이 얼마나 어려웠는가를 단적으로 보여 주는 예는 인모人毛가 주요 수출품이었다는 것이다. 수출할 물품이 없었기 때문에 시골 처녀들의 머리카락까지 내다 판 것이다. 상공부 장관이 되고 놀란 일 중의 하나였다. 이것을 이 대통령에게 보고하자 대통령의 상심도 컸다. 이 품목을 수출품에서 제외시켰다. 아주 작아 보이지만 당시 1달러가 귀한 시대이고 보면 큰 결심이 아닐 수 없었다.

이렇게 어려운 상황 속에서 나는 불굴의 의지를 불태워야 했다. 나 자신부터 실천하기로 했다. 우선 사무실을 상품 전시실로 만들었다. 한반도 대형 지도를 벽에 걸고 산업 및 무역과 관련된 사항들을 표기하였다. 장관 응접실을 없애고 상품 진열실을 만들었다. 상품 진열실은 장관실을 방문하는 국내 인사와 외국 손님들에게 직접 물건을 보여 주며 설명하고 수출을 권장하기 위한 것이었다. 중요한 국산품에 대해서는 가격을 표시하고 일일이 암기했다. 외국 손님들뿐만 아니라 본국에 돌아온 동포들도 안내를 받고 시중에서 쇼핑을 했다. 이런 상황이고 보니 장관실은 상품 전시실이었다.

나는 이것이 조금도 부끄럽지 않았다. 오히려 현장주의자로서 '지시 5퍼센트, 확인 95퍼센트를 신념으로 삼고 있는 것이다'라며 당당하게 생각했다. 석탄공사 육군파견단장으로 근무할 때에 노무자들과 함께 어울리고 식사를 했던 것도 이러한 신념에서 비롯된 것이다. 그리고 이것이 내 리더십의 강점이었다. 그랬기에 정치적 도움 없이도 이승만 대통령뿐만 아니라 주변 사람들에게 인정을 받았던 것이다. 이것은 항상 겸손하고 소박하게 지내려는 생활 태도의 결과이기도 했다. 장관에 취임할 때 비서관 한 명, 그리고 여직원 한 명 외에는 더 이상의 보조 인원을 두지 않았다. 그리고 그들을 사사로운 일에 동원한 일이 없었다. 그들은 어디까지나 공적인 관계이기 때문이다. 즉 그들은 나라의 일을 위해 일하는 사람들이지 나를 위해서 일하는 사람들은 아닌 것이다. 상공부의 살림살이 등도 모두 총무과에 일임했다. 사사로이 금전 출납을 하지 않고, 어디까지나 나랏일을 위해서만 예산을 사용하기 위해서였다.

정책과 제도의 변화에도 박차를 가했다. 그 첫 번째가 대일 무역 재개였다. 이승만 대통령의 개인적 감정과 민족적 정서, 일본의 재일 교포에 대한 처우 문제, 그리고 1955년 5월 4일 체결된 중공과의 무역협정 등 복합적인 요인으로 1955년 8월 17일 한국은 대일 무역을 중단했다. 그러나 이것은 적절한 조치가 아니었다. 일본과의 무역이 한국 무역의 상당 부분을 차지했기 때문이다. 주무 장관의 입장에서 대일 무역의 중지란 한낱 감정상의 문제일 수는 없었다. 대일 무역을 어떻게 해서든 재개하는 것이 가장 시급한 과제였다.

대일 무역 재개를 위해 취임 이후 분주히 뛰어다녔다. 경무대를 수없이 드나들며 이 대통령에게 간청했다. 그러나 번번이 꾸지람만 들었을 뿐 아무런 소득이 없었다. 그래도 포기할 수 없었다. 보고서를 들고 몇 번이고 간청했지만 이 대통령은 승낙을 하지 않았다. 일본에 대한 이 대통령의 감정은 세상이 다 아는 것처럼 확고했다.

이 대통령의 재가가 떨어지지 않자 굳은 각오로 말씀드렸다.

"저를 상공부 장관을 시킨 이상 제가 일을 할 수 있게 만들어 주셔야 하지 않겠습니까?"

만약 대일 무역의 길을 열어 주지 않는다면 장관직을 사임하려는 각오까지 했다. 이 대통령은 한참 동안 고심하다가 나의 간청을 승낙했다. 그래서 1955년 12월 25일 대일 무역이 재개될 수 있었다. 행정적인 절차로 실질적인 무역 재개는 1956년 1월 18일부터 이루어졌다. 몇 개월 동안 무역 진흥을 위한 간청이 드디어 일단락되었다.

아울러 무역 진흥을 위해 상공부 고시 227호를 공포하여 무역 절차를 확정하고 1955년 9월 29일에는 수입자유화를 위한 조치로서 수출입허가제 폐지원칙을 수립하고 금수禁輸 품목 및 시행 세칙도 재수정했다. 1956년 9월 14일에는 수출5개년계획(무역체제강화요령)을 수립해 무역 진흥을 위한 중장기 계획을 마련했다. 1957년 11월 21일에는 비로소 무역법(민의원 본회의에서 통과. 전문 18조)을 제정하여 무역 진흥을 위한 근대적 통상 체계를 마련하게 되었다.

지하자원 개발, 특히 석탄 증산은 석탄공사 군파견단장 시절부터
주력하던 분야로서 더욱 확대 발전으로 이끄는 일이 중요했다.

광업 개발

대한중석 투자협정에 조인하는 모습.
중석광은 우리나라의 가장 큰 수출 자원으로,
생산량을 늘리기 위해 대한중석광업주식회사를 적극 지원했다.

또 다른 과제는 산업을 부흥시키는 것이었다. 산업 발전을 위해서는 산업의 기초가 되는 광업의 부흥이 시급했다. 한국 정부 수립 후 운크라(UNKRA, United Nations Korean Reconstruction Agency, 국제연합한국재건단)■의 지원으로 광업 개발이 추진되어 왔지만 큰 성과를 거두지 못했다. 우선 금광 개발에 역점을 두었다. 금광 개발은 이승만 대통령도 국가의 자본력 확보를 위해 많은 관심을 쏟았던 부분이다. 하지만 무조건 금광 개발을 추진할 수는 없었다. 이미 사회적 문제였던 인플레이션을 초래할 수 있어 재무부에서 우려했기 때문이다. 구봉, 음성 무극, 금정, 삼황학, 봉창, 임천, 나주 덕음, 광양, 서교, 순천, 중앙, 여수 적금도 등의 금광을 중심으로 개발을 추진했다. 그 결과

■ 1950년 12월 1일 국제연합 총회에서 한국의 재건을 위해 설립한 유엔 기구. 원조자금을 관리하였고, 1953년에는 수리조합연합회, 운크라, 유엔군사정부 간에 식량 증산 및 수리시설 복구를 위한 원조협정을 체결하고 수리조합 기자재를 지원하였으며, 1955년 주한미군경제조정관실로 업무를 이관하면서 폐지되었다.

1954년에 1,628UNIT/킬로그램■이었던 금 생산은 1957년에는 2,071UNIT/킬로그램까지 증가했다.

광업 발전을 위해서는 제련소가 필요했다. 당시 한국에는 변변한 제련공장이 갖춰지지 않았다. 운크라의 원조를 받아 1958년 장항에 새로운 제련소를 건설했다.

이처럼 금광업 개발정책을 추진하는 데는 만주 육군부대 근무 중 1년간 사금광 부대에서 근무한 경험이 큰 도움이 되었다. 그때의 얻은 사금에 관한 지식으로 조국에 돌아와 금광 개발에 참여하니 참으로 감개무량했다.

철광석 개발에도 신경을 썼다. 강원 양양 광산의 경우 1957년도에는 1956년 대비 9배 가까이 생산량이 증가하였다. 철광석 개발을 위해 1956년 6월 공병부대를 투입했고, 양양광업회사를 설립했다. 중석광의 생산량도 늘렸다. 중석광은 우리나라의 가장 큰 수출 자원이었다. 중석광의 생산량을 늘리기 위해 대한중석광업주식회사를 적극 지원했다.

석탄광 개발도 빼놓을 수 없다. 석탄은 국민총생산에서 차지하는 비율로 보나 국민경제에 미치는 영향으로 보나 다른 광업 부문보다도 중요했다. 그러나 석탄광업은 6·25전쟁으로 인한 파괴와 이북의 공급 중단으로 미미한 발전에 그치고 있었다. 때

■ UNIT란 상품의 기준 단위이며, 정부 수립 후 법정계량단위로 국제단위계(SI, International System of Unit)를 사용하면서 그간 습관적으로 사용해 오던 단위와 구별되어 UNIT/킬로그램으로 구체적으로 명기하도록 권장되었다.

문에 국민들은 산의 나무를 벌목하여 썼고, 또 경기도와 서울 일대에서는 토탄이라는 것도 썼다. 발전소에는 석탄 공급이 안 되는 탓으로 발전이 불가능해 밤에 정전이 빈번했고 공장도 가동하지 못하는 경우가 많았다.

함백선■ 개통식에서 완공을 상징하는 뜻으로
레일 고정용 마무리 철못을 박고 있다.
영월-함백 22.6킬로미터 개통으로 함백선 60.7킬로미터 완공.
사진 왼쪽은 이종림 교통부 장관,
가운데는 윌리엄 원William E. Warne■■ 경제조정관.
1957.3.9.

■ 해방 이후 기존의 교통국(1943년 철도관리국에서 개편)은 1946년 미군정청 운수부로 바뀌었고 1948년 8월 15일 교통부로 개편되었다. 그 후 1949년 3대 산업선인 영암선(영주>철암 1955.12.30. 개통)·영월선(제천>영월 1956.1.17. 개통)·함백선(영월>함백) 등의 건설 공사가 착수되었으나, 1950년 6·25전쟁으로 중단되고 철도는 전면적인 피해를 입게 되었다. 1955년 6월 1일 유엔군이 가졌던 철도 운영권이 한국 정부로 이관됨으로써 한국 철도의 본격적인 시대가 시작되었다.

■■ 1956년 6월 제2대 조정관으로 부임한 유엔사령부측 경제조정관으로, 한국에 부임하자마자 재건이 완료되면 한국인들의 부흥 의지를 모아 적극적인 개발을 추진해야 함을 역설했다. 이에 경제조정관 김현철은 미국의 일관된 요구였던 경제 안정을 전폭적으로 수용하여 재정금융안정정책을 추진함으로써 경제개발계획에 대한 승인을 얻어 냈다. 1978년 8월 23일자 〈동아일보〉 기사에는 다음과 같이 그를 평하고 있다. "주는 쪽과 받는 쪽의 기본 입장이 아무리 다르더라도, 실제 집행상 맞닥뜨리는 실무자가 어떤 사람이냐에 따라 얼마간의 신축성은 있게 마련이다. 윌리엄 E. 원 씨는 피차 제한된 상황에서나마 가장 운영의 묘를 잘 살린 명조정관名調停官이었고, 원조를 받는 나라 국민들의 감정과 기분을 그런대로 이해해 준 인물이었다."

석탄산업 개발

이승만 대통령을 모시고 탄광촌 초등학교를 시찰하는 모습.
1958.6.

탄광 갱도 들머리에서 산업전사와 가족들을 격려하는 이승만 대통령 내외.

석탄광업의 획기적인 발전을 위해서는 대한석탄공사의 전면적 개혁이 필요했다. 개혁을 추진하는 데는 석탄공사 육군파견단장 시절의 경험이 도움이 되었다.

대한석탄공사는 원래 정부 직할 기업체였던 9개 광업소와 16개 가공공장이 그 모체였다. 이 사업장들이 운영의 어려움을 겪자 정부는 ECA(Economic Cooperation Administration Mission on Korea, 주한경제협조처)의 원조를 받아 국영기업체로 창립한 것이다. 1950년 5월 4일 대한석탄공사법이 공포되고 이를 근거로 1950년 11월 1일 대한석탄공사가 설립되었다. 그러나 6·25전쟁으로 제반 산업 시설이 파괴되어 경영에 어려움을 겪었다. 생산량 부족으로 석탄 생산원가는 뛰어오르고 불합리한 고정 탄가炭價와 자본금 부족 등으로 재정 상황이 극도로 악화되어 적자가 누적되었으며, 노임과 자재 대금 등의 미지급으로 경영 자체가 어려웠던 것이다. 그러던 중 1954년 12월 27일 이 대통령의 지시로 나를 단장으로 한 국군지원단이 파견되었고, 각 수송선의 개설, 생활 수준 향상, 복리후생 확대 등의 문제를 해결했다.

1955년 2월 3일에는 한미합동석탄공사운영대책위원회를 조직했다. 그리고 재정, 생산, 수송 및 복리후생 등 각 분야에 걸친 기술 지도와 운영 합리화를 추진했다. 특히 기술고문단의 활동은 석탄공사의 현대화에 큰 기여를 하였다. 갱도굴진坑道堀進 능률의 향상, 외원外援 도입자재 시설의 촉진, 기전起電 시설의 관리 및 관리 방법의 개선, 갱내 보안지도, 채탄採炭 능률의 향상 및 개발, 합리적인 선탄選炭 방법의 개량, 발파 능률의 향상 등이었다.

석탄광업 부문의 업무는 처음 시작하는 것이 아니라 육군파견단장 시절부터 해오던 일을 이어서 발전시키는 것이었다. 하지만 파견단장과 일국의 장관으로서의 위치는 다른 것이었기 때문에 나는 석탄공사에 막대한 영향력을 행사할 수 있었을 뿐만 아니라, 각 관계 부처와 금융기관 및 외원기관의 역량을 총집결할 수도 있었다. 석탄공사 파견단장 시절부터 나의 역량을 눈여겨 보아 온 이 대통령의 지원은 나에게 큰 힘이 아닐 수 없었다.

석탄공사를 혁신하고자 하는 노력은 성공적이었다. 1955년에는 5개년 계획이 수립되었고 1957년에는 10개년 계획이 수립되었다. 체계적이고 장기적인 정책 방침에 따라 연료 사용 전환과 외자 소비절감을 골자로 하는 연료 자주화운동이 본격화되었다.

장관 재임 기간 동안 두 분의 석탄공사 총재와 함께 일했다. 석탄공사 총재는 장관급이었다. 한 사람은 임송본林松本 씨로 산업은행 총재를 역임한 금융통이었다. 그는 내가 석탄공사 파견 근무 당시에 임명되어 왔다.

또 한 사람은 정인욱鄭寅旭 총재로 강원산업 사장이었다. 정인욱 사장을 총재로 임명한 것은 석탄공사를 체계적으로 발전시키기 위해서였다. 정인욱 사장은 1947년 상공부 석탄과장을 역임한 바 있고, 1950년에는 석탄공사 이사를 지내다가 1952년부터 강원산업을 이끌었다. 정인욱 씨가 총재로 임명되기까지 재미있는 일화도 있다.

정인욱 사장을 석탄공사 총재로 상신하기로 결정하고 본인에게 의향을 물었더니 본인은 완고하게 고사했다. 나는 그와 꼭 일하고 싶었기 때문에 대통령에게 인가를 받아 내었다. 이 대통령도 정인욱 사장이 거부 의사를 밝혔다는 것을 알고 있었지만 이력서에 대통령 재가를 했다. 그때서야 정인욱 사장도 나의 뜻을 받아들였다. 훗날 인사차 경무대에 갔을 때 이 대통령이 정인욱 사장에게 "안 맡는다고 해서 자네를 기용했어"라고 말했다. 이승만 대통령의 깊은 뜻을 정확히 알 수 없으나, 당시 석탄공사 총재 자리가 막강한 권력의 자리였고, 이를 거절한 정인욱 사장이야말로 신뢰할 수 있는 사람이라고 판단한 것이 아닌가 짐작한다.

정비석 선생이 쓴 '장관과 특선'이라는 제목의 기사.
"김 장관은 특선을 자진철폐하였다. 특선을 철폐했다는 사실 자체가 중대하다는 것이 아니다. 스스로 특선을 철폐할 만치 주무장관으로서의 책임감을 보여 주는 정신력과 실천력이 거룩하고 고맙다는 말이다. ……나는 어젯밤에도 불 없는 장관댁을 건너다보며 진심으로 미안하고도 고맙게 여겼거니와, 그러나 육안에 비치는 것은 암흑일망정, 나의 심안에는 전에 없던 광명이 비치는 듯하였다."
1955.11.29. 〈동아일보〉

전기산업 발전

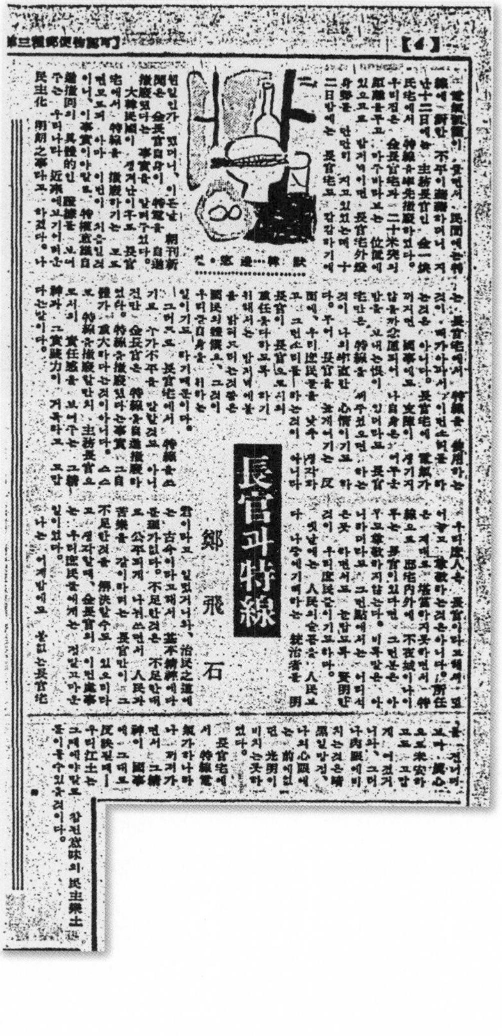

長官과特線

鄭飛石

당인리발전소 완공에 즈음하여 윌리엄 원 경제조정관 및 관련자들과 함께.
1956.

대한민국재향군인회의 전신인 대한상무회가 설립될 당시 회원들과 함께.
나는 초대 회장직을 맡았다.
1957.1.

제1회 '발명의 날' 기념식에서. 1441년(세종23년) 장영실이 세계 최초로
측우기를 발명하여 세종대왕이 측우기를 사용하기 시작한 날이
1442년 5월 19일이다. 그래서 5월 19일을 발명의 날로 정하고
남산 야외 음악당에서 기념식을 개최하였다.
1957.5.19.

전기산업 발전에도 역점을 두었다. 당시 전기 사정은 다른 부문과 마찬가지로 미비하기 이를 데 없었다. 부족한 전력량을 메워 준 것은 미국이었다. 미국의 발전함 '자코나Jacona'호가 전기를 공급해 준 것이다. 그러나 내가 상공부 장관으로 부임하는 날 자코나호는 미국으로 떠나 버렸다. 자코나호는 불과 1만 킬로와트의 발전 능력밖에 없었으나 당시 실정으로 보면 이것도 결코 적다고 할 수 없었다. 1955년 9월에는 '임피단스Impedance'호도 고장났다. 또 화천발전소 제1호기 주변압기도 고장이 났다. 이 모두가 내가 상공부 장관으로 부임하고 닥친 일이었다.

부족한 전력 상황이 여러 가지 요인으로 더 악화되자 미국 측에 자코나호의 재파견을 긴급하게 요청하는 한편, 1955년 10월 26일 전력비상대책위원회를 구성하여 상공부 내에 설치했다. 이 위원회는 상공, 국방, 내무, 법무 그리고 전업삼사(電業三社: 조선전업, 경성전기, 남선전기)■ 합동으로 구성되었으며, 여기서 2부제 가정 송전 실시, 전기 사고 방지, 급전給電 대책, 전력 사용 위반자 단속 및 절전 계몽 선전 등이 결정되었다. 또 부족한 전력의 합리화를 위해 주요 사업 부문에 우선 공급하는 방안을 논의했다. 겨울철 갈수기(渴水期, 10~3월)에는 전력사용 합리화운동을 전개하여 전력 공급을 조절하는 것도 추진되었다. 지금도 실시되고 있는 전력 합리화방안 대부분이 이 시기에 그 기틀이 갖추어진 것이다. 1955년 당시 우리나라의 발전 용량은 당인리발전소 2만 5천 킬로와트, 마산 5만 킬로와트, 삼척 2만 5천 킬로와트로 도합 10만 킬로와트였다. 이는 1953년에 비해 2만 킬로와트 정도 줄어든 것이었다. 더 악화된 전력량을 회복하기 위해 두 가지를 추진했다. 기존 발전 시설의 복구와 새로운 발전소의 건설이었다.

우선 FOA(Foreign Operation Administration, 미국의 대외활동 본부), ICA(International Cooperation Administration, 미 국제협력처) 등 외자 원조를 끌어들여야 했다. 이를 위해 한미합동전기위원회를 구성하고 한국의 전원電源개발계획에 의한 건설 및 재정 면의 협조 방법을 협의했다. 또 발전 및 배전 회사의 기술적·재정적 지원을 위해 한미 양측의 기술·재정 관계 실무자도 참여하였다. 1955년 10월 5일 본위원회가 구성·발족되었으며, 신규 전원

■ 전업삼사는 발전發電 및 배전配電 회사로, 1961년 6월 23일 공포된 한국전력주식회사법(법률 제634호)에 따라 1961년 7월 1일 통합되었다.

개발 및 시설 개보수에 관한 연구 검토가 진행되었다.

전원개발5개년계획은 1957년 4월 1일에 발표되었다. 이것은 우리나라 전원 개발의 중요한 지침이 되었다. 의암, 여주, 단양, 영월 등지의 수력발전소 신설 증설을 5년에 걸쳐 완수하도록 했다. 이로써 5개년 후, 즉 1961년에는 수요 전력 35만 킬로와트와 공급 능력을 일치시켜 전력 부족을 일소하자는 것을 그 골자로 하고 있다. 그런데 이 계획에 소요되는 건설 자금이 무려 9,140만 달러와 원화 40억 7,656만 환으로 자금이 확보되지 못하여 사실상 추진이 어려웠다. 전원개발계획을 전반적으로 검토하여 1959년을 시년始年으로 하는 10개년 장기 계획을 수립하였다. 두 번째 장기 계획이었고, 이것은 각 관계 기관의 최종 검토 결과였다. 계획이 수립되자 신속하게 착수에 들어갔다. 우선 1955년 6월 기존의 10만 킬로와트급 화력발전소(당인리, 마산, 삼척 등)에 FOA자금으로 보수공사를 시작하여 1956년 5월에 준공했다. 화천수력발전소 보수는 1955년 7월에 착공하여 1957년 9월에 준공했다. 이보다 앞선 1957년 4월에는 괴산수력발전소를 준공했다. 1954년 착공해서 미완성이었던 마산화력발전소를 보완 추진하여 1956년 4월경에 완성을 보기도 했다. 이러한 시설의 복구와 개척으로, 내가 부임한 후 총출력은 19만 킬로와트까지 뛰어오르며 피크타임에는 최대 출력 22만 킬로와트까지 확보할 수 있었다. 1957년 12월 26일에는 해방 이후 최고의 전력량인 26만 킬로와트를 기록했다.

전력 사정을 개선하기 위해 다른 일도 해야 했다. 나는 특선特線을 폐지한 최초의 장관이었다. 특선은 일종의 특권제로 24시간 전기를 사용하는 것이었는데, 장·차관이나 국회의원, 군 장성 등 사회 지도층이 해당되었다. 상공부 재임 시절 나는 이 특선을 끊고 일반선으로 바꾸었다. 이것은 상공부 전기국장이던 박상운朴商雲 씨의 제언에 따른 것이었다. 당시 "특선을 넣어 주시오" 하는 것이 큰 청탁이 되어 있던 만큼 이것을 폐지하는 데는 다소 용기가 필요했다. 나는 당장 우리 집 특선부터 끊음으로 모범을 보였다. 아이들은 아빠가 장관 됐다고 기뻐하더니 밤에 전기가 제대로 안 들어와 실망하며 야단이었다. 자신부터 특권의식을 버리지 않으면 타인에게도 그것을 바랄 수 없다는 나의 소신에서 비롯한 것이었다. 훗날 소설가 정비석鄭飛石 씨가 〈동아일보〉에 이 이야기를 기고하여 장안의 화젯거리가 되기도 했다. 나는 특선을 요청해 오는 사람마다 우리 집도 특선을 끊었다며 거절했다. 이후 국무회의 시간에 들어가면 국무위원들은 나를 보고 "특선을 끊은 장관이 온다"고 농담을 하곤 했다.

또 지역별 시간제 송전을 전야·후야로 하는 2부제로 전환했다. 국민 누구나 지역에 관계없이 평등하게 권리를 누려야 한다는 생각 때문이었다. 각 지역 발전소를 고려하여 서울 시내를 동서로 구분하고 저녁 8시를 기준으로 하여 하루는 전반야(前半

夜, 저녁 8시까지), 다음 하루는 후반야(後半夜, 저녁 8시 이후)로 실시했다. 2부제 시간제를 신문에 공고하여 시민들이 불편을 겪지 않도록 했다. 이러한 행정 서비스는 시민들에게 큰 호응을 얻었다. 특선 폐지와 지역별 시간제를 2부제로 전환하면서 나 나름대로 하나의 새로운 진리를 깨달았다. 국민은 없는 것을 요구하거나 더 많은 것을 요구하는 것이 아니라, 적으면 적은 대로 공정하게 분배하면 만족한다는 것이다. 따라서 국민들이 제일 싫어하는 것은 '특혜'라는 것을 그때 새삼 깨달을 수 있었다. 그 후 나는 관직생활을 이어가는 동안 이것을 좌우명으로 삼았다. 또한 이것을 여러 사람들과 공유하려고 애썼는데, 서울대학교 행정대학원에서 나에게 상공행정에 관한 특강을 요청했을 때에도 이 좌우명을 강의했다.

2부제를 시행하면서 가장 중요한 것은 시민과의 약속 시간을 잘 지키는 것이었다. 언제나 '지시 5퍼센트, 확인 95퍼센트'를 생명으로 삼았다. 하지만 이것은 혼자만의 힘으로 되는 것이 아니었다. '지시 5퍼센트, 확인 95퍼센트'를 함께 일하는 사람들에게 주지시켰다. 그리고 2부제를 실시하는 지역의 상공부 전 직원들의 이름을 지도에 기입해 놓고, 이 지도를 사무실과 현관에 게시해 놓기도 했다. 또한 출근부 옆에 확인란을 만들어 직원들이 출근할 때 가정에 전기가 잘 공급되었는지 여부를 기재하도록 했다. 그 결과는 10시에 총무과장이 직접 나에게 보고했다.

나는 거의 매일 저녁, 시내 및 발전소에 들러 전기회사 직원들을 독려했다. 이들의 도움 없이는 시민들과의 8시 약속이 지켜지기 어렵기 때문이었다. 이러한 노력으로 2부제는 참으로 좋은 결과를 낳았다. 시간이 얼마나 잘 지켜졌는지 많은 시민들은 그 시간에 시계를 맞추었다는 소문까지 돌 정도였다. 나로서는 감격적인 일이 아닐 수 없었다. 이는 작은 일에 충성하는 것이 곧 큰일에 충성하는 것이라는 성경 말씀 그대로였다(누가복음 16장 10절).

재임 기간 중 딱 한 번 2부제 송전을 어긴 적이 있다. 1956년 2월 12일 구정이었다. 나는 당시 시민들이 어려운 가운데서도 설을 잘 지내도록 하고 싶었다. 그래서 생각 끝에 이틀간 사전 예고 없이 가정집에 24시간 송전을 했다. 이 작은 정성을 시민들이 고마워했다며 언론에서 보도했다.

미군과는 전기요금 문제로 신경전을 벌인 적도 있다. 특선 폐지와 2부제 시행에서 드러난 것처럼 평소 나는 무엇이든 모든 사람들이 공평하게 나눠 가져야 한다는 것을 기조로 삼았다. 미군도 예외일 수는 없었다. 이승만 대통령은 국무회의에서 휴전 이후 미군 부대에서 전기와 수도요금을 내지 않고 있는 것은 부당하다고 여러 차례 강조하곤 했다. 하지만 전기료에 관해서는 전직 장관도 해결하지 못한 문제였다. 거기에는 이유가 있는데 미군이 6·25전쟁 전후로 한국에 많은 것을 원조해 주고 있을 뿐만 아니라 행정상에서도 지대한 영향을 미쳤기 때문이다.

1956년 여름이었는데 미군부대와 전기회사 사이에 마찰이 생겼다. 의정부에 있는 미군부대 병사兵舍에 전기 시설을 할 때는 전기회사에 신규 신고를 하고 전기를 받아야 하는데 이러한 절차를 밟지 않고 자기들 마음대로 전기를 사용한 것이었다. 전기회사는 경고를 했으나 미군부대 쪽에서는 해결 의지가 없었다. 전기회사는 어느 토요일 저녁, 예고 없이 송전을 중단했다. 이것은 전기회사의 규정에 있는 일반적인 절차였다. 하지만 상대는 미군이었다. 이 보고를 받고 문제가 되겠다고 예측했다. 다음날 일요일 집을 나와 태연히 대한중공업공사 시찰 길에 올랐다. 아니나 다를까 인천에 가 있던 경성전기 이중재李重載 사장에게 미국 대사관 직원이 달려가는 소동이 벌어졌는가 하면, 오후 2시경에 미국 대사관 상무관이 나에게 면담을 요청했다.

그들은 미군부대 단전의 선처를 요구했다. “여하간 미안하게 됐습니다. 하지만 이해해 주시기 바랍니다. 지금은 전쟁이나 혼돈기가 아닙니다. 그러나 남대문시장에 가서 그냥 돈 안 주고 물건을 가져올 수는 없지 않습니까?” 나는 이해하도록 설명해서 돌려보내려 했다. 그런데 때마침 오후 5시경에 경무대에서 비서관을 통해 오늘 저녁에는 전기를 넣어 주라는 대통령의 지시가 내려왔다. 나는 어쩔 수 없이 전기는 공급할 것이나 지금까지 미군부대에서 사용한 전기료는 정산하여 내기로 하고 신규선부터는 정상 절차를 밟자고 했다. 약속대로 그날 저녁 송전이 재개되었다. 그런데 다음 날 월요일 아침, 전기요금 문제를 놓고 미군 측에서 일종의 항의가 들어왔다.

그때 나를 찾아온 사람은 8군 참모장 소장과 참모 한 명, ECA 원조처장과 기술자 한 명 등이었다. 여기서 8군 참모장 소장은 '김 장관이 이럴 수 있느냐? 놀랐다. 우리로서는 어처구니가 없다. 김 장관 당신은 군인 출신으로 차마 이럴 수가 있느냐' 하는 식으로 말했다. 나로서도 우리를 위해 주둔하고 있는 고마운 사람들에게 비정한 조치를 취하지 않을 수 없는 입장이니 기분이 좋지는 않았다. 하지만 여기서 물러서면 미군부대가 향후에도 전기요금을 내지 않을 것이라는 생각이 들어 물러서지 않았다. 나는 그들에게 말했다. "이 모두가 우리나라를 정상적으로 이루기 위한 것 아닌가? 지금은 우리 정부가 정상화됐다. 따라서 우리도 모든 행정을 법과 규정, 그리고 절차에 의해 운용 중에 있다. 따라서 정부에서 미군이 사용 중인 전기나 수도 등 공공사업의 대금을 지원할 것으로 안다. 이번 우리 측 요구는 정당한 것이다." 결국 이는 미군 측의 양보로 끝이 났다. 나로서는 곤혹스런 경험이 아닐 수 없었다.

다음 날 정례 국무회의가 있어 경무대에 들어갔다. 대통령에게 인사를 드리면서 "미군 전기 문제로 심려를 끼쳐드려서 죄송합니다" 하고 말했다. 그러자 이 대통령은 웃으면서 아무 말이 없었다. 이 사건은 오랫동안 미군과 신경전을 벌여 온 전기료 문제와 관련해 일종의 해결의 실마리가 되었다.

나는 전력 사정이 가장 어려울 때에 장관을 맡았다. 그래서 전력 개발과 관련된 크고 작은 일을 해야 했고 보람도 많았다. 하지만 가장 기뻤던 것은 송전 제한철폐 때가 아닌가 싶다. 국민경제와 생활의 활성화를 되찾아 온 것으로, 전기 역사의 전환점이라고 할 수 있다. 그런데, 참으로 우습게도 당시 야당 정치인들 중에는 5월 선거를 앞두고 마치 이 송전 제한철폐를 자신이 한 것인 양 떠드는 국회의원이 있었다. 여하간 전기 행정은 성공한 셈이었다. 그리고 이 때문에 언론에서는 나를 '전기 장관'이라며 지지해 주었다. 이것이 인연이 되어 1970년 4월에 나는 박정희 대통령의 임명으로 한국전력공사 사장을 맡아 1971년 6월까지 근무하기도 했다. 그때 내가 맡았던 일은 고리 원자력발전소(50만 킬로와트) 건설이었다. 이로써 나는 '한국전력인'의 한 사람이 되었다.

이것은 비단 나만의 공로가 아니다. 위로는 대통령과 관계 부처, 그리고 전기회사에 소속된 직원과 미국 원조기관, 그리고 시민과 국민 모두의 합심으로 이루어 낸 일이다. 나는 전력 사업은커녕 전기에 관해 잘 알지 못했다. 함께 일하는 사람들과 이승만 대통령, 또 국민을 믿고 근면과 성실로 정진했을 따름이다.

문경시멘트공장 준공식에서 이승만 대통령에게 점화봉을 전달하는 모습. 가운데는 송인상 부흥부 장관. 문경시멘트공장은 유엔 운크라의 지원으로 890만 달러의 외채와 20억 환의 투자로 덴마크 스미스 회사가 건설하였으며, 연간 20만 톤의 시멘트 생산이 가능해졌다. 같은 해 인천판유리공장 완공과 1961년 충주비료공장의 준공으로 중화학공업 발전의 토대가 마련되었다.

1957.9.26.

시멘트산업 개발

경무대에서 문경시멘트 첫 제품을 이승만 대통령에게 보고하며.
맨 왼쪽은 이정림 대한양회 사장.
1957.11.

시멘트는 한국에 매장량도 많고 또 산업 건설을 위해서 꼭 육성해야 하는 산업이었다. 정부는 1954년 6월 3일 운크라 원조를 받아 문경시멘트공장 건설 계획을 세웠다. 그리고 1957년 9월 26일 대통령이 참석한 가운데 완공식을 성대히 치렀다. 건설사 선정은 일반 공개입찰로 이루어졌고 이정림李庭林 씨가 사장으로 있는 대한양회로 결정되었다. 그는 개성 출신 실업인으로 1951년 개풍상사를 시작으로 훗날 대한탄광, 대한양회, 호양산업, 동방화재 등을 설립하였다. 당시 회장은 안동 출신의 석탄 판매업자인 이동수李東洙 씨였다.

그 가운데 독점 기미가 보이게 되자 운크라 측이 부당성을 제기했다. 조사를 해봤더니 이정림 씨와 이동수 씨 사이에 모종의 관계가 있었다. 운크라 측과 협의 후 두 사람을 불러 회의를 가졌다. 쉽지 않은 일이었다. 사업하는 사람들은 자기 이익을 위하여 행동하는 것이 당연했다. 그러나 원조기관에서는 경제발전을 위한 공정성이 중요했다. 결국 각서를 받아 각 신문에 공고를 냈다. 이렇게 일반입찰에 자유롭게 참여할 수 있는 공정한 환경을 조성할 수 있었다. 우여곡절을 겪기는 했지만 결국 문경시멘트사업은 그들에게 낙점이 되었다.

삼척시멘트공장은 일제시대에 설립되어 해방 후 정부의 귀속재산이 되었다. 해방 후 ICA 원조로 증개축되었고 1957년에는 연간 생산 10만M/T■으로 성장했다. 내가 재직하는 동안 동양제당공업주식회사 공동출자자인 이양구李洋球 씨에게 이 회사를 불하하여 훗날 동양시멘트주식회사로 발전했다.

이때 석탄광업권 문제가 대두되었다. 삼척시멘트공장 소유의 석광이 광업법에 의해 지정된 석광이 아니었던 것이다. 정부 수립 후 광업법을 개정하면서 귀속 재산 내역을 6개월 이내에 신청하면 광업권을 계속해서 소유할 수 있었다. 그러나 상공부가 수속을 밟지 않아 타인이 광업권을 갖게 된 것이다. 삼척시멘트공장을 동양제당에 인계해 주었으나 당연히 따라가야 할 광산의 광업권은 넘겨 주지 못하는 문제가 생겼다. 광업권은 여러 사람의 손을 거쳐 지방의 김 모 인사가 소유하고 있었다. 이것은 전적으로 상공부의 잘못이었으므로 상공부에서 책임을 져야 했다.

■ 메트릭톤metric ton. 무역거래에서 중량을 사용할 때 1,000킬로그램을 1톤으로 하는 수량단위.

문제 해결을 위해 장관인 내가 앞장서야 했다. 나는 김 모 씨와 잘 협의해서 그가 회사에 환수증을 써주는 것으로 마무리 지었다. 그런데 4·19로 형무소에 수감당했을 때에 김 모 씨는 내가 광산의 광업권을 강제로 뺐었다며 혁명군에 고발한 것이 아닌가. 다행히 문제가 되지는 않았다. 시멘트공장과 관련한 이러한 숨은 내막은 지금도 잘 알려져 있지 않다. 이렇게 복구된 문경시멘트공장과 삼척시멘트공장은 경제 발전에 큰 기여를 했다.

정부와 운크라의 공동 프로젝트인 인천판유리공장 준공기념식에 참석하여.
사진 가운데는 이승만 대통령과 운크라의 존 콜터 단장.
1957.9.30.

인천판유리공장

仁川板유리工場竣工記念式
ROK. UNKRA. PROJECT FLAT GLASS PLANT
OPENING CEREMONY SEPT 30TH 1957

경무대에서 인천판유리 첫 제품을 이승만 대통령에게 보고하며.
최태섭 한국판유리 사장, 존 콜터 운크라 단장과 함께.

인천판유리공장과는 1955년에 처음으로 인연을 맺었다. 이후 1973년까지 20여 년간 인연이 계속된다. 인천판유리공장 역시 운크라의 원조자금으로 설립되었다. 1955년 10월 22일 기공하였고 1957년 9월 30일에 대통령이 참석한 가운데 역사적인 준공식을 가졌다. 이 회사는 1957년 1월 14일에 한국판유리주식회사 사장인 최태섭崔泰涉 씨가 인수하였다. 당시 인천판유리공장의 연간 생산은 13만 상자로 국내 수요인 10만 상자를 충분히 웃돌고 있었다.

그런데 의외의 일이 생겼다. 1970년 4월에 한국전력 사장으로 임명된 다음 해인 1971년 6월 건강상 이유로 상공부 장관에게 사표를 제출하고 이화여대병원에 입원 중일 때였다. 어느 날 한국판유리주식회사 사장을 맡아 달라는 요청이 들어온 것이다. 며칠 후에는 지갑종池甲鍾 유엔 참전 한국협회장이 방문하여 동성유리회사 사장을 맡아 달라고 요청했다. 신기하게도 며칠 간격으로 두 유리회사에서 사장 제의를 받았다. 그 속사정은 이렇다. 5·16 후 박정희 정부는 또 하나의 판유리공장을 수출 담당 공장으로 허가했다. 그것이 바로 동성판유리였고, 삼호건설 회장이던 조봉구趙奉九 씨가 사장이었다. 갑자기 판유리 시장에 경쟁이 시작된 것이다.

더 큰 문제는 당시 한국유리와 동성판유리 양사를 합한 생산량이 국내 수요의 두 배 가까이나 되었다는 것이다. 공급 과잉으로 판매 경쟁이 심화되어 유통시장에 큰 혼란을 가져왔다. 덤핑 등의 출혈 경쟁으로 적자가 확대되어 양 사의 재무구조가 극도로 악화되었다. 그래서 그 상황을 타개해 보려고 양쪽에서 노력하다가 생각한 인물이 나였던 것이다. 우연이었는지 아니면 이 역시 경쟁인지 알 수 없지만 두 회사가 비슷한 시기에 나를 찾아왔다.

나는 두 회사의 사장이 되기로 결정하고 며칠 후 퇴원하였다. 상공부 장관의 허가를 받아 두 회사의 판유리를 판매하는 회사, 즉 한국유리에서 머리글자 '한', 동성유리에서 머리글자 '동'을 딴 한동유리판매회사를 설립하였다. 그리고 양사의 생산능력을 감안해 한국유리 60퍼센트, 동성유리 40퍼센트, 1년 후에는 각기 55퍼센트, 45퍼센트로 그 생산 비율을 조정했다. 그리고 각 공장이 임의로 판매하지 못하도록 했다. 회사는 잘 운영되었고, 2년 후인 1973년 7월 사장직을 떠났다. 그해에 한국유리가 동성유리를 흡수 합병했다. 이로써 인천판유리공장으로 시작된 한국유리와 신설된 동성유리와의 3년간의 경쟁 시대가 막을 내리게 되었다.

나주비료공장 운영 역무대행 계약을 체결하며.
나주비료공장 설립은 전라남도 도민 모두의 땀의 결실이었다.
1958.

비료산업 개발

상공부 장관 재임 시절 나주를 방문하여.

공장 현장을 시찰하며.

가을철 벼베기 독려차 농촌을 방문하여. 맨 왼쪽부터 본인,
송인상 부흥부 장관, 정재설 농림부 장관, 맨 오른쪽은 윌리엄 원 경제조정관.
1957.10.11.

충주비료공장과 관련해서는 물가 상승에 따라 정부와 미국 건설회사와의 계약금 상승 문제가 발생하여 대만에 갔던 일이 기억에 남는다. 충주비료공장은 충북 충주시가 1955년 5월 13일 미국 건설회사의 원조를 받아 기공했었다. 총 소요 자금은 27억 5,000만 원이었고, 미국 측의 자금이 3,400만 달러였다. 이자금은 FOA에서 지원해 주었다. 생산량은 8만 5,000M/T였다. 준공 예정은 1959년 6월이었는데, 1961년 4월 29일 준공되었다. 내가 상공부 장관 재직 말년인 1958년에 공사의 83퍼센트가 완료되어 있었다. 1958년 3월 18일에 충주비료공장운영주식회사를 설립하고 그간 상공부에서 해왔던 조사 및 행정 업무를 이관했다.

그런데 문제가 발생했다. 물가 상승에 따라 정부와 미국 건설회사와의 계약 금액을 상향 조정할 수밖에 없었던 것이다. 순조롭던 공사가 지체되고 상공부, FOA, 미국 건설업자 간에 협의가 계속되었다. 미국 건설회사와 한국 정부의 이해관계 사이에서 미국 원조기관의 입장은 난처할 수밖에 없었다. 미국 건설회사는 대만의 비료공장 시찰을 나에게 권하였고, 이를 받아들여 1957년 3월 한미 양국의 기술자 4, 5명을 대동하고 출장을 떠났다. 청년 시절을 만주에서 자란지라 의사소통도 원활했다. 그곳 비료공장을 시찰하고 많은 참고가 되었다. 이후 이를 기준으로 업무를 원활하게 진행할 수 있었다.

1958년에 서독 정부 초청으로 산업 시찰을 다녀온 적이 있었다. 강행군이었지만 기분 전환을 위해서도, 새로운 견문을 위해서도 무척 도움이 되는 계기였다.

나주비료공장의 이야기도 빼놓을 수 없다. 이 공장은 단순한 공장이 아니며, 역사적인 발견, 계획 그리고 추진력이 녹아들어 있는 공장이다. 나주평야 일대는 농업 지대였고 공장이라고는 없어 항시 불모지대라고 불려 왔다. 두 가지를 고려했을 때 비료공장의 설립은 참으로 절실했다. 첫째는 국내 비료 사정의 곤란을 해결하고, 둘째는 호남 지역에 큰 공장을 유치하여 경제를 활성화시킬 수 있었기 때문이다. 하지만 자금이 부족했다. 그러던 중 이문환李文煥 씨가 나타났다. 그는 호남 출신의 실업가이며 기계공장의 유능한 기술자이기도 했다. 또 충주비료공장 건설 사장을 역임한 바 있어 그 계통의 사정을 잘 알고 있었다. 특히 그는 유태계 독일 기업 아이젠버크로부터 차관을 들여와 공장을 건설하겠다고 약속을 했다. 그는 지금이야말로 나주 비료공장 설립의 호기라고 생각했고, 이 대통령에게 수차례 요청을 하고 독대를 했었다. 이 대통령께서도 이분에게 좋은 인상을 가지고 있었고, 특히 차관만 가능하다면 좋은 조건이라며 기뻐하셨다.

1955년 9월 상공부 장관으로 부임하여 비료공장 설립을 추진하고자 하니 장벽이 많았다. 정부 각 부처와 부내에서 이견이 많았다. 더구나 한국 경제에 커다란 영향력을 행사했던 미국 측이 동의하지 않았다. 대통령의 관심사였고 경제 발전을 위해서도 중요한 일이었기 때문에 내가 맡지 않을 수 없었다. 곧 차관 도입 전선에 뛰어들었다.

그러나 잇따른 전쟁과 휴전 등의 혼란으로 우리 정부가 외국에서 차관을 도입하는 것은 상당히 어려웠다. 나는 서독 측에 희망을 걸고 추진했다. 많은 시간의 노력과 거듭되는 회의에도 불구하고 서독과 제3국 은행의 평가는 좋지 않았다. 우리나라의 여건을 살펴보았을 때 쉽게 차관을 제공하기란 불가능한 일이었다.

예상치 못한 바가 아니었으나 실망하지 않을 수 없었다. 처음부터 반대한 경제부처와 원조기관의 눈치도 있었다. 비료의 공급은 절실하지만, 비료공장 건설은 입 밖에 낼 수도 없는 형편이 되고 말았다. 논의는 결국 원점으로 돌아가 비료공장 설립

추진 여부에 모아졌다. 그런데 이 대통령의 놀라운 결단이 있었다. 이 대통령은 깊은 고뇌 끝에 정부보유불을 지급하기로 결정했던 것이다. 이는 당시 비료, 그리고 이를 통한 식량 증산의 중요성과 절실함을 알 수 있는 대목이기도 하다.

이 대통령의 결단으로 1958년 1월 31일 서독 루루기 회사 외 5개 회사 조합체와 계약을 맺었다. 그리고 그해 5월 16일 계약이 발효되었다. 공장 생산 능력은 충주비료공장과 대등한 8만 5,000M/T로 하고, 건설 투자 예정액은 2,350만 달러였다. 이 돈은 담당 회사인 호남비료회사와 전라남도민의 주식으로 충당하기로 했다. 국내 공사는 이문환 씨가 사장으로 있는 호남비료주식회사가 담당하며 감독은 정부가 하기로 했다. 준공은 1960년 11월로 예정했다(준공일 1962년 12월 28일). 만약 공장이 완성만 되면, 당시 충주비료공장과 함께 국내 수요의 3분의 2를 충당할 수 있었다.

그러나 성공을 장담할 수만은 없었다. 정부보유불로 건설을 하게 된 만큼 나의 책임도 막중했다. 이문환 사장 역시 무거운 책임의식을 느꼈다. 당초 계획대로 차관 도입이 되지 않고 정부보유불로 공사가 시작된 것에 대한 부담감 때문이었다. 나와 이문환 사장은 한마음이 될 수밖에 없었다. 이문환 사장이 이끄는 호남비료는 전라남도에 비료공장이 들어서는 것이 단순한 기업사업이 아니라 전 도민의 사업임을 강조했다. 이는 명분이 아니라 사실이었다. 국내 금액의 조달이 도민으로부터 이루어져 주식을 발행하는 바 도민들의 호응이 있어야 되는 것이다. 이것이 요즘 말하는 국민주였다.

이 대통령도 결단을 내리긴 하였지만 그만큼 심려가 크셨다. 대통령은 틈이 날 때마다 '반본'을 잘 모집하라고 지시하였다. 우리말로 '주株'를 '반본'이라고 했었다. 중국에서는 지금도 '반본'이란 단어가 사용되고 있다. 이 말은 국민주를 차질 없이 잘 모으라는 당부였다. 이 당부 한마디만으로도 이 대통령의 심려하심을 잘 살필 수 있었다. 이문환 사장과 전라남도를 세 바퀴나 돌았다. 나주비료공장 설립에는 나와 이문환 사장뿐만 아니라 전라남도의 도민 전체가 힘을 모았다.

인천 대한중공업공사를 시찰하며.

1957.

제련산업 육성

서독의 산업부흥 시찰차, 수행원 두 명과 비행기에 탑승하기 직전.
한국 정부 각료로는 첫 서독 방문이었다.
1958.7.

서독의 건설 엔지니어링 회사를 둘러본 뒤. 서독 방문은
제2차 세계대전 이후 라인 강의 기적을 이룬 서독 경제의 발전상을 목도하고
앞으로의 지속적 경제 지원 방안을 모색하는 계기가 되었다.
1958.7.

당시 신축된 서울운동장에서 열린 광복 제13주년 및 정부 수립 제10주년 기념식.
1958.8.15.

제련산업 육성 과정에도 많은 이야기가 있다. 제련산업은 이 대통령의 오랜 숙제이자 숙원이었다. 제련산업은 기계공업의 근간인 동시에 자주국방을 위한 병기 생산의 초석이 되기 때문이다. 그러나 자주국방은 걸음마 수준이었다. 6·25전쟁 1년 전 미군이 철수하고 우리가 남침을 당한 것이 그 예이며, 휴전 이후에도 언제 어떠한 상황에 처할지 모르는 상황이었다.

제련산업에 대한 이 대통령의 애정은 각별할 수밖에 없었다. 이웃 일본의 발전상도 영향을 미쳤다. 일본은 태평양전쟁에서 패망했다. 그러나 6·25전쟁을 계기로 군수공장이 가동되고, 그것을 기초로 강국으로 성장할 기반을 마련했다. 일본이 군수공장을 가동시킬 수 있었던 것은 제련산업이 발달해 있었기 때문이었다. 한국군 수요의 기계류들은 대개가 일본에서 수입한 것이었다. 오늘날 대일본 무역도 그 사정은 크게 다르지 않다.

이러한 국내외 상황에서 제련산업의 발전은 절실한 과제였다. 그러나 이것 역시 쉬운 일이 아니었다. 미국 측은 우리와 견해가 달랐다. 제련산업에 대해서만큼은 원조도 하지 않았었다. 이 때문에 대통령은 제련산업 육성을 위해 육군 공병부대를 현지 파견하여 개발시키기도 하고, 정부보유불로 대한중공업공사를 복구하여 평로平爐를 설치하기도 하였다. 또 강원도 삼척에 있는 삼화제련도 복구를 지시하였다. 이에 따라 상공부 장관 재임 시 제련산업 발전에 많은 관심을 두었다.

제련은 크게 제강과 선철 생산으로 구분할 수 있다. 제강 부문으로는 인천에 있는 대한중공업공사가 대표적이었고, 선철로는 삼화제철공사가 대표적이라 할 수 있다. 대한중공업공사는 복구가 안 된 채 정부가 귀속재산 관리인을 두고 관리하는 게 전부였다. 대한중공업공사의 복구와 원조를 위하여 공사를 설치하고, 사장으로 진해 해군 공무청장을 기용하였다. 그리고 50톤 규모의 자체 평로를 설치하기 위해 최선을 다해 1956년 11월 15일에 준공했다. 준공하기까지 나는 30여 회나 현장에 나가 살다시피했다. 전력은 당인리에서 끌어들이도록 했고, 물은 노량진 수원지에서 김포를 통해 끌어들였다. 오늘날에는 포항제철 등이 있으나 당시엔 소위 쇳덩어리를 만드는 제철업은 아직 요람기였다.

준공 전날, 그러니까 처음 쇳덩어리가 나오던 날 나는 인천으로 갔다. 최초의 평로 시동을 통해 나오는 첫 제품의 생산을 지켜보기 위해서였다. 당시 평로 시동은 아침 7시로 예정되었다. 사무실의 책상 위에 담요를 깔고 밤새 기다렸다. 입학시험을 기다리는 소년처럼 무척이나 두근거리는 가슴으로 우리 손에 의해 처음으로 만들어지는 쇳덩어리를 기다렸던 것이다. 그리고 새벽에 제품의 공정을 지켜보고, 다음 날 아침 7시에 첫 생산된 제품을 볼 수 있었다. 그 순간의 벅찬 보람과 기쁨은 정녕 잊을 수 없는 것이다. 나는 그날 오전 9시 그 제품을 가지고 국무회의에 참석해 대통령께 보고를 드렸다. 이 대통령도 무척 기뻐했다. 역사적일 일이 아닐 수 없었다.

1958년 대한중공업공사의 압연공장 건설공사가 많이 진전되자 나는 서독을 방문하여 다시금 연산 20만 톤의 제철소 건설 문제를 데마그DEMAG사와 협의하고, 서독, 미국을 비롯하여 프랑스, 오스트리아, 노르웨이 회사들 간의 국제 차관단 조직 문제를 협의했다. 1959년에 대한중공업공사의 평로제강공장에 이어 압연공장 건설이 완료되어 본격적인 생산 조업에 들어갔다.

제련사업을 추진하면서 많은 어려움에 봉착했다. 사직서를 제출한 적도 있다. 이 대통령과 정부는 기회가 있을 때마다 제련산업과 관련해 미국에 도움을 요청했다. 그중 하나가 개발차관기금(Development Loan Fund, DLF)이었다. DLF는 미국이 저개발 국가의 경제 자원을 개발하는 사업에 대한 원조를 목적으로 설립한 대외 원조기관 중 하나이다. 그런데 앞서 설명했듯이 미국은 한국 제련산업에 그리 큰 흥미를 가지고 있지 않았다. 그러니 제련사업 개발이 원활할 리 없었다.

부산으로 1박 2일 출장을 갔던 어느 날 저녁 무렵, 경무대에서 연락이 왔다. 대통령 호출이었다. 그날 밤 열차로 급히 상경하여 서울역에 아침 일찍 도착하였다. 짐작 가는 바가 있어 마음의 준비를 했다. 서울역에서 양복을 갈아입고, 역장실에서 사직서를 작성하여 경무대로 들어갔다. 아침 9시였다. 나는 대통령과 독대를 했다. 그리고 그간의 제련사업 진행과 미국과의 관계를 보고드렸다. 이미 짐작했던 대로 분위기가 좋지 않았다. 나는 준비했던 사직서를 이 대통령께 드리며 정중하게 "장관으로서의 임무를 다하지 못해서 죄송합니다" 하고 말씀드렸다.

대통령은 사직서에 관해서는 말씀이 없으셨다. 대신 그 자리에서 비서관을 불러 한·미원조 조정역을 맡고 있는 송인상宋仁相 부흥부 장관을 불러들이라고 지시했다. 나는 '기어코 일이 났구나' 생각하고 대기실에 나가 기다렸다. 잠시 후 송 장관이 도착했다. 이 대통령은 나와 송 장관을 불러들여 나란히 세워 두고, 송 장관에게 "왜 제련사업을 미국이 안 도와주는 것인가? 지금 상공부 장관이 나에게 일 못하겠다고 사표를 냈어. 자네 어떻게 할 테야? 강하게 나가. 미국 측에 그리고 대사에게 말하란 말야" 하고 역정을 내었다.

이 대통령과 수없이 국정을 논했지만 그날 아침만큼 긴장된 적은 없었다. 송 장관은 "잘 해보겠습니다" 하고 말할 뿐이었다. 대통령은 아무 말이 없었고, 이윽고 우리 두 사람은 경무대를 나와 각자의 사무실로 돌아갔다. 우리 두 사람도 가타부타 말이 없었다. 하지만 이것은 상사인 대통령과 주무장관 사이, 그리고 두 주무장관 사이의 말없는 의사소통이었다. 서로가 서로의 입장을 해명하려고 노력하지 않아도 서로의 입장을 잘 헤아리며 손발이 맞는 것이다. 여하간 이러한 소동이 있고 난 후, 얼마 지나지 않아 한미 제련공장 건설에 대해 양국 정부가 합의했다. 하지만 이것은 내가 재직 시에 이루어진 일은 아니다.

우리나라는 1957년 인도양에서 처음 참치 잡이를 시작했다.
당시 우리 어민이 잡은 대형 참치를 경무대로 가지고 가서 이승만 대통령에게 보고드리며.
이 대통령 바로 왼쪽은 김현철 재무부 장관, 참치 틀 오른쪽으로 윌리엄 원 경제조정관,
송인상 부흥부 장관, 다우링 주한 미국대사, 지철근 수산국장.
1957.

수산업 육성

어물 공판장 시찰 모습.
수산업 역시 내수·수출 증대에 중요한 역할을 담당했다.

상공부 장관 재직시부터 대한수상경기연맹 회장직을 맡았다.
열악한 환경 속에서 수영, 다이빙, 수구 등 수상운동을 생활화하고 활성화하는 데
동아일보의 지원이 큰 힘이 되었다. 당시 동대문운동장 뒤쪽에 위치한,
다이빙대를 갖춘 수영장에서 선수들을 격려하는 모습.

수구 경기 장면.

나는 수산업 분야에서도 많은 일을 했다. 수산업을 담당하는 해무청이 상공부 안에 조직되었기 때문이었다. 당시 해무청은 수산국, 해운국, 시설국, 중앙수산검사소, 중앙수산시험장 등으로 편성되어 있었고, 또 해양대학과 수산대학도 포함되어 있었다. 주요 간부로는 청장에 권성기權聖基, 그리고 해양대학장은 신성모 전 국방부 장관이었다. 해무청 업무 중에서도 특히 수산국 업무에 많은 관심을 쏟았다. 수산물이 당시 수출품에서 차지하는 비율이 높았기 때문이다. 수산 업무를 상공부 산하에 두게 된 가장 큰 이유기이도 했다.

이승만 대통령은 일본으로부터 우리나라의 수산업을 보호하기 위해 동해에 소위 '이승만 라인'■을 설정했다. 하지만 일본은

■ 1952년 1월 18일 한국의 영토 및 도서島嶼의 인접 수역에 대한 주권을 선포한 것으로, 해역을 침범하여 조업하는 일본 어선에 대해 나포하는 등 강경한 조치가 계속되었으나 1965년 국교정상화 이후 공동규제수역을 설정하고 자율적인 조업을 하도록 한 '한일어업협정'으로 대체되었다.

번번이 이 라인을 지키지 않았고 관선官船을 포함해 어선 300척이 드나들었다. 한국 정부는 이것을 침입으로 간주하고 모든 선박을 나포했다. 어선은 우리가 사용했고, 어부 4천여 명은 구류했다. 우리 어민들을 위한 보호 조치였다. 한편으로 정부는 국제연합사무국 및 국제연합한국재건단과 협정을 체결하고 수산관리위원회를 만들었다. 수산국이 주축이 되어 수산 부흥을 도모하였으며 수산국의 지철근池鐵根 국장을 한일회담 대표로 장기간 보냈었다.

상공부 장관 시절, 수산국의 업무와 관련하여 잊지 못할 것은 1957년 되던 해에 인도양에서 우리나라가 처음으로 참치 잡이를 시작한 것이다. 이때 얼마나 기뻤던지 수산국장을 대동하고 인도양에서 잡은 큰 참치를 가지고 경무대에 들어가 보고했었다. 대통령도 무척 기뻐하였고, 지철근 국장을 칭찬하였다. 우리는 그 참치와 함께 기념 사진을 찍었다.

원양어업과 관련하여 웃지 못 할 일화도 있다. 한국에는 원양어업에 나갈 만한 규모의 어선이 없었다. 그래서 경비함을 민간 회사에 대여하여 그것으로 각 대양에서 원양어업에 나섰다. 인근 국가에서는 경비함으로 원양어업을 한다고 난리들이었다. 일본과의 마찰도 불거졌다. 결국 경비함을 활용한 원양어업을 포기해야 했다. 나라가 가난하여 생긴 일이었다. 지금 돌이켜보면 씁쓸한 기억이 아닐 수 없다.

수산국과 업무상 관련을 맺으면서 자연히 지철근 수산국장과 가까워졌다. 지 국장은 오랫동안 수산업과 관련된 일에 종사하면서 훗날까지 11명의 장관을 모신 분으로 우리나라 수산업의 개척자라 할 수 있다. 현재에도 지철근 씨와는 좋은 관계를 유지하고 있다.

지철근 씨 외에도 상공부 장관 시절 많은 분들의 도움을 받았다. 그중에 한 분이 해양대학장을 지낸 신성모 씨였다. 해양대학은 문교부 소관이 아니라 상공부 소관이었다. 해양대학이 기술학교로 분류되었기 때문이다. 기술학교는 각 해당 부처 소관이었다. 처음에는 해양대학장에 기술자 출신을 임명했다가 후에 정책 변화로 해양대학이 문교부로 이관하면서 육사 출신을 기용했다. 그 과정에서 대통령 특명으로 신성모 씨가 부임한 것이다. 이렇듯 나는 많은 분야에 걸쳐 산업을 일으키는 데 최선을 다했다.

국산품 장려를 위한 종합전시관인 중앙상공장려관
개관식에서(현재 남대문로에 있는 대한상공회의소 자리에 위치).
운크라와 언커크UNCURK■의 참여로 유엔기와 미국기가 함께 걸려 있다.
1956.12.27.

■ UN Commission for the Unification and Rehabilitation of Korea, 한국통일부흥위원단: 6·25전쟁으로 파괴된 대한민국 재건을 목적으로 1951년 세워진 유엔 기구. 1948년 창립된 언커크의 해체 후 세워졌으며 1950년 10월 7일 제5차 유엔 총회에서 설치가 결의되었다. 그 후 1973년 12월 해체되었다.

국산품 장려정책

중앙상공장려관 현판식 모습.
1956.12.27.

중앙상공장려관에 전시된 국산품을 둘러보며.
1956.12.27.

국산 양복지로 만든 양복을 가봉하는 모습.

방직공장을 시찰하며.

상공부 장관 퇴임을 얼마 앞두고.
1958.8.7.

국산품 장려정책은 범국민적으로 추진했던 사업이다. 지금은 국산품 장려라는 말이 다소 생경하여 국수적으로 들릴 수도 있겠지만 그 당시에는 기간산업 육성 못지않게 중요한 정책이었다. 산업을 일으키기 위해서는 생산과 공급만큼이나 수요가 중요한 문제였기 때문이다. 시정 방침을 '기간산업 육성'과 '국산품 장려'라고 정한 것도 그러한 맥락이었다.

국산품 장려에 있어서 중요한 것은 역시 현장이었다. 어디까지나 현장주의로 일관하여 현장과 밀접한 관계에 있는 직원들을 독려하였다. '상공부는 국민이 운영하는 사업을 도와주는 곳이므로 직원은 찾아오는 사람을 기다리지 말고 현장에 나가 도우라. 그리고 식사 대접은 받아도 좋다. 하지만 항상 공무원의 신분임을 잊어서는 안 된다.' 주위 직원들에게 항상 강조하던 업무원칙이었다. 나도 그 직원들과 또 모든 국민들에게 모범을 보이려고 최선을 다했다. 장관실 개조도 그 일환이었다.

국산품 애용을 장려하려고 모범을 보이다가 망신을 당한 적도 있다. 우리 기술의 후진성을 보여 주는 예라고 할 것이다. 1956년 9월이었다. 부산에서 흥아타이어재생공장 준공식이 있었다. 흥아타이어공장은 AID자금으로 건설한 것인데 타이어공장으로서는 최초로 설립된 것이다. 대표는 이연재李年宰 씨였다. 또 이날은 상공장려관 개관식이 열리는 날이기도 했다. 부산 서면에서 흥아타이어공장의 준공식을 마치고 곧바로 역전에서 열린 상공장려관 개관식에도 참석했다. 이 개관식에는 다우링Walter C. Dowling 주한 미국대사, 윌리엄 원 경제조정관, 미국협조기관원 차장 등 내외 귀빈이 다수 참석했다.

그날 날씨는 무척 더웠다. 그래서 행사 도중 상의를 벗자는 의견들이 많았다. 나도 얼마나 더운지 참을 수가 없어 양복 상의를 벗었다. 그런데 갑자기 모든 사람들이 나를 보고 웃기 시작했다. 살펴보니 백색 와이셔츠가 온통 얼룩져 있었다. 감색 양복을 입고 있었는데 양복 속감의 염색이 와이셔츠에 배어서 온통 요란스러웠던 것이다.

많은 손님들 앞에서 나의 얼굴이 홍당무가 됐다. 일국의 장관으로서 부끄러운 일이기도 했다. 서울에 돌아오니 이 소식을 전해 들은 상공부는 물론이고 업체들도 이미 야단들이었다. 당장 부하 직원에게 그토록 멋있게(?) 염색한 공장을 조사할 것을 명했다. 국산 양복의 조악한 품질로 인해서 공식 석상에서 한바탕

망신을 당했으니 지금 생각해도 저절로 쓴웃음이 나온다.

국산 양말도 말썽이 많았다. 그래서 시장에는 외제 양말이 많았다. 국산 양말을 장려하고자 고집해서 신었는데, 아침에 신고 나갔다가 저녁에 벗으면 온 발이 얼룩이 져 있었다. 다른 양말을 사서 신어도 마찬가지였다. 국산 양말이 좋으니 국산 양말을 신으라고 권장하며 모범을 보이는 나로서는 난처한 일이 아닐 수 없었다. 훗날 양말 기술이 발전하여 대체국산품 표창에 석산양말이 대상을 받기도 했는데, 오랫동안 이 양말을 신고 광고하며 국산 양말을 보급시켰다.

한번은 국산품 장려운동을 펼치다가 밀수를 한다는 오해를 받기도 했다. 당시 나일론이 유행하고 있었다. 모름지기 숙녀라는 소리를 들으려면 나일론 제품을 착용하고 있어야 할 정도였다. 외제 나일론이 퇴폐적인 허영심리를 조장하고 있었다. 나는 '나일론 금수' 조치를 내렸다. 사치품의 수입을 억제하고 국산품을 장려하기 위한 두 가지 의도에서였다. 때마침 청량리에 있는 태창방직나일론공장에서 국산품이 쏟아져 나왔다. 여기서 나온 국산 나일론으로 여직원 30명에게 옷을 한 벌씩 해 입혔다. 그리고 출근은 안 해도 좋으니 입고 다니며 선전을 하라고 일렀다. 그랬더니 엉뚱한 모략이 나돌기 시작했다. 상공부 장관이 나일론을 밀수해서 여배우에게 나누어 주었다는 것이다. 참으로 어처구니없는 일이었다. 나일론이 생사람을 잡을 뻔했으니 지금 돌이켜보면 웃음이 나올 일이었다. 이러한 모든 해프닝은 국내의 산업 기술의 후진성에서 비롯된 것이었다.

국내 기술이 미약하니 외제품의 유입을 막을 수는 없었다. 밀려드는 외제품을 막기 위해서는 대체 기술이 절실했다. 독려도 필요했다. 국산품대체 표창제도는 그 일환이었다. 당시 간장은 샘표간장, 양말은 석산·도화양말 등 국산화에 성공한 국내 기업을 표창하여 업체의 사기를 올렸다. 포마드나 ABC 화장품 등의 대체 생산을 장려하는 한편, 이런 품목의 수입을 억제했다. 이러한 인연으로 태평양화학(현 아모레퍼시픽) 서성환徐成煥 사장과 알게 되었다.

국산품의 질 향상과 생산력 증대를 추진하는 한편으로 중요했던 것은 기업의 질서를 바로잡는 것이다. 여러 차례의 시정에도 불구하고 일부 상인이나 제품업자들은 전근대적인 방식의 거래와 경영을 계속했다. 때문에 상업과 공업의 도리를 정립하는 데 노력하는 한편, 정찰제를 시행했다. 정찰제는 1956년 1월 1일자로 실시했으며 내무부 장관과 상공부 장관 명의로 전국에 선포되었다. 오늘날 일반화된 정찰제의 시초였다.

대통령 내외분과 함께 경인지방 공장을 순시했던 일은 참으로 즐거운 기억으로 남아 있다. 어느 날 이 대통령은 서울역에서 인천역까지 연계해 있는 공장 실태를 열차 안에서 보고하라고 지시했다. 이 지역은 한국의 주요 공업 단지였다. 공업국에 지시하여 열차 안에서 브리핑할 수 있도록 설명도를 작성하였다. 그리고 공장마다 공장명을 크게 써서 멀리서도 볼 수 있게 하라고 지시했다. 당일 오전 10시경, 대통령 내외분과 운크라 단장 콜터John B. Coulter 장군을 모시고 서울역에서 출발했다. 인천역까지 가는 한 시간 여 동안 공장 실태에 관해 상세히 보고를 드렸다. 이 대통령은 매우 만족했다. 열차 안에서 보고했던 공장들은 조선음향공장, 극동염료, 조선효모, 한영제지, 삼화공작소, 한국스레트 등이었다.

인천항에 도착해서는 경무대에서 준비한 모터보트에 올랐다. 그리고 인천항을 떠나 바다로 나갔다. 우리 일행은 그곳에서 대통령께서 즐기는 낚시도 하고 선상에서 점심도 하였다. 상공부 시절을 통틀어 가장 여유롭고 즐거운 하루였다.

目次 (大統領[illegible])

年表

1. 生年
2. 施政方針
3. [illegible]
4. [illegible]
5. 人事行政
6. [illegible]行政
7. [illegible]
8. [illegible]
9. 一般[illegible]
10. [illegible]
11. [illegible]

[illegible]

12. [illegible]

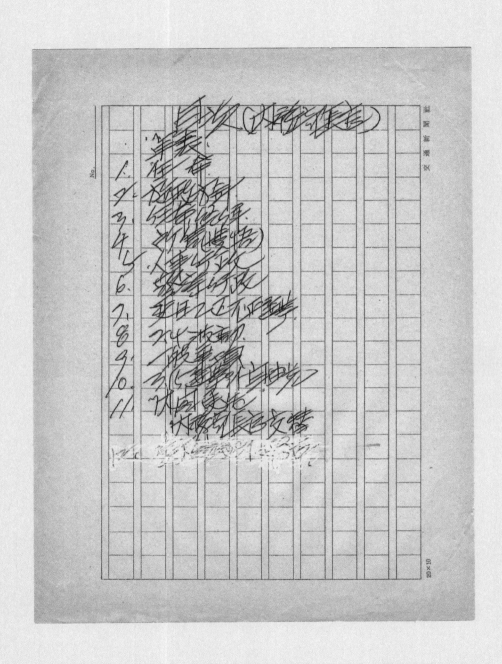

8장

내무부 장관 시절

내무부 장관실에서 기자 회견을 갖는 모습.
비정치적 성향과 원리원칙을 따르는 성격이 내무부 장관 자리에
적합치 않음을 이 대통령도 잘 알고 있었다. "내무부라는 곳은
욕먹고 고생하는 자리"라며 그래서 내게 걱정된다고 하시던
대통령의 심정을 되새기곤 했다.
1958.11.22.

차기 내무부 장관

내무부 장관 취임 축하예배에 참석하여.
후암교회 용산기독청년동지회에서 늦게나마 주최하였다.
어머니(오른쪽에서 두 번째)를 모신 배려가 눈에 띈다.
1958.12.7.

1958년 8월 27일 내무부 장관에 임명됨으로써 3년 여에 걸친 상공부 장관을 그만두게 되었다. 재임 기간은 1958년 8월 27일부터 1959년 3월 19일까지 약 7개월이었다. 다른 직무에 비해 정치적인 영향을 많이 받은 까닭이다.

상공부 장관으로서의 직무로 바쁜 어느 날이었다. 이 대통령이 나를 불러 물으셨다. "상공부에서 고생했으니 어디로 보낼까?" 오랫동안 군에 있었던 몸인지라 "국방부로 가고 싶습니다" 하고 대답했다. 그러자 이 대통령은 "그곳은 미군이 도와주니 그건 아니야. 생각 중이야" 하고 말했다. 이 대통령은 미군의 도움으로 시스템이 원활하게 돌아가는 부서보다 좀더 복잡하고 어려운 형국에 처한 부서에 임명하고 싶어 한 것이다.

이 대통령의 갑작스러운 질문을 크게 염두에 두지 않았다. 상공부 장관으로서 처리해야 할 일이 산적해 있었기 때문이다. 이 대통령은 국무회의 석상에서 민의원 선거 그리고 후년의 대통령 선거가 중요하기 때문에 정당인이 아닌 사람을 선거장관으로 보낸다는 것은 큰 문제라고 말했다. '정당인 출신이 아닌 장관인 나로서는 내무부와는 관련이 없구나'라고 생각할 뿐이었다.

당시 내무부 장관은 장경근(張暻根, 1957.2~1957.9 역임) 씨였다. 그는 자유당의 수뇌이자 강경파 인물이었다. 그 뒤를 이은 이근직(李根直, 1957.9~1958.6 역임) 씨 역시 마찬가지였다. 경북지사 출신으로 당의 최고의 충성파이며 선거전에 능수능란한 인물이었다. 그는 1957년 9월 26일 내부무 장관이 되어, 1958년 5월 2일 치른 4대 민의원 총선거에서 자유당이 120석을 얻는 성과를 이뤄 내기도 했다. 이러한 정황으로 비춰 보아 내가 내무부 장관에 임명될 확률은 매우 적었다.

그로부터 며칠 후 이 대통령은 난데없이 국무회의에서 "김일환을 내무로 보내려고 하는데 여러분들은 좋습니까?" 하고 국무위원들에게 물었다. 예상치 못한 제안이었지만 국무위원들은 모두 긍정했다. 정치적 성향을 떠나 행정 능력을 높이 평가했기 때문이다. 이것이 내가 내무부 장관으로 임명되기 1년 전인 1957년 8월경이었다. 1년 전부터 이승만 대통령은 나를 차기 내무부 장관으로 지목하고 있었던 것이다. 상공부 장관 취임 3년이 다 되어 가던 어느 날 경무대에서 호출을 받았다. 그리고 내무부 장관으로 임명되었다. 이 대통령은 "상공부에서 하던 식으로 내무부에 가서 지방 건설사업을 열심히 해봐"라고 말했다.

내무부 장관으로의 돌연한 전직 발령은 정말 뜻밖이었다. 상공부에서의 3년 동안 때로는 밤잠도 잊은 채 전력을 다했다. 성과 있는 3년을 보낼 수 있었던 것이 나의 힘이라고는 생각해 본 적이 없다. 모든 공을 유능한 참모들에게 돌리고 싶다. 당시 차관이었던 김의창金義昌, 공업국장 신현확(申鉉碻, 부총리 역임), 강용옥康龍玉, 전기국장 박상운朴相雲, 광무국장 정영배丁永培 등은 지금도 잊지 못하는 분들이다. 운크라 단장 콜터 장군과 부단장 이스트 우드, 유솜처장 원, 공업단장 시모Seymour 씨 등도 잊을 수 없다. 이분들의 아낌없는 협조를 받았기에 나는 마음껏 정열을 쏟을 수 있었다. 나의 참모들은 후일 모두 대성했고, 지금도 나는 그분들과 우의를 돈독히 하고 있다.

내무부 장관에 임명된 직접적인 계기는 이근직 내무부 장관의 사임이었다. 이 장관은 당시 4대 민의원 선거를 자유당의 승리로 이끌면서 정치적 입지를 넓혀 가고 있었다. 그런데 1958년 6월 9일, 일명 탈모비누 사건이 발생했다. 내무부 치안국 수사과장의 책상 서랍 안에 있던 경찰 정보가 일간신문 기자에게 유출된 것이다. 〈경향신문〉은 상공부 장관이 비누 군납비리 사건에 연루되어 1957년 9월 15일 동생 정환의 결혼식에서 100만 환을 받았으며 또 김현철 재무장관은 병풍을 받았다고 보도했다.

참으로 놀랄 일이었다. 군에서 쓰는 비누는 군에서 직접 구입하는 것이었고, 비누공장이라고 다 상공장관 책임도 아니며, 더구나 나에게 돈을 가져온 적도 없었다. 더욱이 비누와 관련이 없는 재무장관을 운운하는 것도 전혀 당치 않았다. 국무회의에서 이를 보고받은 이 대통령은 "두 장관은 그런 사람들이 아니지 않느냐"라고 대노하여 물었다. 모두가 그렇다고 단호하게 대답했다. 그러자 이 대통령은 내무장관에게 "정보라는 것은 조용히 알아보고 처리할 것인데 어쩌다가 이렇게 됐느냐"고 호통을 쳤다. 그리고 법무장관인 홍진기洪璡基 씨에게 상공부 장관과 재무부 장관에게 알아보라고 지시했다.

며칠 후 저녁, 나와 김 재무장관은 홍진기 법무장관의 자택으로 갔다. 그곳에서 진상을 밝혔다. 결과는 사실무근으로 처리되었다. 이근직 내무장관은 수사과장 모 씨를 바로 대기발령했다. 그리고 본인은 며칠 후인 1958년 6월 16일 이 사건의 책임을 지고 사임했다. 지금 돌이켜보면 그것은 무서운 정치놀음, 모함, 그리고 음모극이었다. 또 내가 내무부 장관으로 임명되는 것을 막으려는 의도였을 것이다. 아마도 이 장관을 배후 조종하는 정당의 노름일 것이다. 정치적 공작과 음해가 난무했고, 잘못된 정보들이 횡행하는 시대였다. 국가 운영의 틀은 물론이며 정치적 시스템이 불안정했기 때문이다.

정당은 제 구실을 하지 못했다. 민주적 정당이라기보다는 편짓기 당파였다. 아무리 행정 능력이 탁월하다 해도 자신의 편이 아니면 어떻게든 내치려고 했던 것이다. 나도 이를 잘 알고 있었다. 비정치적이고, 당과의 협력도 잘하지 않고, 대통령 신임이 두터운 데다가 소위 실세인 김현철 재무장관과 나는 당의 입장에서 보면 경계 대상 인물이었을 것이다.

이근직 장관이 사임한 후 빈 자리를 메운 사람은 전남지사, 충남지사를 거친 민병기閔丙祺 씨였다. 1958년 6월 17일이었다. 민 장관의 재임 기간은 2개월뿐이었다. 이 역시 정치권의 영향 때문이었다. 민병기 씨가 2개월 만에 물러나면서 나에게 기회가 왔다. 그러나 나는 내무부 장관 자리를 원치 않았다. 나는 원리원칙에 따라 성실하게 사는 사람이다. 군 경리장교 출신으로 정직과 원칙을 지키는 것을 신념으로 했고, 특히 오랜 군생활을 통해 모든 처사는 합리화하고 비정상적인 정보 등은 싫어했다. 세상에서 흔히 말하는 정치성은 전혀 없는 사람이다. 그래서 외로운 길을 걸어온 것도 사실이다.

비정치적 성향과 원리원칙을 지키려는 소신이 내무부 장관 자리에 적합하지 않다는 것도 잘 알고 있었다. 정치적 성향과 관계없이 나를 총애했던 이 대통령도 이것을 알고 있었다. 그래서 그분은 국무회의에서의 갑작스런 제의 이후에도 차일피일 내무부 장관 자리를 나에게 넘기지 않았던 것이다. 이 대통령은 경무대 복도에서 "자네 발령을 아직 안 내고 있는 것은 내무부라는 곳은 욕먹고 고생하는 자리라서야. 그곳에 잘하고 있는 자네를 보내는 것이 걱정돼서야"라고 말했다.

이 대통령이 나를 지극히 사랑하고 있다는 것, 또 나의 내무부 장관 부임에 대해 다른 곳, 즉 당에서도 말이 많다는 것, 하지만 대통령은 오래 전 나를 내무부에 보낸다고 약속했을 뿐만 아니라 그것을 원하고 계신다는 등 여러 가지 정황을 예측하고, 이 대통령의 심정을 헤아릴 수 있었다.

내무부 장관에 임명되자, '어려운 곳이다. 그러나 모든 일은 순조롭게, 쉽게 그리고 정상적으로 절대 무리하지 말고 첫 단추부터 올바르게 꿰어야겠다'고 결심했다. 이러한 결심을 하게 된 것은 비단 이승만 대통령의 입장을 이해했기 때문만은 아니었다. 그것은 어쩌면 곧 닥쳐올 3·15선거의 선거장관이 되지 않을까 하는 우려이기도 했다. 그러나 부임한 지 7개월 만에 내무부 장관직을 떠남으로써 3·15부정선거에서의 선거장관이 되는 오명을 피해 갈 수 있었다.

7개월 만에 장관직을 떠난 것은 행정 능력 때문이 아니다. 행정적 능력은 건국 이후 국방부, 석탄공사, 육군본부, 상공부 등에서 이미 증명된 바였다. 국무회의에서 이 대통령이 나를 내무부 장관으로 지목했을 때 국무위원들이 찬성했던 것도 그 까닭이었다. 문제는 다른 데에 있었다.

내무부 장관에 취임하면서 이승만 대통령의 뜻을 충실히 받들어 선거에는 공명정대를 실천하고자 했다. 그리고 상공부에서 성공한 그대로 권위주의적인 권력기관이 아닌 민주주의적인 부처部處를 만들 작심이었다. 그러나 선거에서 공명정대를 실천하고자 했다는 것, 그리고 내무부를 권력기관이 아닌 민주적인 부처로 변화시키려고 했던 것, 이것은 분명 당시 정국 상황에서 결코 현실화될 수 없는 것들이었다.

내무부 장관 재임 시절, 이승만 대통령 내외와 양자 이강석(맨 가운데),
그리고 전 국무위원(사진 왼쪽부터 신두영, 강명옥, 구용서, 이근직, 최재유, 김정렬,
홍진기, 조정환, 최인규, 송인상, 손창환, 신현확, 김일환, 곽의영, 전성천)과 함께.

7개월 동안의
내무부 장관생활

동대문경찰서를 순시하고 나오며.

지방 도청을 방문하여. 지방에 내려갈 때면 내게 지급된 고급 승용차가 아닌
비서의 지프차를 타곤 했다. 출장 여비도 수첩에 적어
몇십 환이라도 남으면 반납했다.

7개월 동안의 짧은 기간이었지만 최선을 다했다. 새벽 6시면 일어나서 7시에는 집을 나섰다. 간혹 밥이 늦게 될 때에는 굶고서라도 나왔다. 꼭 군대생활처럼 규칙적으로 했던 것이다. 관청에는 7시 반 무렵에 도착해서 면회 온 사람들을 만났다. 그리고 8시부터 공무가 시작되었다. 이런 생활을 몇 해를 두고 지켜 왔다. 지방에 비서나 부하를 데리고 가면 그 여비도 꼭꼭 수첩에 적어서 계산했고, 새벽이면 부하 직원보다 먼저 일어나서 업무를 봤다.

나에게 지급된 고급 승용차를 타지 않고 비서의 지프차를 타곤 했었다. 어느 날 지프차 운전수와 함께 식사를 하게 됐다. 지프차 운전수는 같이 식사하는 것이 불편했던지 따로 먹겠다고 했다. 같은 사람인데 그럴 수 없다며 함께 식사를 하도록 했다. 장관 자리에 있으면서 나 자신은 남이 주는 선물을 받지 않았지만, 비서에게는 시계도 주고, 지방에서 올라온 부하 직원에게는 위스키를 주기도 했다.

나는 공사公私를 분명히 했다. 사무실에서도 그렇고 사람 쓰는 데도 그랬다. 하다못해 출장 여비가 남으면 계산해서 몇십 환이라도 반납했다. 부하 직원들은 이런 나를 두고 "아니, 그까짓 걸 뭘 그러십니까?" 했지만 나는 기어이 돈을 반납했다.

내무부 장관으로 취임하여 '행정 명랑화明朗化와 반공체제 강화'를 시정방침으로 정했다. 행정 명랑화는 경찰 기관의 권위주의 탈피와 관련된 것이었고, 반공체제는 휴전 이후 북한과의 대립 관계에서 필연적으로 선택할 수밖에 없는 정책이었다.

그중에서도 나는 특히 행정 명랑화에 역점을 두었다. 경찰이 국민에게 가까운 공무원이 되도록 하기 위해서였다. 하지만 쉽지 않았다. 건국 이후 경찰의 정치적 영향력은 막대했다. 조직상으로는 내무부 치안국이었지만 그 이상의 권력을 소유하고 있었다. 이 때문에 치안국장을 기용하는 것은 중요했다. 특히 치안국장은 선거와도 밀접한 관련이 있었으므로 내무부뿐만 아니라 정계에서도 관심을 기울였다.

치안국장을 기용하기까지 고심해야 했다. 장관으로 부임했을 때 치안국장 자리는 공백 상태였다. 이상한 것은 막강한 권력의 자리를 원하는 사람이 아무도 없고, 또 추천하는 사람도 없다는 것이었다. 이 자리가 권력의 핵심 자리이자 위험한 자리였음을 뜻한다. 고민하지 않을 수 없었다. 뜻밖에도 대통령께서 서울

경찰국장이며 훗날 국회의원을 역임한 모 씨를 추천하였다. 이 모 씨는 매우 가까운 지인 사이였다. 하지만 여러모로 살펴보아 그를 기용하지 않았다. 대통령을 찾아가 잘 설명하고 기용하지 않아도 좋다는 허락을 받아 냈다. 치안국장을 하루 빨리 기용해야 하는 상황에서 쉽지 않은 결정이었다.

그 후로도 얼마동안 치안국장직은 공석으로 남아 있었다. 나는 이것을 치안국 경비행정을 살펴보는 좋은 기회로 삼았다. 과장들을 직접 지휘하여 내무부의 실무 행정과 밀착해 갔다. 행정 명랑화를 위해 직접 칼을 쥐고 일선을 지휘하지 않으면 안 될 만큼 경찰의 권력화는 심했다. 밖에서 보면 이해하기 어려울지도 모른다. 하지만 나 나름대로 행정 명랑화에 군의 관리행정을 주입시키고자 한 것이다.

그러는 가운데서도 부내에서 치안국장을 물색했다. 각 부처는 물론 군과도 잘 통할 수 있는 인물이 필요했다. 다행히 춘천의 강원도경찰국 경비부장으로 재직하던 이성우李成雨 씨가 있었다. 충북 괴산 출신으로 국방대학원을 졸업한 그는 인품이 훌륭하고 진실한 사람이었다. 10월 6일 그를 기용하여 발령했다. 장관 취임 후 40여 일 만의 치안국장 발령이었다. 훗날 그는 차관으로 승진하였다.

내무부 장관으로 취임하면서 가장 먼저 단행한 것은 조직 쇄신을 위한 인사 명령이었다. 우선 법무부에서 국장을 맡고 있던 김장섭金長涉 씨를 승진시켜 내무부 차관에 임명하였다. 내가 법률에 취약했기 때문에 법률가 출신에게 도움을 받고자 홍진기 법무부 장관에게 부탁을 해서 이루어진 인사였다. 비서관과 운전기사는 상공부에서 데려왔고 경비로는 군의 헌병준위를 기용했다. 총무과장은 현직을 유임시켰다. 아마도 전임 이근직 장관 시절 상공부 장관이던 나를 탈모비누 사건으로 물의를 일으켜 곤경에 처하게 했던, 그래서 대기 중이던 수사과장을 복직시켜 준 것이 가장 인상적인 인사였을 것이다. 그를 제주도경찰국 경비부장으로 발령했다. 그 수사과장에 대한 인사는 모두가 놀랄 만한 것이었다. 하지만 개의치 않았다. 한때의 실수로 인해 능력 자체를 폄하하지는 않았던 것이다. 이것이 나의 철학이고 정당한 조치였다고 생각한다.

이 외에도 토목국장(민한식閔漢植) 사임으로 공백이 된 자리에 황정철黃程哲 씨를 임명했다. 그리고 그의 소청을 받아들여 토목국 부국장격인 기감직제를 폐지하고 대신 토목시험연구소장직으로 승격, 신설했다. 부국장 자리에 기술자가 아닌 경비관 출신 행정 요원을 두어 행정을 강화하기 위해서였다. 인사 체계가 갖추어지자 행정 명랑화 실현을 본격화했다.

우선 모든 파출소의 정문에 '친절 봉사'라는 경비 표어를 게시하도록 했다. 1958년 10월 21일 경찰의 날에는 파출소의 붉은색 등을 녹색으로 바꾸게 했다. 파출소의 붉은색 등은 일제시대부터 사용된 것으로 권위적이라는 지적을 받아 왔었다. 붉은색을 녹색으로 바꾸게 된 것은 월터 씨의 권고를 받아들인 것이었다. 월터 씨는 재미 동포로 건국 후 귀국하여 사회봉사를 했으며 대한체육회 고문 등의 활동을 했다. 군을 위해 장성들의 영어 강습을 돕기도 했는데 이로 인해 나와 인연이 맺어졌다. 내무부 장관이 되자 인사장을 보내왔는데 파출소 등을 붉은색에서 녹색으로 변경하는 것이 좋겠다는 건의를 했다.

시민들의 편의를 위해 파출소 앞에 공중전화를 설치하도록 했다. 당시 시내에 공중전화가 없어서 전화 사용에 어려움이 많았다. 나는 친절 봉사를 실현하는 한 방법으로 파출소 앞에 전화기를 설치하도록 한 것이다. 작은 것들까지 신경을 쓴 것은 이것이 국민에게 피부에 닿는 친절 봉사고 공무원의 자세가 된다는 나의 철학 때문이다.

행정 명랑화가 나의 개인적 의지였다면, 반공체제 강화는 시대적인 요청이었다. 반공체제 강화를 위해서는 정보 체계의 강화가 필수적이었다. 당시에는 오늘날 국가정보원 같은 정보기관이 없어 내무부의 정보 업무는 국내에서 거의 유일했고 그만큼 중요했다. 내무부 장관이라면 여러 가지 직책 중에도 경찰의 국내 정보 업무가 가장 중요했다.

그러나 나는 정보 업무를 그다지 좋아하지 않았다. 군과 정부에서 재직하는 동안 정보라는 말조차 싫어했다. 일제는 정보를 조선인들을 탄압하는 데 사용했다. 해방 후에도 정보가 올바르게 이용되기보다는 서로를 공격하는 데 이용되며 왜곡되는 상황이었다. 이런 경험 때문에 정보에 대한 부정적 선입견이 굳어졌다. 경리장교로 군생활을 했었기 때문에 이런 것이 낯설었다. 하지만 내무부 장관이 된 이상 정보 업무를 소홀히 할 수는 없었다.

정보기기의 현대화 추진 역시 정보 업무를 원활하게 하기 위해 내가 추진한 것이었다. 하지만 거기에는 직접적인 계기가 있었다. 정보과에서 선거 유세장에 대형 녹음기를 가지고 갔다가 야당 인사에게 발견이 되어 소동이 일어났다. 이를 계기로 정보기기를 점검했는데 전부가 아주 낡은 구식이었다. 나는 최선을 다해 이를 개선해 주었고, 정보원들의 능률과 사기를 올렸다.

재임 기간 중에 형사학교를 설립하기도 했다. 반공체제 강화와 더불어 민생 문제에서 형사 교육의 중요성을 평소에 느끼고 있었기 때문이다. 경찰에는 일제시대의 문화와 의식이 남아 있었다. 또 아버지가 독립운동을 하다 일본 형사들에게 고초를 당하시는 걸 직접 봤기 때문이다. 형사학교는 중앙청 후면의 경찰승마장에 개교했다.

전국적으로 내린 폭우로 서울 경기 일대에 30년 만의 홍수가 발생했다.
한강 연변 낮은 지대는 모두 침수되고 많은 이재민이 발생했다.
수해 지역에서 복구 대책을 강구하기 위해 우리 군·경,
그리고 미군이 함께 논의하고 있다.
1958.9.

소신과 현실의 갈등

한강대교에서 이승만 대통령에게 수해 상황을 설명하며.
1958.9.

충주경찰서 낙성식에 참석하여.
1958.12.7.

지방을 방문할 때면 도로변에 주민과 어린아이들이 나와서 환영해 주었다.
모두가 고장의 산업 개발을 바라고 기대하는 마음이었다.

다가오는 대통령 선거를 앞두고 소신과 현실 사이에서 갈등이 시작되었다.
그러나 끝내 나는 소신을 택했다.
나의 소신은 분명했다. 그것은 국가 공무원으로서의 책임이다.

내무부 장관에 취임하고 신기해했던 것은 국회의원 선거가 끝나면 당선된 의원들이 하나같이 찾아와 선거구의 경찰서장을 바꾸어 달라고 요청하던 일이다. 그들은 모두 여당 의원들이었다. 상식으로는 알 수 없는 일이었다. 도리어 경찰서장이 도와주어서 당선됐다며 고맙다고 할 줄 알았는데 의외였다. 치안국장에게 물었더니 당선을 위해 애쓴 서장에게 처신하기 어려워서라고 답하였다. 즉, 자기의 약점을 다 알고 있으니 불편하다는 것이다. 경찰과 정당의 유착 관계가 어떠했는지 알 수 있는 일이다.

국회의원들의 청탁을 받을 때마다 얼마나 위태로운 나무 위에 올라앉아 있는지를 체감하곤 했다. 그때마다 고민에 빠졌다. 대통령과 여당 국회의원들이 나에게 무엇을 기대하고 있는지 점차 뚜렷하게 깨달을 수 있었다. 하지만 나의 소신은 분명했다. 국가 공무원으로서의 책임이다. 다가오는 대통령 선거에서 경찰력을 선거 치안을 핑계로 국회의원들에게 내주어서는 안 되었다. 하지만 현실은 참으로 난감하기만 했다.

당장 내무부의 간부들부터 반발했다. 내무부 간부회의에서 선거에서 한 번에 두 마리 토끼를 겨냥할 수 없다고 역설한 적이 있었다. 두 마리 토끼란 대통령 선거와 국회의원 선거의 승리를 뜻했다. 동시에 겨냥할 수 없다는 것은 대통령 선거에 중점을 두어야 한다는 것이었다. 이렇게 주장한 것은 자유당 선거전에 내무부가 관여하면 선거에서의 중립성을 보장하기 어렵기 때문이었다. 또 자유당을 위한 선거전은 단순한 행정 능력만으로 해결되지 않는 일이었다.

이러한 나의 생각에 내무부의 간부들이 반발하며 나를 선거 장관이 아니라고 했다. 정치권과 충돌하기 이전에 내무부 자체의 정치적 성향이 있는 간부들과 먼저 충돌해야 했다. 소문은 곧 내무부 바깥으로 새어 나갔다. 그들은 여당 간부나 의원들과 밀접하게 연계되어 있어 소문은 날 대로 다 났을 것이다.

소신과 현실 사이에서의 갈등이 시작되었다. 하지만 끝내 소신을 선택했다. 1958년 9월 18일 경상북도 영일 을구 재선거가 그것이다. 자유당의 김 모 의원이 1958년 5월 2일에 있었던 4대 국회의원 선거에서 당선되었으나 선거 소송으로 재판받던 중, 1958년 6월 21일에 대법원의 판결로 선거무효 판결을 받아 그해 9월 18일 재선거를 하게 되었다.

이것은 나에게 최초이자 최종의 선거 사무가 되었다. 나는 선거를 자유당의 승리로 이끌어야 했다. 그래야만이 내무부 장관 자리를 유지할 수 있었다. 하지만 중대한 결심을 했다. '공정하게 한다. 이 한 곳을 져도 좋으니 모범적인 선거를 치루고 다가오는 대선을 맞이한다. 국민에게 올바르게 선거를 치루는 모습을 보여 주어야 다음 선거에도 좋은 영향을 줄 수 있다. 국민이 정부를 믿을 수 있는 선거행정을 해야 한다.'

그 누구도 나와 의논 없이 개별 행동을 하지 못하도록 했다. 현지 행정기관이 선거구를 책임지게 하고 중앙부처에서 인력을 내보내지 않았다. 대구에 있는 경북지사와 경북 경찰국장에게도 연락을 취해 선거에 절대 간섭 말라고 지시했다. 지금으로서는 당연한 일이겠지만 당시에는 파격적인 것이었으며, 뼈를 깎는 각오가 아니면 이루어지기 힘든 일이었다.

선거는 잘 치러졌다. 9월 18일 투표 마감 시간까지 아무 일도 일어나지 않았다. 안심이 되었다. 그러나 놀랍게도 투표가 끝난 다음 날 새벽, 문제가 터졌다. 정전인 가운데 촛불을 켜고 개표하는 도중 환표換票가 되어 자유당 여당 후보인 김 모 후보가 몰표로 당선된 것이다. 야당인 민주당은 야단이었다. 첫 선거 사무에 상상도 못할 사건이 생긴 것이다. 9월 19일 새벽, 급히 사무실에 갔다. 몰려드는 신문 기자들에 의해 내무부는 마치 시장터 분위기였다. 용기를 내어 흑백을 가릴 작정을 했다.

김장섭 차관에게 현지 조사를 하도록 지시했다. 김 차관에게 현지 조사를 맡긴 것은 사태의 심각성도 있었지만 그가 부내의 간부 출신이 아니라 타 부처 출신이라는 것, 그리고 법률가 출신이라는 것을 염두에 둔 것이었다. 말이 많은 가운데에서도 타 부처 출신인 김장섭 차관을 기용해 온 것도 이 때문이었다. 내무부에서 현지 조사가 진행되는 동안 정치권에서는 공방이 계속되고 있었다. 9월 23일에는 자유당은 부정선거를 부인하는 성명을 발표했다. 그리고 9월 28일에는 야당인 민주당에서 부정선거라고 성명을 발표했다.

현지 조사 결과 민주당의 주장이 옳았다. 개표가 진행되던 19일 새벽 개표장이 정전이 되어 촛불을 켜고 개표하는 과정에서 환표가 된 것이다. 정전은 김 모 후보 측이 의도적으로 외부에서 전선을 절단했기 때문이다. 조사 결과가 자명해지자 내무부 장관인 나의 결단에 사회 전체가 주목을 하게 됐다. 일생일대의 시련이었고, 마치 시험대에 오른 기분이었다. 정치를 모르는 선거장관, 정당과 전혀 관계없는 내무부 장관으로서의 시련이었다.

나는 흔들리지 않고 평소 소신대로, 그리고 순리에 맞게 쉽고 공정하게 일을 해결했다. 큰 도움이 되었던 것은 하나님에 대한 믿음이었다. '어려울 때마다 하나님께서 함께하시는 것을 믿어 왔고, 그 은혜로 살아 이 자리까지 온 나다'라며 마음을 다

잡았다.

당시에는 3·15선거를 앞두고 정치와 관련된 모든 것은 각 부장관이 대통령에게 보고하기 전에 반드시 이기붕 자유당 중앙위원회 의장에게 사전 보고하고 협의를 하게 되어 있었다. 정도가 아닌 외도였다.

나는 이 부정선거에 관하여 보통 사건이라면 이 의장에게 먼저 보고했겠지만 이것은 자유당과 연관된 일이고 당은 부인하는 입장이어서 그럴 수 없다고 결심했다. 9월 30일 경무대로 가서 이승만 대통령과 독대하여 상세히 보고드렸다. 극적인 장면이었다. 모름지기 대통령은 여러 곳에서 보고를 받고 있었을 것이었겠지만 나의 보고를 편안한 자세로 듣고 있었다. 대통령은 나에게 "어떻게 할 것인가?" 하고 물었다. 나는 서슴지 않고 "무효로 하겠습니다" 하고 답했다. 대통령은 "그래. 그리 하게" 하며 좋아하였고 나의 무릎을 친히 손으로 쳐주었다. 또 이어서 "어떻게 하겠는가? 내가 자유당이 부정선거를 했다고 담화를 발표할까?" 하고 물었다. 이 어른은 부정을 싫어하는 분이다. 그래서 나 같은 사람을 장관으로 기용하신 것이다. 나는 "안 됩니다" 하고 솔직하게 대답을 올렸다. 대통령은 의아해하면서 "왜?" 하고 물었다. 나는 "정부에서 발표하면 자유당 사람들을 잡아넣어야 합니다. 그리하면 내년 선거에 지장이 옵니다" 하고 답했다. 대통령은 "그러면 어떻게 할 것인가?" 하고 반문하였다. 나는 "제가 이기붕 의장을 만나 자유당 본부에서 지방에 가서 조사하여 잘못되었다고 자유당이 발표하도록 하겠습니다"라고 답변드렸다.

이 대화는 참으로 역사적인 순간이었다. 부족한 나에게 이런 지혜를 주신 하나님께 참으로 감사할 뿐이었다. 그리고 이 대통령은 또 어떻게 나의 진언을 그대로 받아준 것인가. 참으로 감사하여 그분은 현명하신 분임을 알 수 있었다.

경무대에서 나와 서대문에 있는 이기붕 의장을 찾아갔다. 이기붕 의장과는 오래 전부터 알고 있던 사이였다. 이기붕 의장이 국방부 장관 시절 나를 차관으로 기용하기도 했었다. 하지만 이제 운명은 갈라져, 장관과 차관으로 지내던 두 사람 중 한 사람은 당의 부정을 문책해야 하는 입장에서, 또 한 사람은 당을 수호해야 하는 입장에서 마주치게 된 것이다.

나는 먼저 이 의장에게 유감을 표했다. 그리고 경무대에 바로 간 연유와 대통령과의 합의 사항을 상세히 설명했다. 이 의장은 놀란 얼굴로 아무 대답이 없었다. 그날 끝내 이 의장의 대답을 듣지 못하고 사무실로 돌아왔다. 그 후 자유당에서는 심한 소동이 일어났다. 나를 만난 다음 날 이 의장은 병원에 입원했다. 자유당의 강경파와 온건파는 경무대 결정을 받아들이느냐 그렇지 않을 것이냐 하는 문제를 두고 대립이 일어났다. 결국 자유당 중앙본부는 나의 의견을 받아들였다. 현지 조사 후 부정선거를 시인하고 10월 13일 국회에서 사과 성명을 발표했다. 이로써 이 사건은 막을 내렸다. 일생 다시없는 정치극의 주인공이 된 사건이었다.

내무부 장관 시절, 경북 영일 을구 재선거와 더불어 또 다른 어려움은 소위 '보안법 파동'■이라는 2·4파동이었다. 당시 여당과 야당의 입장 차이가 분명했다. 여당은 국가보안법 3차 개정안을 찬성하는 쪽이었고, 야당은 극렬하게 반대했다. 보안법 개정안이 국회에 회부되자 야당은 국회에서 농성을 하였다. 여당은 단독으로 표결할 계획을 세우고 국회 내 경위警衛들을 충원하는 한편, 무예기능자로 하여금 농성하는 야당 국회의원들을 국회 밖으로 끌어낼 방법을 모색했다. 자유당에서 이를 실행하기 위한 당정협의회에 나를 불렀다. 당에서 국회경위권을 발동하는데 현 인원으로는 부족하니 경찰에서 무술경관을 파견할 것을 요청하기 위해서였다.

나는 단호히 이를 거절했다. 정치적 사유로 중립을 고수해야 할 공무권이 집행되어서는 안 된다는 생각에서였다. 하지만 끝내 거부할 수는 없었다. 현실은 현실이었다. 그래서 타협안을 내었다. 무술경관을 해직시킨 다음 국회경위로 채용할 것을 제

■ 1958년 12월 24일 야당의 반대에도 불구하고 여당인 자유당이 무술경관을 동원하여 야당 의원을 감금하고 국가보안법 개정안을 통과시킨 사건.

안했던 것이다. 이것이 정치 논리가 좌우하는 현실 속에서 선택할 수 있는 마지막 보루책이었다. 여당은 이것을 받아들였고 12월 24일 보안법 개정안 파동이 일었다.

무술경관들은 농성 중이던 야당 의원들을 끌어내어, 문밖에 대기시킨 지프차에 옮겨 실은 다음 자유당에 후송시켰다. 그리고 여당은 단독으로 1959년 예산안과 지방자치법 개정안 등과 함께 표결 통과시켰다. 정부는 다음 해인 1959년 1월 15일에 이 보안법 개정안의 발효를 공포하였다. 보안법 파동은 나에게 있어 소신과 현실 사이의 갈등 그 자체였다.

정치적으로 민감한 사안을 제외하면 내무부 본연의 임무에 충실했다. 그중의 하나가 서울 한강의 대홍수다. 1958년 9월 20일경 서울에 대홍수가 났다. 한강이 위험 수위를 넘어섰고, 폭우는 계속되었다. 급보가 여기저기서 날아들었다. 그중의 하나가 한강의 작은 섬에서 40여 명의 인부들이 석공 작업 중인데 그대로 방치해 두면 목숨이 위태롭다는 것이었다.

해가 질 무렵 급보를 접하고 급히 미군에 헬리콥터 지원을 요청했다. 나도 직접 현지로 갔다. 미 8군 대령이 왔고, 헬리콥터 두 대도 왔다. 폭우 속에서 위험한 구출 작전이 시작되었다. 나와 미군 대령은 함께 비를 맞으며 꼬박 밤을 새웠다. 이 사건은 인명 피해 없이 잘 마무리되었다.

또 홍수로 인해 한강에 있던 두 척의 준설선도 매몰될 위기에 처했다. 이 배는 운크라 협조를 받아 얻은 것으로 한강 바닥에 퇴적된 모래를 퍼내고 있었다. 이 대통령도 평소 이 작업을 중요시했으며, 특히 원조로 이루어지는 사업이어서 가끔 시찰하곤 했다. 홍수가 나자마자 이 두 척의 준설선을 밧줄로 내려가지 않게 연결을 했다. 그러나 준설선은 대홍수에 떠내려가고 말았다. 이 보고를 받고 즉시 한강대교로 갔다. 준설선 두 척은 간 곳이 없고 한강 수위는 계속 높아지고 있었다. 다음 날 오전 9시경 불시에 대통령이 직접 방문했다. 준설선에 관해 설명을 드렸다. 이 대통령은 질책하지 않고, 잠을 못 잤을 테니 집에 돌아가 쉬라고 말했다. 그 후 준설선은 강 하류 부근에서 발견되었다.

내무부 장관으로 재직하는 동안 영국대사관에 도둑이 든 일도 있었다. 정동에 있는 영국대사관에 도둑이 창문 등을 부수고 침입해 물품을 훔쳐 간 것이다. 이 때문에 부끄러움을 무릅쓰고 현장을 살펴보고 영국대사관에 정중히 사과를 해야 했다.

미국대사관에 사과를 해야 했던 일도 있다. 한 경찰관이 치외법권을 어겼기 때문이다. 보안법에 반대하는 야당 의원들이 미국대사관 앞에서 맹렬한 시위를 벌였다. 그 가운데 경찰이 취재를 제지하고 체포하려 하자 한 기자가 미국대사관 건물로 도망쳤다. 그런데 경찰이 치외법권을 어기고 미국대사관까지 침범한 것이다. 외무부에 미국대사관 측의 항의가 들어오는 등 문제가 커졌다. 결국 내무부 장관이 미국대사관에 방문하여 대사에게 정중히 사과하기로 합의가 되었다. 며칠 후 미국대사관을 방문하여 대사에게 사과를 했다. 평소 미국 대사와 나는 친분이 두터운 사이였으나 이날만큼은 대사가 굳은 얼굴로 몹시 몸가짐에 조심하며 인사를 나누었다. 무안하지 않을 수 없었다. 이 사건은 나의 공식적인 사과 선에서 마무리되었다.

남대문 근처에 이북5도 청사를 마련해 주기도 했다. 이북5도청을 설치한 취지는 정치적 의의가 중대한 만큼 그것이 조금이라도 국가의 체면이나 위신에 손상을 가져오도록 해서는 안 되겠다는 견지에서였다. 이북5도청 설치는 오랜 현안 문제였지만 해결되지 못했다. 3,300환으로 서울 시내 북창동에 있는 모 씨 소유 민간 건물을 이북5도 연합청사로 매입하는 것을 신속히 추진하였다. 이북5도지사를 초청하여 제반의 도정道政 상황을 상세히 듣는 한편, 도지사들이 관용차 한 대도 없다는 것을 알고 내무부 소속 지프차 한 대를 공용으로 빌려주었다. 충무로 3가에 있는 당시 청사를 시찰하고 직원들을 직접 격려해 주기도 했다. 이북5도청을 시찰한 것은 개설 당시 이범석 국무총리 이래 내가 처음이었다.

交通部

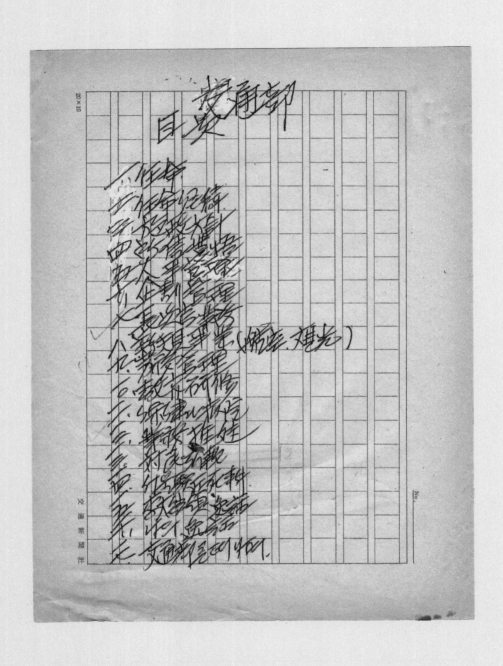

目次

9장

교통부 장관 시절

교통부 장관 취임식 직후. 앉은 이 가운데 왼쪽은 전임 최인규 장관,
오른쪽은 송원영 차관, 뒤로는 교통부 간부들.
1959.3.20.

세 번째 장관직

'한국의 수송력'이라는 주제로 브리핑하는 모습.

객차 내 승객의 안전과 쾌적하고 안락한 서비스를 점검하기 위해 시찰 중인 모습.
1959.3.31.

승무원과 관계자들 격려차 순천철도국 목포 승무원 숙사를 방문하여.

1959.4.15.

장항선 시찰차 충남 홍성역을 방문하여.
1959.7.12.

내무부 장관으로 취임하여 경찰을 시민에게 신임받는 조직으로 변화시키고 싶었다. 기존의 권위주의를 탈피하고 경찰이 중립성을 확보하도록 하고 싶었다. 하지만 경북 영일 을구 재선거나 보안법 파동처럼 정치 현실은 소신을 지켜 가기에는 어려움이 많았다. 자유당의 입장에서 볼 때 여당의 호위병 역할을 해줘야 할 내무부가 중립성을 주장하니 눈엣가시가 아닐 수 없었을 것이다. 하지만 이 대통령의 두터운 신임과 행정 역량에 대한 평판 때문에 나를 좌지우지할 수 없었다.

그러나 1959년에 들어서면서 사정이 달라졌다. 3·15선거가 1년 앞으로 다가왔기 때문이다. 자유당은 선거 대책에 총력을 기울였고 내각에도 압력을 넣기 시작했다. 자유당이 내각을 편성할 때 가장 염두에 두었던 인물은 나와 김현철 재무부 장관이었다. 특히 자유당은 경찰력을 담당하는 내무부 장관 교체에 필사적이었다. 자유당과 나는 전혀 왕래가 없는 형편이어서 서로

답답해하는 관계가 계속되고 있었다. 사임을 결심할 수밖에 없었다. 사임 대신 자유당과의 타협을 고려해 볼 수도 있었다. 하지만 정치에 미련도 없고 정치성도 없었다. 대통령만 믿고 모든 일을 올바르게 했으나 이 시기에는 적절하지 않은 것이었다. 나 같은 사람은 정치하는 사람과 통하지 않았다.

2월 초의 어느 날, 경무대에 들어가 이 대통령과 독대하여 "각하, 저를 그만두게 해주십시오" 하고 말했다. 이 대통령은 그 이유를 물었다. 사실대로 말했다. "자유당에서 저를 좋아하지 않습니다." 그러자 이 대통령은 단호하게 거절했다. "자유당이 잘못했고 자네는 잘했어. 그만둔다고 해서는 안 돼." 나는 쫓겨나듯이 자리를 일어서야 했다.

'자유당이 잘못했고 자네는 잘했어'라는 말은 지난 경북 영일 을구 부정선거 처리를 염두에 둔 말이었다. 자유당은 이 사건을 계기로 '김 내무는 평상시 장관으로서는 할 수 있지만 비상시에는 안 된다'라는 말을 공공연히 했었다. 그들의 말에 반감을 갖지 않았다. 사실 맞는 말이었다. 내가 무엇을 갖고 무엇을 갖지 못했는지 잘 알고 있었기에 이 대통령의 단호한 거절에도 사임의 뜻은 더욱 굳어졌다.

며칠 후 다시 경무대에 들어갔다. 그리고 이 대통령에게 사임을 요청했으나 이 대통령은 이번에도 "안 돼"라고 짧게 거절했다. 되돌아 나와야 했다. 그리고 며칠 후 다시 들어가서 애원했다. 그제야 이 대통령은 "그럼 가서 기다려" 하고 말했다. 이 대통령의 정치적 입장을 고려해 봤을 때 정치성이 없는, 더구나 자유당과 반목 관계에 있는 나를 끝까지 가까이 두려 했던 이 대통령의 뜻은 참으로 놀라운 것이었다.

나를 교체하려고 했던 것은 이기붕 씨였다. 이 대통령의 입장에서 자유당의 뜻을 여러 차례 거절한다는 것은 결코 쉬운 일이 아니었을 것이다. 이승만 대통령은 나를 내무부 장관직에서 면직시켰다. 면직 전 이 대통령은 나를 경무대로 불러 "자네 말을 들어주겠네. 대신 교통부에 가서 석탄을 수송해 줘. 석탄공사 파견단장을 하면서 애를 많이 썼고 영암선 건설■도 자네가 제일 먼저 했으니, 교통부에 가서 일해 봐. 석탄을 비롯한 중요 물자 수송에 한번 힘써 줘"라고 당부했다.

정치적인 이유로 사임시키기는 하지만 끝까지 나를 곁에 두려 했던 것이다. 그간 대통령이 얼마나 심려하였는지 알 수 있었고, 사랑해 주셨던 마음 일생을 두고 감사한 일이다. 그 은혜를 무엇으로 보답할 것인지 두고두고 생각해 왔다.

1959년 3월 19일 대대적인 개각이 발표됐다. 나는 내무부 장관에서 교통부 장관으로 자리를 옮겼다. 최인규 씨가 교통부 장관에서 내무부 장관으로 임명되었고, 김현철 장관은 재무부 장

■ 경북 영주와 강원 철암 사이 86.4킬로미터의 철도로 1955년 12월 31일 개통되었다. 이후 철암선(철암-묵호, 60.5킬로미터), 영암선, 동해북부선(묵호-강릉, 44.6킬로미터)을 통합하여 1963년 5월 17일 영동선으로 변경되었다.

관에서 물러났다. 그리고 재무부 장관에는 부흥부 장관이던 송인상 씨가 자리를 옮겼다. 그리고 부흥부 차관이던 신현확 씨가 부흥부 장관으로 임명되었다. 이로써 자유당은 3·15선거의 체제를 갖추게 되었다. 7개월 만에 내무부 장관직을 떠나 교통부 장관으로 세 번째 장관직을 수행하게 되었다.

교통부 장관으로 재임한 기간은 1959년 3월 20일부터 1960년 4월 28일까지다. 시정 방침은 역시 현장제일주의였다. 교통안전에 대해 특별한 주의를 기울였고 현장 직원의 사기 고양, 시설의 보강, 승객 만족을 최우선으로 하였다. 현장제일주의를 실현하는 방침은 '지시 5퍼센트, 확인 95퍼센트'였다. 교통부의 정책이 대체로 현장과 직결되므로 이를 무수히 강조했었다.

장관에 취임하고 업무를 추진하기 위해서는 인사관리가 최우선 과제였다. 차관에는 송원영宋元英 씨가 유임되었다(1958.9 ~ 1960.5 역임). 그는 끝까지 나와 함께했다. 일본 와세다 대학 법학부 출신이었고, 1937년 교통국 서무과를 시작으로 탑리역, 단양역 역장을 지냈으며, 안동, 대전, 순천, 서울 철도국장 그리고 본부 철도국장을 지냈다. 총무과장에는 홍 모 씨를 지명하였다. 국방대학원을 졸업한 군 출신으로는 교통부에서 유일했다. 본부처와 지방 국장 이하 전원은 유임 근무를 시켰다. 비서관 한 명과 운전기사 한 명은 전에 있던 사람들을 유임시켰다. 내 사람이라고 특혜하지 않고 가는 곳마다 그곳의 인재를 발탁하기 위해서였다. 비서나 총무과나 오직 사무실의 공적인 업무에만 전념하게 했다.

교통부에서 인사관리를 단행하면서 가장 힘들었던 것은 직원 신규 청탁을 근절하는 것이었다. 인사 청탁과 특채가 횡행하는 시절이었다. 특히나 교통부처럼 현장이 중심이 된 부처는 그 정도가 더 심했다. 정치권의 영향도 적지 않았다. 국회의원이 자기 선거구민을 우선 채용하도록 압력을 넣거나 인사 청탁을 많이 했다. 자기들의 표밭을 일구기 위한 수단이었다. 이러한 폐단을 극복하기 위해 단호한 방침을 세웠다. 전국 국장 및 간부회의를 소집하여 두 가지 원칙을 확고히 했다.

첫째, 내부 인사 청탁을 근절하기로 했다. 윗선에서 청탁을 받아 아랫선으로 압력을 넣는 행위를 금지시킨 것이다. 둘째, 신규 채용 또는 보충 인사는 군 복무를 다하고 복직하려는 사람과 교통부 소관의 철도고등학교와 항공대학교를 졸업한 사람을 우선적으로 채용하도록 했다. 졸업자 명단을 책상에 비치해 두고, 국회의원을 비롯한 외부에서 청탁이 들어오더라도 자격 여부를 분명히 확인했다. 지방국의 고시 합격자 직원을 발탁하여 본국에 승격 보직시키는 등 교통부 인사에 새바람을 일으켰다. 지금으로 말하면 인사 개혁을 단행한 것이다. 하지만 절대 무리하게 인사행정을 처리하지 않았다. 새로운 제도에 순응하지 못하는 사람들에게 자기를 다스릴 시간적 여유를 주었다.

본부에는 기획위원회를 신설하고 국·과장급 중에서 보직 없는 사람들을 위원회에 소속시켜 경쟁 속에 고군분투하여 업무능력 향상에 이바지하는 제도를 두었다. 신상필벌을 강화했으며, '책임은 나에게, 상은 부하에게, 공은 상사에게'라는 나의 소신을 모두가 공유하도록 했다.

인사 체계가 안정된 후 관심을 기울인 것은 차관과의 업무 분담이었다. 교통부 장관에 취임하면서 모든 일을 나 자신이 단독으로 결정하지 않고 차관과 협의하여 정한 것은 오랫동안 교통부에서 경험을 쌓은 차관의 이력을 존중했기 때문이다. 송원영 차관이 나이가 한 살 많았기 때문에 공사를 막론하고 그저 송 차관이라고 부르지 않고 차관님이라고 존대를 했다. 현행 업무는 차관이 총괄토록 했고, 나는 신규 사업에 매진하기로 했다. 물론 그 모든 책임은 장관인 내가 지는 것이다.

교통부 장관 시절에 새로운 사업으로 추진한 것은 항공과航空課 관광 개발이었다. 수송에 대해서는 군과 상공부에서 행정을 배운 바 있어 그리 어렵지 않았다. 항공 업무에 관해서는 먼저 시설국에 소속되어 있는 항공과를 강화하는 것이 중요했다. 이를 위해 공항통신소 소장이었던 김완수金完洙 씨를 항공과장으로 임명하고 안건을 본부국장회의에 상정하여 과장임에도 국장처럼 승용차를 내주도록 했다. 그는 공군 소령 출신이었다.

항공 부문에서 추진한 업무는 김포국제공항 종합청사 착공 및 준공, 한국 공중관할권을 보유하기 위한 비행정보구역FIR 책정, 미5공군으로부터 한국공성韓國空城 대공관제경보시스템 인수, 5개 비행장의 군 항공기지 이용에 관한 협정 체결, 대구 동촌비행장의 민항 전환 등이다.

관광 업무의 강화를 위해서 제일 먼저 필요했던 것 역시 관광과의 승격이었다. 육운국 소속이었던 김세은金世殷 과장을 신임 관광과장으로 임명했고, 김완수 과장에게 그랬던 것처럼 본부 국장회의에 참석시키고 관용차를 이용할 수 있도록 했다. 훗날 김완수 과장은 국장과 실장을 거쳐 철도청 차장까지 승진하였고, 김세은 과장은 국장을 거쳐 서울 부시장까지 승진했다.

관광업 진흥을 위해 관광호텔 건설사업을 강력하게 추진했었다. 이 대통령은 평소에 외화 절약과 외화 획득을 강조해 왔다. 제주도 서귀포호텔과 설악산호텔, 무등산호텔 등 호텔 신축공사가 그해 5월 20일 일제히 착수된 것도 그런 까닭이다. 1959년 10월 5일 설악산 관광호텔과 화진포호텔을 인수하여 운영하였고, 1959년 11월 1일에는 철도호텔을 관광호텔로 개칭했으며, 1960년 1월 31일에는 대구호텔을 개관했다.

철도 부문에서는 객차 정비, 전시 피해 역사 완전 복구, 수송 설비의 확충을 통한 수송량 증대, 철도 신설 등의 업무를 추진했다. 공공 도로 부문에서는 자동차 사업의 신규면허 억제, 자동차의 디젤엔진 전환책 추진, 공로公路운송법, 공로운송차

량법 제정을 추진했다. 앞서 설명한 대로, 항공 부문에서는 기존 항공시설을 확충하고 정비하였으며, 항공관제국을 인수하였다. 또 관광위원회 등을 활성화하여 제반시책 연구를 강화하고 관광호텔을 확충하고자 노력했다.

광복 14주년을 기념하여 새로이 단장한 서울역 역사驛舍 야경.
전력이 부족했던 때로서는 매우 이례적으로 네온사인을 설치해 경축하였다.
1959.8.15.

현장제일주의

철도 창설 제60주년을 기념하여 발행한 우표.

1959.9.18.

강원도 인제군 북면 용대리와 고성군 토성면 원암리 사이에 있는
미시령 개통식에 참석하여.
1959.11.28.

기아산업주식회사 김철호 사장 및 직원들과 함께.

그때만 해도 지금과는 달리 철도 위주의 교통 체계였다. 철도는 6·25전쟁 때부터 나와는 인연이 깊다. 함께 일했던 송원영 차관도 이 당시 사건 분이었다. 그런가 하면 1954년 1월 30일 오산 건널목 사건이 일어났었다. 서울발 부산행 열차가 군부대 화물차와 충돌하여 140여 명의 사상자를 낸 큰 사건이었다. 이로 인해 교통부 운송국장 등 7, 8명이 구속당하는 등 야단이 났었다. 이 사건을 순조롭게 처리하기 위해 당시 육군본부 관리부장이던 나는 법무장관을 비롯한 고위 관료와 군 관계자들을 찾아다니며 고생을 했다.

육군본부 관리부장 시절인 1954년 12월 27일, 대통령의 지시로 특명을 받아 석탄 개발과 운송의 책임을 맡은 적이 있다. 당시 육군공병대를 지휘하여 봉화에서 태백 철암까지의 영암선 철도 일부를 건설했던 전력도 있었다.

현장제일주의에 따라 기관사와 역무원을 비롯한 많은 현장인들에 대해 인사관리, 복지 차원에서 사기를 진작할 수 있도록 최선을 다했다. 철도연맹과의 관계 개선에도 힘을 쏟았다. 노사와의 관계가 원활하게 이루어지지 않으면 업무 관리도 제대로 이루어질 수 없다고 판단했기 때문이다. 어려운 상황이었지만 하의상달下意上達의 체계 정립을 위해 노력했다.

철도연맹은 1947년 1월 18일 운수연맹 창립대회를 시작으로 발족한 단체였다. 가장 큰 노동단체였고 광복 이후에는 반공단체의 성격을 띠기도 했다. 교통부로 부임해 올 당시 노조위원장은 김주홍金周洪 씨였다. 그는 충북 출신으로 당시 45세였던 나보다 3, 4년 연하였다. 기관사 출신으로 참으로 충실한 사람이었다. 교통부에서는 인화人和로 제일가는 분이었다. 그분과 함께 재임 기간 중 참으로 재미있게 새 역사를 이룩했다.

나와 김주홍 위원장은 다소 입장 차가 있음에도 불구하고 대단히 막역한 사이였다. 지방에 출장을 갈 때는 국·과장이나 비서를 대동하지 않고 다닐지라도 김 위원장만은 반드시 대동하고 다녔다. 직원을 대동하면 나는 편리할지 모르나 산하부처, 특히 노조 측에 진의를 얻기가 힘들기 때문이었다. 하의상달이 안 되는 것이다. 높은 관료들이 현장에 나갔을 경우 현장에서 일하는 직원들의 정서적인 반감과 또 지나친 예우로 인해 현장의 목소리를 듣지 못할까 걱정했다. 나 자신은 불편하더라도 나보다 오히려 현장 사람들과 친분과 신뢰가 두터운 김 위원장과 함께했던 것이다.

나는 그에게 "나는 관선 장관이고, 김 위원장은 민선 장관이요"라고 말하곤 했다. 그리고 항상 협의하며 둘이 함께 책임을 지기로 약속했다. 이것은 책임을 미루겠다는 것이 아니라 오히려 책임만큼 그 권한을 용인해 주겠다는 것으로 그 당시의 시대적 정황을 고려해 보았을 때 대단히 파격적인 사고방식이었다. 노동조합을 반정부적인 단체로 인식하기보다는 오히려 함께 가야 하는 단체, 그리고 정부에 종속되어 있는 단체라기보다는 그 권한이 대등한 단체로 인식하며 행동했던 것이다. 이것이 유일한 나의 처세술이다. 그간 상공부, 내무부에서도 그렇게 했다. 나는 현장을 중시했다. 노조위원장을 대동하고 수없이 지방 시찰 출장에 나선 것도 현장을 살피기 위해서였다.

1959년 4월경이었다. 취임 후 첫 지방 시찰로 노조위원장과 함께 목포에 갔다. 목포는 호남선 하행 열차의 종착역이었다. 의례적으로 하는 사전 예고도 없이 시찰에 들어갔는데, 이는 평소 그대로의 현장을 지켜보기 위해서였다. 순천철도국장, 목포역장, 그 외의 기관장들이 영접을 나왔다. 그들에게 다음 날 아침 시청에서 회의를 열자고 말하고 오늘 저녁에는 승무원 숙사에서 자겠다고 했다. 이 역시 사전 예고 없는 기습 결정이었다.

승무원 숙사는 서울과 목포를 왕복하는 열차의 승무원들이 합숙하는 곳이다. 장관의 신분으로 그곳에서 자겠다고 하니 호텔을 예약해 두었던 목포의 관계자들은 무척 당황스러워했다. 하지만 현장을 중시하는 나에게는 너무도 당연한 조치였다. 먼저 숙사에서 저녁 식사를 했다. 그리고 숙사의 목욕탕으로 갔다. 그런데 목욕탕은 있으나 그것을 이용한 흔적이 없었다. 목욕탕을 형식적으로 만들어 놓고 사용은 하지 않은 것이다.

당장 관계자들을 불러 야단을 치고 목욕탕을 수리해서 그날 밤에 기어이 목욕을 했다. 이를 계기로 전국의 승무원 숙사의 목욕 시설을 완비할 것을 지시하는 한편, 그 외의 시설도 철저히 점검할 것을 시달했다. 승무원이 안락한 휴식을 취하게 하고 그들의 복지시설에 만전을 기하면 기할수록 그만큼 일의 능률이 오르고 열차 사고 등도 미연에 방지할 수 있으리라고 생각했다.

어느 날 중앙선에 있는 죽령역과 제천역에서 근무하는 산골 역장 집에서 하룻밤을 묵었다. 시골 역장들의 생활상을 깊숙이 체험하기 위해서였다. 그곳에 묵으면서 그들을 위로하는 한편 실정을 살폈다. 하루는 가난한 직원들을 돕고자 조회 시간에 "가정 형편이 어려운 사람은 손을 들어 보라"고 했다. 아무도 손을 드는 사람이 없었다. 결국 나는 각국 관리과를 통해 직원을 조사케 하였으며 가정 형편이 어려운 직원에게는 광목廣木 한 필씩을 집으로 보내 주었다.

그리고 기관사의 처우가 제대로 되어 있지 않다는 사실을 발견했다. 기관사는 승객의 안전에 절대적으로 중요하므로 그 어떤 문제보다도 시급했다. 나는 기관사들의 처우 개선에 무엇보다도 큰 노력을 했다. 기관사의 복장부터 개선시켰다. 역장은 금테를 두른 모자를 쓰고 있는 데 비해 기관사의 복장은 초라하기 짝이 없었다. 기관사의 제모(정모와 작업모)에 금테를 두르게 하는 등 격식 있는 복장을 갖추어 주었다. 현재도 기관사의 제모에는 금테가 부착되어 있는데, 이것은 나로부터 비롯된 것이다. 또한 그들이 근무 교대할 때에 사용하는 시계가 몇 개밖에 없는 것을 알고 전원에게 국제 규격의 기관사 착용 시계를 지급하기도 했다.

철도 부문의 발전을 위해서 노력했던 것 중의 또 다른 하나는 현장 종사자들의 보건 향상이었다. 현장 종사자가 완벽한 근무를 하기 위해서는 그 한 개인만 보살필 것이 아니라 그의 가족까지도 보살펴야 한다고 생각했다. 그래서 사택과 철도병원을 지원했다. 훗날 이 사택과 병원은 사라졌는데, 나는 이를 잘못된 정책이라고 생각한다. 철도병원은 6·25전쟁으로 파괴당한 후 내가 장관으로 부임해 올 때까지 복구되지 못했다. 철도 적자 운영이 그 원인이었다. 이에 경리국장에게 열차 사고 보수금 예산의 3분의 1을 병원 보수비로 전용할 것을 지시했다. '병원을 잘해 놓으면 모든 직원이나 가족들의 보건이 안전할 것이고,

그리되면 철도 사고는 비례적으로 감소될 것'이라는 판단에서였다. 철도병원과 관련하여 다음과 같은 사항들을 준수할 것을 명했다. 첫째, 원장 이하 의사들은 근무 시간을 엄수할 것, 둘째, 원무를 맡는 총무과장을 사무관 중에서 배치한 후 과장으로 승급시킬 것, 셋째, 관사(사택)를 월 1회 방문하여 철도원 가족들의 보건에 충실할 것, 넷째, 원장 이하 의사 전원을 공무원으로 채용하여 보급품을 지급할 것, 다섯째, 간호원의 양식糧食과 옷감에 원조할 것, 여섯째, 현장 종사자, 기관사, 보조원, 역원 등을 병원에서 최우선으로 대우할 것 등이다. 당시로서는 과감한 행정 정책이었다. 이것은 중앙 정부와도 다소 마찰이 있었으나 소신으로 단행했다.

교통부 장관으로서 교통과 관련된 교육과 연수에도 남다른 노력을 기울였다. 교통부에는 직원을 훈련시키는 연수원은 물론 항공대학교, 철도고등학교, 직원훈련원 등이 설치되어 있었다. 먼저 교육기관들을 부흥시키기 위해 항공대학교와 철도고등학교의 졸업생들을 우선적으로 채용했으며 특히 철도고등학교 졸업생은 전원 채용했다. 그리고 연수원에 대해서는 직원 재교육 훈련에 중점을 두고 내가 직접 감독했다.

하루는 업무 시찰을 하던 중 문이 없는 화물차가 수시로 본판을 문 대용으로 탈부착하는 것을 발견했다. 그 사정을 알아보니 6·25전쟁으로 파괴된 후 정비를 하지 못했다는 것이었다. 즉시 단시일 내에 수리를 완료하도록 지시했다. 이행 여부를 직접 확인하기 위해 한강대교에서 건너편 한강철교로 운행하는 화물열차를 망원경으로 살펴보고 불량 화차를 단속하기도 했다.

기관차와 관련된 기술 개발에도 관심을 가지고 있었다. 그 결과 내가 재임하는 동안 국산 화차가 철도공작청에서 소량이지만 처음 출시되기도 했다. 디젤기관차가 도입되기 시작한 것도 이즈음이었다. 그런데 이 디젤기관차의 도입으로 일부 사업이 폐쇄되고 승무원을 감원해야 하는 상황이 발생하기도 했다. 당시 부하들을 감원시키는 고뇌란 참으로 형언하기 어려웠다. 그들이 다른 분야에서 일할 수 있도록 재교육을 주선하기도 했다.

그리고 통일호보다 더 빠른 열차가 등장하기도 했다. 바로 무궁화호였다. 무궁화호 명명식이 행해진 것은 1960년 2월 1일이다. 무궁화호는 서울-부산을 6시간 40분에 운행하는, 당시로서는 가장 빠른 열차였다. 서울-부산 간 무궁화호 노선 신설로 인해 배상갑裵上甲 부산시장에게 감사장을 받았다. 기차가 발전하면서 당연히 역도 늘어났다. 대전역과 천안역 준공도 이때 이뤄졌다. 순천, 군산, 인천, 안동, 김천 역사가 기공되기도 했다.

재임 기간 동안 디젤기관차가 도입되는 등 철도 기술이 발전하고 철도 운행이 주야간 잘 이뤄졌지만, 이와 동시에 해고가 이뤄지고 또 철도역 주변 주민들의 불만도 많아졌다. 철도역 주변의 아이들은 무궁화호 주간 열차에 돌을 던지기도 했다. 당시에는 먹고 살기도 힘이 들었고, 그래서 기차를 타고 다니는 것이 미웠던 것이다. 정부 수립시에는 철도애호단愛護團이 결성되기도 했지만 별 성과가 없었다. 그래서 국산품 장려와 철도역 주변 주민들의 불만 해소 등을 위해 대민 홍보를 실시했다. 일명 '철도애호계몽운동'이었다.

대민 홍보에는 유개화물차(지붕 있는 차) 2량을 개조하여 사용했는데 한 량에는 국산품을 전시했고, 또 한 량은 공연을 할 수 있게 했다. 공연은 만담과 쇼였다. 서울역에서 한 정거장 떨어진 역에서 역 주변 주민들을 모아 놓고 공연과 잔치를 베풀었다. 철도 직원으로는 행사 진행이 되지 않아 서울역 광장에서 약장사처럼 거리 공연을 하는 젊은이를 채용하여 이 일을 맡겼다. 행사는 대성공을 거두었고, 1960년 3월 12일에 끝이 났는데 당시 170여 개 역에서 212만 1,614명이 참여했다.

어려움도 많았다. 그중의 하나가 서울역 압사 사고다. 1960년 1월 26일은 음력으로 12월 28일이었다. 이날은 음력 설을 지내러 귀성길에 오르는 승객이 많았다. 역 전체가 혼란스러웠다. 그날 오후 10시 55분 서울발 목포행 열차 개찰 시 제3홈 2층 계단에서 인파에 떠밀려 31명이 압사하고 38명이 중경상을 입는 사고가 발생했다. 내 일생 가장 비통한 사건이었다. 나는 책임을 져야 한다고 생각했다. 곧장 경무대에 들어가 사표를 냈고, 일주일 동안 출근을 하지 않았다. 그 대신 밤을 새워 병원으로 문병을 다녔고 사후 수습에 안간힘을 썼다. 당시 교통부 수위장이었던 정기준鄭基俊 씨에게 나는 "할아버지, 제가 인덕이 없어 이런 사고를 냈습니다"라고 말했다. 그로 인해 송구스럽게도 나는 유족들로부터 감사장을 받았다. 사상자 처리를 위해 합동장례식 위원장의 직분을 맡아 사건 발생 일주일 후 교통부 청사에서 합동장례식을 치루었다.

유적을 살피기 위해 이 대통령을 모시고 설악산 신흥사를 방문하여.
교통부 장관 시절 어느 때보다 이 대통령을 수행할 기회가 많아 에피소드도 많다.
1959.9.

'경기물사행공卿其勿辭行公'

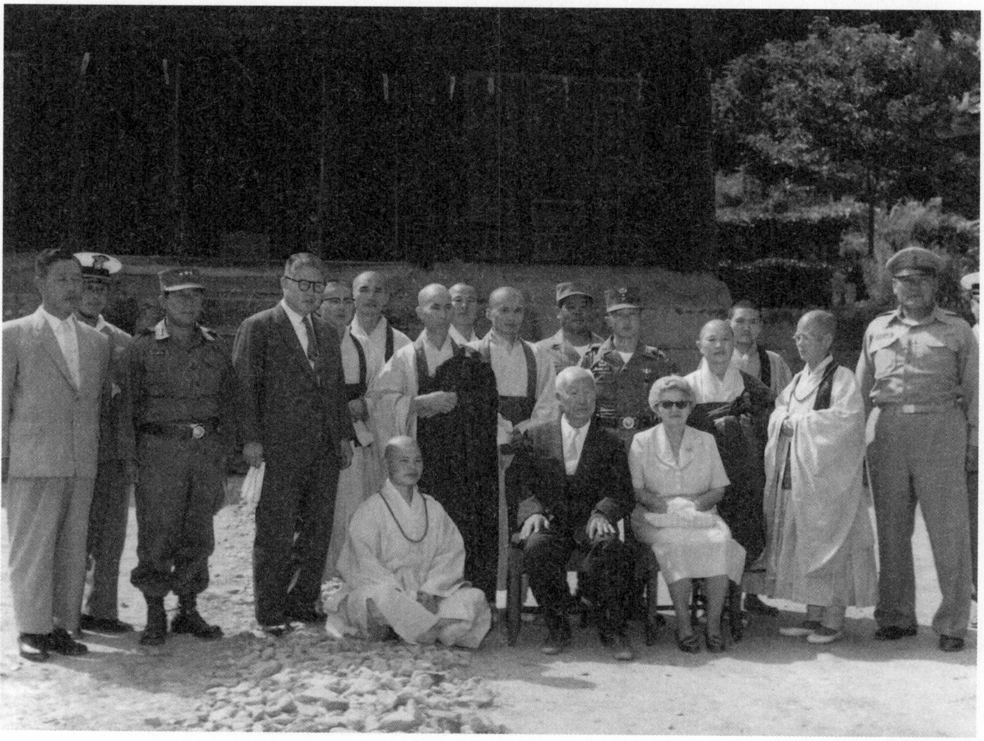

관광자원 개발차 설악산 장수대를 방문하여.
1959.9.

관광 사업의 일환인 대관령스키장 현장에서 공사 진행 현황을
이승만 대통령에게 보고하며.
1959.9.

김활란 박사와 함께 경주 불국사에서.
1959.

김포국제공항 종합청사 건설 현장을 이승만 대통령 내외와 시찰하는 모습.
1959.

대관령스키장 내 교통부스키산장 앞에서.
1960.1.7.

김포국제공항 종합청사 외관.
1960.2.17.

지방 순시차 탑승한 대통령 전용 열차편에서 대통령 연설을 마치고서.
1960.3.5.

어려울 때마다 큰 힘이 되어 준 사람은 바로 이 대통령이었다. 이 대통령은 제출한 사직서를 받아들이지 않았다. 문책하는 대신 유임을 선택했던 것이다. 사표를 반려하면서 그 사표에다가 '경기물사행공'(卿其勿辭行公, '경은 그 공무집행을 사양치 마시오')이라 썼다.

교통부 장관 시절, 어느 때보다 이 대통령을 수행할 기회가 많았다. 다른 장관 시절보다 이 대통령과 관련한 에피소드를 많이 남긴 것도 그러한 까닭이다. 이 대통령은 아이디어 제공자였고, 연출자였으며, 감독자였고, 지지자였다.

김포공항을 국제공항으로 승격시키고 그 종합청사를 새로 신축할 당시의 일이다. 한국 정부는 김포공항을 국제공항으로 승격시키고 민간으로 이양할 것을 주장하고 있었다. 산업 발전을 위해서였다. 하지만 미국은 생각이 달랐다. 시설 관리를 자신들이 주관해야 하며 민간 이양에 대해서는 시기상조라고 판단하고 있었다. 군사적인 측면에서 접근하고 있었기 때문이다.

당연히 한미 간에 논란이 분분할 수밖에 없었다. 이 대통령은 어떻게 해서든지 우리가 시설 관리의 주축이 될 수 있도록 주장을 관철시키라고 지시했다. 1959년 10월 김포공항 현지에서 한미고위회담이 열렸다. 이 자리에는 이 대통령을 비롯 C.B. 매그루더(Magruder, 1900~1988) 유엔군 사령관, 그리고 상공부 장관과 내가 참석했다. 매그루더 유엔군 사령관은 김포공항을 국제공항으로 승격시키고 종합청사를 짓는 것은 좋으나 항공통제탑만은 한국 측에 넘길 수 없다고 강력히 주장했다. 이 문제로 나는 매그루더 사령관과 언성을 높이며 격렬한 말다툼을 벌였다. 매그루더 사령관의 말대로 항공통제탑을 유엔군 측에서 계속 관리할 경우, 민간국제공항으로 운영될 수 없을 뿐 아니라 그 기능을 제대로 발휘하기 어렵다고 말했다. 내가 언성을 높이며 말한 것은 다른 이유가 있었다.

회담 전 이 대통령은 나를 불러 "양보하지 말고 철저히 싸우라"고 특별히 지시했다. 때문에 나는 언성을 높이는 등 오버액션을 취했던 것이다. '사전 각본에 의해 행해진 언쟁'이 약간 지나쳤던 모양이었다. 주위에서 보기엔 정말로 원수끼리 싸우는 것처럼 오해를 했던 것이다. 회담이 타결을 본 후 경무대에 들렀더니 이 대통령은 "너무 지나치게 싸웠다"고 오히려 가볍게 나무라는 것이었다. '싸우라'는 지시에 의해 싸운 것이 주위에서 보기에는 다소 민망할 정도였으니 내 연기는 그만하면 훌륭했던 것 같았다.

결국 항공통제탑을 우리가 맡기로 결정되었다. 1960년 2월 17일에는 김포공항 종합청사를 개관했다. 요즘도 김포공항을 드나들 때마다 이때의 일이 생각난다. 그리고 마치 내 집에 온 것처럼 편안한 느낌이 든다. 어려운 일이 결실을 본 후 그것을 돌이켜 생각해 보는 것은 공무원이 느끼는 보람인지도 모른다.

대관령스키장 시설 확장 건설도 이 대통령과 함께했다. 대관령스키장에 최신 숙박시설을 건설하는 아이디어를 제공한 것은 이 대통령이었다. 관광산업으로 외화를 획득하려는 목적이었다. 한국의 관광산업은 개척의 단계를 벗어나지 못하고 있었다. 필요한 자금도 충분치 않았고 시설도 보잘것이 없었다. 특히 추운 겨울철에는 관광객을 찾아보기 힘들었다. 따라서 대관령스키장의 시설을 확장하고 최신 숙박시설을 건설할 경우 겨울철 관광객을 유치할 수 있음은 물론, 외화 획득도 가능하다고 판단한 것이다. 하지만 가난한 정부는 예산이 없었다.

고심 끝에 교통부에서 운영하는 반도호텔로 하여금 관광호텔의 숙박시설 개발을 추진케 했다. 공사 감독은 교통부에서 담당했다. 당시로서는 많은 돈이 투자되었다. 1960년 2월 대관령스키장에 반도호텔 분관이 완성되었다. 이제 남은 일은 하나, 눈이 오기를 기다리는 것이었다. 이 대통령은 준공식에 직접 참석하여 대관령스키장에 관심과 기대를 걸었다. 매일 매일의 적설량을 보고하라는 특별 지시까지 내렸다. 눈을 기다리는 나의 심정은 이 대통령과 다를 바 없었다. 하지만 어찌된 일인지 그해따라 눈이 오지 않았다. 하늘이 흐리면 내 얼굴은 맑았고 하늘이 맑으면 내 얼굴은 흐렸다. 그러나 하늘은 항상 맑았고 그에 따라 내 얼굴엔 늘 구름이 끼었다.

이 대통령은 눈을 기다리다 못해 노발대발하기도 했다. "이봐, 이거 어떻게 된 거야?" 하지만 나로서도 어찌할 수 없는 문제였다. "죄송합니다. 그러나 이것만은 제 힘으로 어쩔 수 없습니다." 당시 일국의 대통령과 장관 사이에 '기상천외한 대화'가 오갔다. 두 사람은 눈을 애타게 기다렸던 것이다. 매일의 기대에도 불구하고 결국 그해에는 눈이 내리지 않았다.

이런 일도 있었다. 1959년 9월경 이 대통령을 수행하고 강원도 강릉 지방에 갔다. 경포대에서 함께 점심 식사를 했으며 경포대의 개발 계획을 논의했다. 이 대통령은 그 자리에서 경포대 개발에 관해 몇 가지 지시를 했다. 신사임당 사당도 둘러보았다. 그리고 곧장 강릉 시내에서 열리는 시민환영대회에 참석했다. 이 대통령은 연단에 서서 시국에 관한 강연을 했다. 그때 배석한 장관은 내무장관이던 최인규 씨와 나였다. 강연 도중 이 대통령은 갑자기 나를 연단으로 불러냈다. 연단 옆에 서자 강릉 시민들을 대상으로 이 대통령의 일장연설이 이어졌다.

"여러분, 이 사람을 아십니까? 이 사람이 교통부 장관인데, 몇 해 전 석탄공사 파견단장으로 석탄 캐는 데 많은 애를 썼고, 영암선을 처음 건설한 사람이기도 합니다. 여러분은 평소에 강릉 지방에 기차가 없어서 매우 불편했을 것입니다. 이 사람에게 부탁하면 이 지방에도 기차가 다닐 수 있습니다. 누구든 기차를 놓는 데 찬성하는 사람은 박수를 치시오." 장내에는 박수 소리가 울려 퍼졌다. 내 입장에서 이것은 정말 청천벽력이었다. 이 대통령의 즉흥적인 선심에 당사자인 나는 몹시 당황하지 않을 수 없었다. 다음 해 예산서는 이미 국회에 제출돼 있었던 것이다.

서울에 돌아온 후 이 대통령의 공약을 지키기 위해 분주하게 움직여야 했다. 부랴부랴 예산 확보를 서두르는 한편 국회에 제출된 예산서의 변경 작업을 진행시켰다. 그 결과 이듬해 2월 북평에서 강릉 간 동해 북부선 철도의 기공식을 갖게 되었다. 당시 기공식을 갖기까지 얼마나 애를 먹었는지 지금 생각해도 아찔할 정도다.

이 대통령은 많은 가르침을 주신 분이다. 특히 관광의 중요성과 그 방법에 관하여 여러 가지를 배웠다. 대관령 스키장이며 설악산 관광호텔, 제주도 개발 등이 모두 이 대통령의 지시로 이루어졌다. 그분의 가르침 덕분에 훗날 국제관광공사, 한국관광협회, 한진관광주식회사 사장 등을 역임할 수 있었다. 이 대통령은 전용 객차에서 숙박하며 지방 시찰을 하곤 했다. 모두 세 번이었다. 객차 1량을 개조하여 대통령 전용칸을 마련했다.

교통부 장관 시절 동고동락했던 사람은 이승만 대통령 외에 두 사람이 더 있다. 윤기 역장과 경리국장 이동희李東熙 씨다. 윤기 역장은 6·25전쟁 당시 육군 대령으로 대전역에서 근무할 때에 대전역장을 지냈다. 그에게 많은 도움을 받았다. 교통부 장관으로 취임하자마자 바로 그를 찾았다. 당시 부산역장으로 있던 그를 서울역장으로 발령 냈다. 그런데 서울역 구내 압사 사건으로 구속되었고, 재판에서 실형을 받았다. 그에게 미안한 마음을 금할 수 없었다. 윤기 역장은 도리어 나에게 교도소 가기를 잘했다고 했다. 이유인즉, 그곳에서 예수님을 영접하고 확실한 신자가 되어 행복하다는 것이었다. 그 후로 더욱 윤기 역장을 존경했고, 그가 세상을 떠날 때까지 주 안에서 한 가족처럼 사귀고 지냈다.

이동희 씨는 교통부의 경리국장이었다. 그와의 인연은 내가 국방부의 제3국장이던 시절까지 거슬러 올라간다. 당시 이동희 씨는 교통부의 경리계장이었다. 두 사람은 각 부처의 예산에 관한 모임에서 만났다. 국방부에서는 내가, 그리고 교통부에서는 이동희 씨가 대표로 참석했던 것이다. 회합이 잦았는데 두 사람 모두 경리 출신이어서 통하는 바가 많았다. 내가 교통부 장관으로 부임해 올 때 그는 경리국장이라는 요직에 앉아 있었다. 이 경리국장은 당시 열차 사고에 따르는 보상비를 신규 사업인 병원 복구비로 전환하는 것에 협조해 주었다. 나는 그를 서울 철도국장으로 임명했다. 그 후 그는 철도청 발족 시에 차장으로 승진했다.

교통부와의 인연으로 나는 1965년 국제관광공사 총재에 취임할 수 있었다. 1970년에는 우리나라에서는 처음으로 외국과 합작 호텔인 조선호텔을 아메리칸 에어라인과 각각 550만 달러씩 50대 50으로 출자하여 건설하고, 외국의 호텔매니지먼트를 도입했으며, 일본 만국박람회EXPO'70 개막에 따른 우리나라의 관광객유치대책위원장으로 관광업계가 망라된 대책기구를 만들기도 했다. 한국관광협회 회장과 교통부 출신 기독교 신자들의 친목 모임체인 교통선교회 고문으로도 활동했다.

1.

No.

目次 4.19와 收監

1. 國內情勢(年表)
2. 4.19 事件
3. 收監
4. 裁判
5. 收監生活
6. 母親喪
7. 假釋放 決定

交通新聞社

20×10

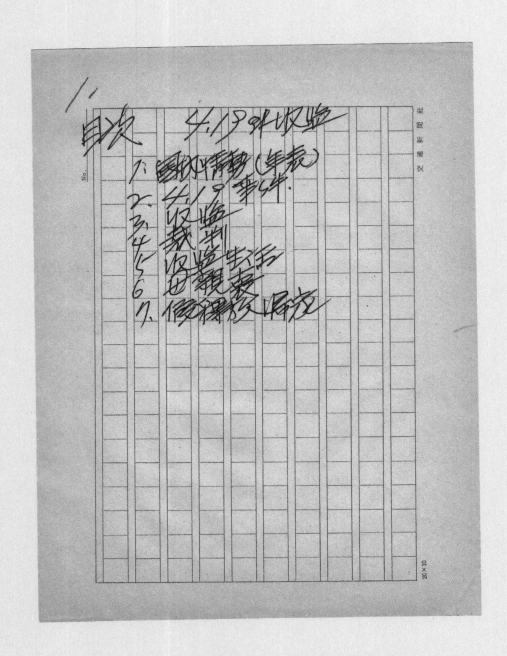

10장

4·19와 수감

교통부 간부 및 직원들과 함께. 4·19 닷새 전.

1960.4.14.

1960년 4월

교통부를 떠나게 된 것은 4·19 때문이다. 3·15 부정선거 이후 시국 혼란이 계속되었다. 각료들은 이를 수습하기 위해 정신이 없었다. 4·19 하루 전인 1960년 4월 18일 국무위원들은 중앙청 관사에서 합숙을 시작했다. 21일에는 전원 이 대통령에게 사표를 제출했다. 22일 야간회의에서는 이기붕 국회의장(제4대 민의원의장)을 사퇴시키기로 하고 사람을 보냈다. 그런데 23일 아침 장면 부통령이 먼저 사퇴를 했다. 얼마 후 이기붕 의장이 사퇴를 '고려'하고 있다는 방송이 나왔다. 각료들은 당황하여 서대문 이 의장 자택으로 연락을 하고 신문 기자들에게는 '고려'가 아니라 '사퇴'라고 정정을 부탁했다. 이 의장의 측근 중 한 사람이 '고려'라는 문구를 붙인 것이다. 이러한 상황에도 아부하는 자가 따르기 마련이다.

4월 24일 아침 이 의장은 모든 공직을 사퇴한다고 발표했다. 이틀 후인 26일 오전에 국무위원들은 김정렬金貞烈 국방장관을 경무대에 대표로 보냈다. 나는 개인적으로 경무대에 갔다. 그때 마침 이 대통령은 하야 방송 준비를 하고 있었다. 이 대통령의 옆 좌석에 앉아서 비통한 마음을 금치 못하고 한참 동안 울었다. 이것이 이 대통령을 마지막으로 본 것이다. 다음 날 27일 외무장관인 허정 씨가 대통령 권한대행으로 선출되었고 국무위원들은 해산하였다. 다시 하루가 지나 28일에는 이 대통령이 이화장梨花莊으로 옮겨 은퇴했다. 그날로 과도정권이 들어섰으며 3·15 부정선거는 무효가 되었다.

3·15 부정선거에 대한 '혁명재판' 광경.
검찰관의 질문에 답변하고자 일어선 모습.
1961.7.

재판과 수감

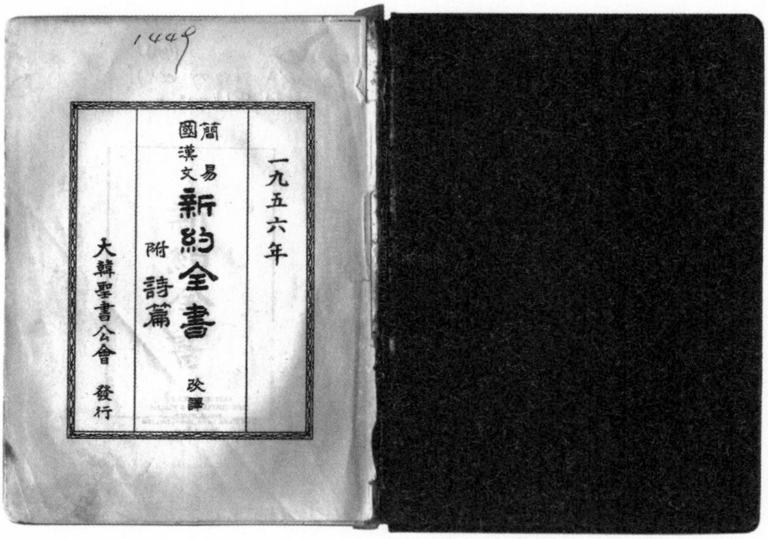

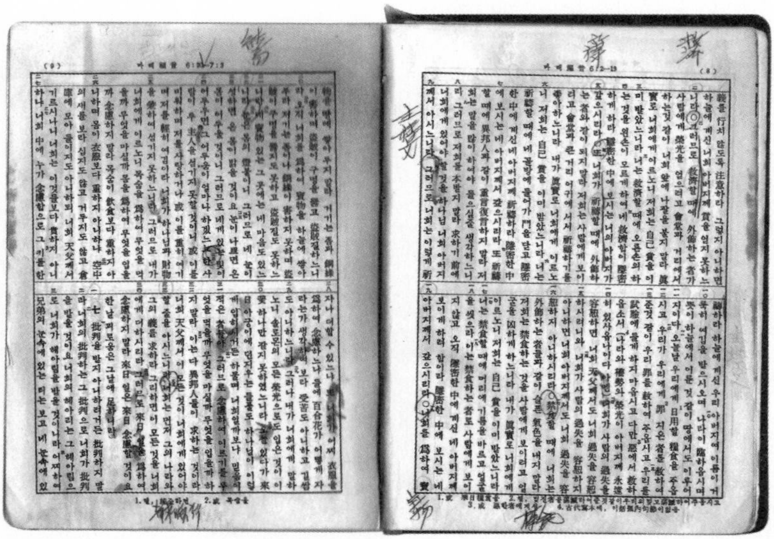

(위) 서대문교도소 수감 당시 늘 가까이 하던 신약전서. '1449'는 당시 나의 기결수 번호.
(아래) 수감 당시 읽던 신약전서의 마태복음 6장 부분. 필기구가 없어 당의정糖衣錠에 침을 묻혀 중요한 구절에 표시했다.

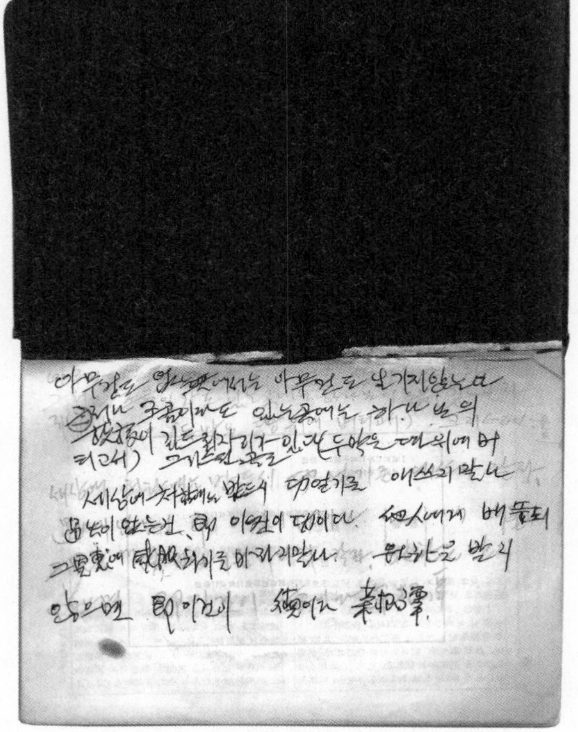

성경 여백에 쓴 글.
“아무것도 없는 곳에서는 아무것도 생기지 않는다. 그러나 조금이라도 있는 곳에는
하나님의 축복이 깃들일 자리가 있다. (두 발을 땅 위에 버티고서) 그리스도인으로
세상의 처함에는 반드시 공功 얻기를 애쓰지 말라. 과실過失이 없는 것 즉卽 이것이 공이다.
타인에게 베풀되 그 은혜에 감복하기를 바라지 말라.
원한을 받지 않으면 즉 이것이 덕德이다. 채근담菜根譚”

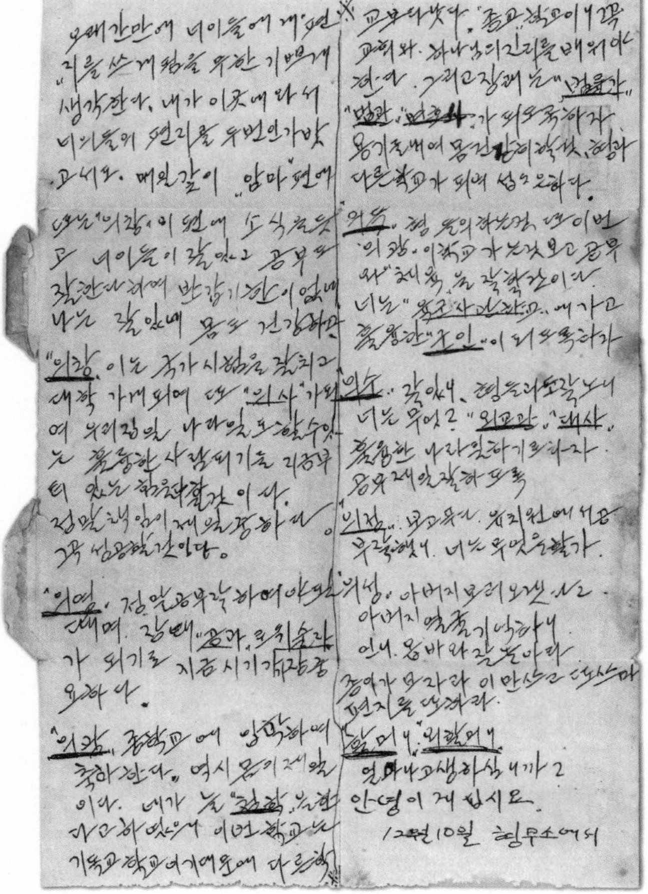

오래간만에 너희들에게 "편지"를 쓰게 됨을 무한 기쁘게 생각한다. 내가 이곳에 와서 너희들의 편지를 두번인가 받고서도. 매일같이 "엄마" 편에 또는 "의람"이 편에 소식 듣고 너희들이 잘 있고 공부도 잘한다 하여 반갑기 한이 없네 나는 잘 있네 몸도 건강하고

"의람" 이는 국가시험을 잘 치고 대학 가게 되여 또 "의사"가 되여 우리 집 일 나라 일도 할 수 있는 훌륭한 사람 되기를 지금부터 있는 힘을 다할 것이다. 정말 책임이 제일 중하다. 꼭 성공할 것이다.

"의열" 정말 공부 잘 하여야 되겠네. 장래 "공과" 로켓기술자가 되기로 지금 시기가 가장 중요하다.

"의강" 중학교에 입학하여 축하한다. 역시 몸이 제일이다. 내가 늘 "철학"을 한다고 하였으니 이번 학교는 기독교 학교여서 이에 다른 학교보다 낫다. "종교 학교"이니 꼭 교회와 하나님의 진리를 배워야 한다. 그리고 장래는 "법률가" "법관" "변호사"가 되도록 하자. 용기를 내여 몸 건강히 학창, 형과 다른 학교가 되여 섭섭은 하다.

"의동" 형 누의 하는 걸 또 이번 "의람"이 학교 가는 것 보고 공부와 "체육"은 잘 할 것이다. 너는 "농조사과 학교"에 가고 훌륭한 "주인"이 되도록 하자.

"의준" 잘 있니. 형들과 또 잘 노니 너는 무엇? "외교관" "대사" 훌륭한 나라일 하기로 하자. 공부 제일 잘하도록

"의창" 보고 묻다. 유치원에서 공부 잘했니. 너는 무엇을 할가.

"의성" 아버지 보러 오겠니? 아버지 얼굴 기억하니. 언니. 옹바라 잘 놀아라.

종이가 모자라 이만 쓰고 또 쓰마 편지를 보내라.

"할머니" "외할머니" 얼마나 고생하십니까 안녕히 계십시요.

12월 10일 형무소에서

형무소에서 가족에게 보낸 편지.
"오래간만에 너희들에게 편지를 쓰게 됨을 무한 기쁘게 생각한다.
……나는 잘 있네. 몸도 건강하고."
1961.12.10.

과도정부는 국무위원 전원을 구속했다. 1960년 5월 20일에는 나와 김성천金聖天 공보처장, 임흥순任興淳 서울특별시장 등이 구속됐다. 5월 29일 이승만 전 대통령이 하와이로 피신했으며, 5월 30일에는 최재유崔在裕 문교부 장관, 이근직 농림부 장관, 손창환孫昌煥 보사부 장관, 신현확 부흥부 장관, 구용서 상공부 장관, 김영환金永煥 산업은행 총재, 조인구趙寅九 치안국장 등 대부분의 장관이 구속되었다. 김정렬 국방부 장관만이 제외되었는데, 그것은 각군 참모총장의 수뇌인 국방부 장관을 구속하면 군과 국방에 심대한 악영향을 미칠 것으로 판단했기 때문이다. 혹자들은 김 국방장관이 대통령에게 하야를 권했다는 이유로, 그리고 야당과 협조했다는 이유로 구속을 면한 것으로 오인하기도 했다. 이는 크게 잘못된 것이다.

구속된 후 1960년 5월부터 검사 취조, 법원 재판 등이 이어졌다. 국무위원뿐만 아니라 자유당 소속 국회의원, 시장, 도지사,

경찰 등이 포함되었다. 취조와 재판은 민주당 정권과 군사혁명 위원이 맡았다. 당시는 적용법이 없었기 때문에 민주당 정부와 국회에서 소급법을 만들고 5·16 군사정권에서 또 다른 법들을 만들어 이를 처리했다. 죄목은 다들 부정선거 재판으로 되어 있으나 몇몇 장관들은 그 직책에 따라 금전 관계가 있었다. 나는 교통부 공사비에서 업자들로부터 얼마씩 받은 것이 1억 2,600만 환(선거 전 당정협의회에서 결정)이 있어 이것이 법적으로 수뢰죄로 재판을 받았다. 나의 변호사는 처음부터 군법무관 출신인 안기영安基榮 씨가 담당했고 후반에는 저명한 김치열金致烈 씨(후일 내무부 장관)도 수고했다. 이분들을 결정한 것은 집사람과 후암동에서 안제의원을 개업한 장인(안창하安昌夏)이었다.

나의 죄목에 수뢰죄가 들어 있으므로 집사람은 대단히 걱정하였다. 법이라는 것은 사정이 없으니 취조 시에 요령도 내고 법을 피하라고 걱정하였다. 그래서 집사람은 변호사가 꼭 필요하다고 나에게 권한 것이다. 보통사건을 생각하면 검찰에서부터 피고들은 법망을 피하는 것이 상례이다. 나는 이 재판은 보통재판이 아니라 정치재판인 데다가 한 나라의 원수는 외국에 망명하고 주모자는 극형을 당한 이 마당에, 일국의 장관이라는 자가 국민 앞에 비겁해서는 안 되고 당연하게 처분을 바라야 된다고 생각했다. 성경 말씀에 '살려고 하면 죽고, 죽으려고 하면 산다'(요한복음 12장 24-25절)는 구절을 생각했다. 그래서 나는 재판

과정 내내 어느 누구보다도 올바르게 임했다. 대통령이 망명했는데 졸개인 나는 죽어도 마땅하다고 결심하였다. 또한 생각지도 못했던 일이 일어난 것은 누가 주모자든 누가 과잉 충성했든 여당인 자유당이 어떻게 했든, 대통령을 모시는 국무위원들 모두의 책임이며 국민 앞에 죄인이라고 생각했다. 더욱이 남보다 장관을 오래 지냈고 바로 직전 내무부 장관이었던 나는 남달리 상심할 수밖에 없었다.

그래서 나는 취조 때나 재판 중에 사실을 말하였고 나의 부하 직원들에게 책임을 미루지도 않았다. 참고인이나 증인을 채택하지도 않았다. 재판 중 어느 재판관은 다른 피고들에게 김 피고를 보라는 말까지 한 적이 있었다. 나의 변호사인 김치열 씨는 변호사가 필요 없지 않느냐고 한 적도 있었다. 1심이 끝나고 다른 분들은 모두 상소를 했으나 나는 하지 않았다. 여하한 내가 재판을 받았던 피고들 중에 제일 먼저 출옥했다. 하나님께 감사드린다.

형이 확정되고 서울 서대문 형무소에 수감되었다. 서대문 형무소는 미결시에는 지도소이고, 형이 확정되면 교도소라고 불렸다. 서대문 형무소는 옛날 이승만 대통령을 비롯하여 많은 선열들이 다녀간 곳이다. 그런데 나와 같은 사람들이 부정선거 원흉으로 수감되어 있으니 참으로 부끄럽고 비참할 따름이었다.

한편으로는 그곳을 하나님께서 마련하여 주신 피난처라고 생각하여 감사하며 지냈다. 죄인으로서 몸가짐을 조심해야 한다고 생각했다. 국민의 심판을 받고 있는 자로서 회개하는 마음, 죄송스러운 마음을 지니고 몸과 말, 그리고 행동에 있어서 현직 장관 시절보다 더 삼가고 겸손해야 했다.

수감생활 중 황달병을 얻었다. 황달병은 간이 좋지 않아 생기는 병으로 손과 눈자위가 누르스름하게 변하는 증세가 있다. 병을 얻은 것은 나뿐만이 아니었다. 수감 중이던 많은 각료들이 병을 얻었고, 대개 바깥 병원에서 입원 치료를 했다. 대부분은 수감생활을 벗어나 편안한 생활을 위한 선택이었다. 그러나 나는 그곳 감옥에 눌러앉아 있었다. 아내에게 입원비를 쓰지 말고 그것을 생활비에 보태라고 고집을 부렸다. 2개월이 지난 후에야 증세가 호전됐다.

감옥을 하나님이 주신 피난처이며 동시에 공부방으로 여기고 지냈다. 어학책을 비롯하여 집에서 보내온 책 등을 많이 읽었다. 일생에서 독서를 가장 많이 한 시기였다. 특히 신약성경을 두 번이나 정독했다. 그 안에는 필기도구가 없어서 비타민의 붉은색 당의정에 침을 묻혀 필요한 성경 구절에 표시를 하곤 했다.

찬송가는 364장 〈내 주를 가까이 하게 함은〉을 늘 불렀다.

"내가 네게 명한 것이 아니냐. 마음을 강하게 하고 담대히 하

라. 두려워 말며 놀라지 말라. 네가 어디로 가든지 네 하나님 여호와가 너와 함께하느니라 하시니라"라는 여호수아 1장 9절을 늘 암송했다. 또 쉬지 않고 주기도문을 외웠다. 수감생활이 신앙을 다지는 시간이 된 것이다.

서울교도소 수감 중 모친상으로 당일 특별조치를 받아 귀가하여.
사진 왼쪽부터 매제 조성근, 동생 철환, 본인, 막내동생 정환, 고종사촌형 조인기.
1962.7.5.

모친상과 귀가

수감된 후 남대문교회 목사를 비롯한 많은 지인들이 다녀갔다. 그중에는 김활란 박사도 있었다. 찾아온 분 중에서 가장 죄송한 분이었다. 사람들의 면회는 한두 번에 그쳤다. 하지만 아내는 면회가 안 되는 공휴일 외에는 2년 3개월 동안 매일같이 다녀갔다. 아내도 나와 같이 수감생활을 한 것이다. 참으로 위대한 배우자이고 그저 감사하고 감사할 뿐이다.

수감생활 중 가장 슬펐던 것은 어머니께서 돌아가신 일이다. 수감 중이던 1962년 7월 5일 어머니께서 직장암으로 돌아가셨다. 나는 죄인일 뿐만 아니라 크나큰 불효자식이다. 어머니의 죽음이 나 때문이라고 자책했다. 1960년 5월에 내가 구속되는 날까지도 건강하셨는데 나 때문에 심려하시어 불치병에 걸려 한 많은 세상을 떠나셨다고 생각하니, 불효자의 슬픔 이루 헤아릴 수 없었다.

나는 1960년 5월 20일 입소하여 1962년 8월 13일 출소했다.

공식적으로는 8·15특사였으나 이틀 전인 13일에 출감했다. 같이 수감된 사람들 중 가장 빨리 출소한 것이다.

출소를 맞이하며 만감이 교차했다. 출소했다는 기쁨, 대통령과 국민에 대한 죄송함, 처와 자식들에 대한 미안함, 그리고 형무소 소장 이하 직원들에 대한 고마운 마음이 들었다. 하나님의 축복이라 생각했고, 그래서 출소하면서 남아 있는 사람들에게 "하나님을 믿으면 빨리 나가니 여러분들도 하나님을 믿으십시오"라고 말했다. 재판 중에 후암동 동민들이 나를 위하여 재판부에 청원서를 내기도 했다. 놀랍고 감사했다.

출소 후 가장 먼저 아내와 함께 어머니와 아버지의 산소에 참배했다. 그리고 형무소 소장을 찾아가서 음반 30여 장을 선물하기도 했다. 수감 중에 음악 방송을 듣곤 했는데 〈산장의 여인〉이라는 곡이 매우 슬퍼 늘 마음에 걸렸기 때문이다. 후암동 집도 복구해야 했다. 6·25전쟁으로 화재가 났었는데 수감 중에 두 번째 화재가 발생했기 때문이다. 김활란 박사가 많은 도움을 주었다. 덕분에 다시 가족들과 함께 살 수 있었다.

출소 후 모든 사회활동에서 손을 떼고 집 안에서만 지냈다. 수감생활을 무사히 마치고 가족의 품으로 돌아온 것을 하나님께 감사드렸다. 하나님은 6·25전쟁의 대환난에서 지켜 주시고 이번 변고에서도 나를 지켜 주셨다. 순간순간 내 앞에 열리는 문을 통해 하나님이 인도하신 길로 들어섰고 오늘에 이른 것이다.

李大統領을 回想하면서 [illegible]

○ 하와이에서 온 편지

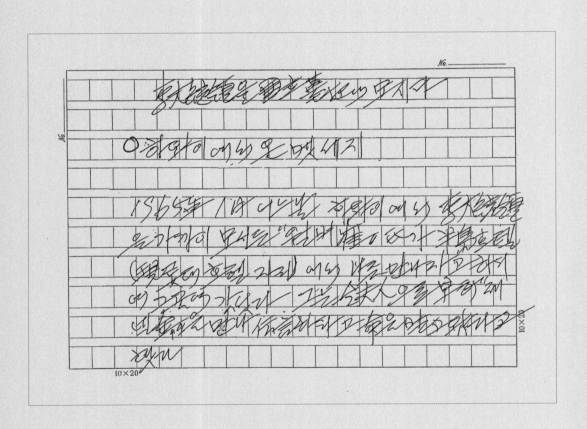

1965年 1月 어느날 하와이에서 李大統領을 가까이 모시는 '윌버트 崔'로부터 半島호텔 (現 롯데호텔 자리)에서 만나자고 편지 에 도착이 왔다. 그는 李夫人의 言 부탁 으로 [illegible] 他界한 대통령 遺言이라고 하면서 [illegible] 했다

11장

이승만 대통령과 영부인

상공부 장관 임명식 때.

1955.9.16.

하와이에서 온
메시지

이승만 대통령은 나에게 아이디어 제공자였고, 연출자였으며,
감독자였고, 지지자였다.

1965년 1월 어느 날, 하와이에서 이승만 대통령을 가까이 모시던 윌버트 최 씨가 반도호텔에서 나를 만나자고 연락이 왔다. 그는 영부인으로부터 '제너럴 김'을 만나 전하라는 명을 받고 왔다고 했다. 대통령께서 돌아가시면 다음과 같이 해달라는 것이었다.

첫째, 국립묘지에 모실 것, 둘째, 가족장으로 할 것, 셋째, 장례식은 정동교회에서 거행하고, 넷째, 조위금은 복지 단체에 기부하라는 내용이었다. 영부인이 나에게 이런 일을 부탁한 것을 듣고 놀라지 않을 수 없었다.

나는 우선 묘소 마련을 위해 국립묘지 관리처장인 예비역 준장 이종태李鍾泰 씨를 불러 아무도 모르게 준비하라고 지시했다. 지금도 다들 잘 모르고, 소문에는 대통령이 국군묘지(국립묘지의 전신) 조성 시에 그 자리를 정한 것이라고들 하지만 이는 사실이 아니다.

1965년 7월 19일 이승만 대통령의 비보가 온 천하에 퍼졌다. 그날 오후 정일권 국무총리의 연락으로 급하게 가니 몇몇 장관과 같이 나를 기다리고 있었다. 정 총리가 나에게 “어떻게 하면 좋으냐”고 묻기에 “묘소는 국립묘지에 마련해 놓았다”고 하니, 그 자리에서 모든 사람들이 한마음으로 잘되었다고 했다. 참으로 잘된 것이다. 그 당시 정부가 앞장서서 장지를 마련하기 어려울 때였기 때문이다.

이 대통령께서 돌아가시고 하와이에서 장례를 치른 후 바로 고향인 오스트리아에 갔던 영부인은 1970년 5월 한국에 영주하기 위하여 이화장으로 돌아왔다. 당신의 간절한 소원은 나중에 이 대통령과 같이 묻어 달라는 것이었다.

박정희 대통령은 이 대통령이나 영부인에 대하여 각별히 예우를 갖추었다. 이 대통령을 국립묘지에 안장하고 장례식을 치르는 데 여러 가지로 많은 도움을 주었고, 이화장을 기념관으로 조성하기 위해 이승만대통령기념관 건립위원회를 재단법인으로 발족하려 했다.

또 영부인과 양자가 거주할 수 있도록 아파트 두 채를 마련하여 드리려고 했다. 그러나 영부인이 여생을 이화장에서 지내겠다고 하여 이 계획은 이루어지지 않았다. 이 일은 박 대통령이 앞장서고 윤치영尹致映 씨, 김성곤金成坤 씨, 이후락李厚洛 씨와 내가 관여했다. 기념관 건립의 실무를 맡았던 나는 지금도 아쉽기만 하다.

이화장에서 프란체스카 여사와의 고별 사진.

영부인은 이로부터 얼마 뒤 1992년 3월 19일 운명하였다.

1992.2.29.

영부인
프란체스카 여사를 모시고

1972년 프란체스카 여사가 선물로 주었던 십장생도 병풍.
나는 이것을 30년 가까이 소중히 보관하다가
김활란 박사 탄생 100주년을 기념하여 이화여자대학교에 기증하였다.
궁중 화원이 진채眞彩로 그린 이 병풍은 궁중미술의 진수를 보여 준다.

조선, 19세기, 비단에 채색. 높이 166cm/210cm, 폭 416cm/424cm. 이화여자대학교박물관 소장.

나는 이 대통령 밑에서 12년간이나 남달리 은총을 많이 받았으나 마지막 각료의 한 명으로 3·15 선거를 치르면서 이 어른을 잘못 보필한 크나큰 죄인이 되기도 하였다. 내가 힘 닿는 대로 이화장을 위하여 심부름을 하는 것이 당연한 일이었다. 특히 대통령께서 돌아가시기 전에 영부인이 나에게 메시지를 보낸 만큼 보답해야 하리라고 마음먹었다. 또한 이 모든 것에 하나님께 감사드리고 하나님의 섭리라고 생각했다.

박 대통령과 늘 상의하여 매월 영부인의 생활비를 이화장에 전하였고 승용차도 마련해 드렸다. 박 대통령 내외분이 여러 번 청와대에 초청하여 오찬을 하시기도 했다. 나는 당시 양자 이인수 박사를 바로 옆에서 세세히 도왔으며, 매년 7월 19일 추모예배(국립묘지)와 3월 26일 탄생기념예배의 준비도 도왔다. 특히 이인수 씨가 미국 유학(1972~1981) 중이던 시기에는 내가 할 심부름도 많았다.

영부인이나 이화장의 심부름을 하는 것은 당연한 일이고 두 분에 대한 보은도 되지만, 나로서는 영광스러운 일이다. 4·19 이후 나는 정부에 관계되는 일은 하지 않기로 작정했으나, 본의 아니게 박정희 대통령의 부름을 받아 1965년 6월 국제관광공사 총재, 1970년 한국전력 사장의 일을 하게 되어 이화장의 심부름을 하는 데 큰 도움이 되었다.

영부인은 우리 아이들 결혼식에도 참석했고, 첫째 손자 백일에는 우리 집에까지 오는 등 참으로 크신 사랑을 준 할머니셨다. 어느 날 영부인이 우리 내외를 이화장으로 불러 갔더니 난데없이 소장품을 보여 주신 후 집사람에게 "마음에 드는 것 무엇이든 가져가라"고 하셨다. 우리는 놀랐다. 그날 집사람이 적당한 작은 물건을 하나 가져왔다.

그런데 또 놀랍게도 며칠 후 영부인께서 후암동 우리 집에 큰 십장생도十長生圖 병풍을 가지고 왔다. 나는 이 귀한 선물을 잘 보관했다가 내가 사랑을 크게 받은 김활란 박사 탄생 100주년(1999년 2월) 기념을 위해 이화여대에 기증했다. 이승만 대통령 그리고 김활란 박사, 이 두 분은 한국 인물사의 큰 별이었고, 나는 두 분의 남다른 사랑을 받았다. 좋은 기회였고, 이 병풍이 영구히 이화여대 박물관에 전시되게 됨을 하나님께 감사드린다.

1990년 6월 15일 영부인의 90세 생신 축하예배를 시내 모 호텔에서 준비하고 내가 사회도 맡아 성대하게 치렀다. 영부인은 건강히 지내다가 1992년 3월 19일 이화장에서 일생을 마쳤다. 소원대로 국립묘지에 이 대통령과 합장하였다. 돌아가시기 20일 전 영부인이 나를 불러 문안을 드렸는데 거실에서 사진을 찍자고 하셨다. 이것이 이 어른의 작별 기념이었다. 그간 양자 이인수 박사도 우리 사회의 지도층 인사가 되어 훌륭한 후계자가 되었음을 생각할 때 두 분은 복 있는 분들이다.

나는 대정치가보다 대행정가인 대통령 밑에서 배우며 일했다. 그리고 검소, 정직, 공정 등의 덕목을 배웠다. 언제인가 이인수 내외가 나에게 무슨 이야기 끝에 "장관님, 훌륭하십니다"라고 하기에 "아니요. 돌아가신 아버님께서 훌륭하신 겁니다. 그 어른께서 나 같은 부족한 사람을 오랫동안 데리고 계신 것은 아마도 당신께서 이 세상을 떠난 후에라도 뒷일을 할 사람이라 생각하신 것으로, 이 어른이야말로 훌륭하십니다"라고 응했다. 참으로 나는 그렇게 믿으며 이화장의 심부름을 즐겁게 했다. 이 세상에 와서 이 어른을 대할 수 있었던 영광을 주신 하나님께 감사드린다.

회고록을 마치며(육필원고)

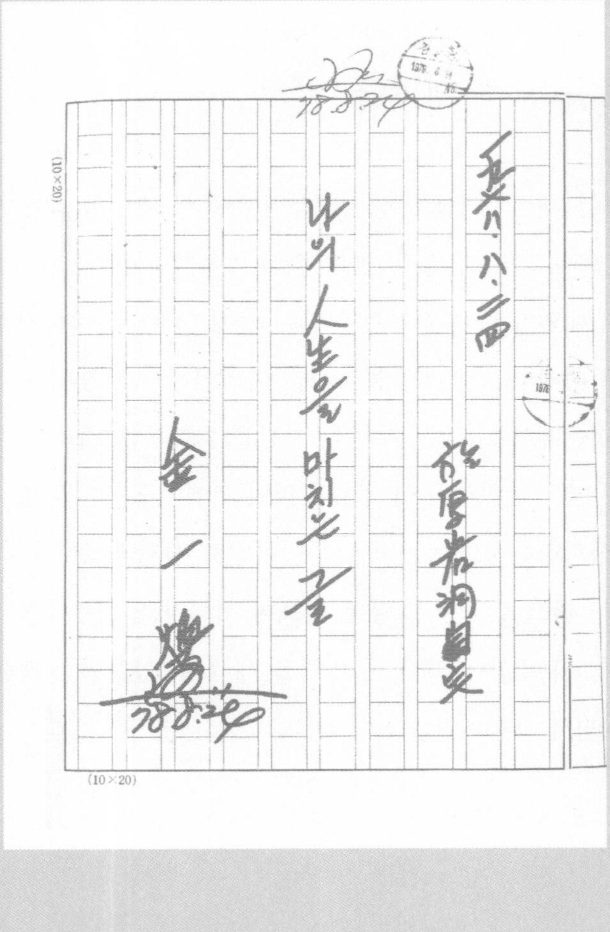

No. 1

나의人生을 마치는 글
나의人生과 나의信仰에 關하여는 簡述
한마디로 말하자면

첫째로.
하나님께서 주신 幸福한 生涯
하나님의 뜻대로 成되기 아니하게 살
기위하여 오늘까지 애써왔다.
그러나 나의 지은 罪는 많어도 많다.
모든 나는 어제라도 하나님께서 부르신

(10×20)

No. 2.

다면 즐겁게 따라갈 것이다.
그리고 이 世上에 아무 未練도 없고
다만 그 恩惠에 感謝하고 感謝할 뿐이다.

둘째로.
父母님께서 나아주시고 기워주신
두분의 生存時 제대로 奉養하지 못한
에 나는 恨으로 느껴왔다.
父親께서는 六·二五動亂時에 나 없는 새에
路中 老病하시어 收復하여 못가 別世

(10×20)

No. 3.

하시였고

母親께서는 平生 말할수없는 苦生을

하셨고 亦是 動亂時 서울에 계시다가

四·一九 後 나의 獄中期間에 發病하시고

別世하셨다.

그리고 두 兄이 다 六十代에 他界하셨

으니 참으로 不孝莫甚하다.

罪悚하고 罪悚함을 禁할길 없다.

셋째로.

No. 4.

많은 사람으로 부터의 사랑.

오늘날까지 이 사회의 그 많은 사람의

로부터 신세를 진것을 더 말할나위가 없

다. 그中 解放當時 滿洲에서 紛爭의

捕虜로 前後의 九死一生을 救해준 그곳

사람들을 잊을수없다.

또한 우리나라에 돌아와서 거이 四種類

親誼는 形便에서 이날까지 나를 기르와

사랑하여주신 어른. 친구. 그리고 同胞

하여주신 많은 분들에게 感謝와 致意를

5.

는 일 뿐이다.

넷째로

「家族의 사랑」

나는 蘇州에서 遼國까지 六十年間 苦生한 內助하여 준 분과 그리고 오늘날까지 三十余年間 內助하여 주는 자그 勞苦한 분이 두분의 힘이 나의 全部라고도 할 수있을만큼 큰 것을 나는 平生 느끼고 있다

6.

그리고 하나같이 착한 子息들은 幸히 未婚한 것은 나의 生活方式이 남과 달라서 父母以上 苦生은 시켰다. 그리고 나의 同琴은 亦是마찬가지다. 나의 사랑하는 家族

고맙다 또 고맙다. 未安하다.

「끝으로」.

「이 世上 갈 나는 날」

나는 남이나 남의 신세를 많이 진

7
사람이다. 이 世上에서 나 만큼 福 받은 사
람은 받은 사람은 없을 것이라고 믿는다.
나는 이 福을 報答하기 위하여 眞理와
勤勉으로 살아왔고 努力하였다.
그러나 이 빚은 이 世上에서 다 갚지
못하고 떠날 것 같다. 罪悚하기 그지 없다.
(겸손한 마음으로)
이 世上을 下直할 때에 조용히 가는 것
이다. 나그네로 와서 나그네로 돌아가는 것
(10×20)

8
이다.
永遠한 世界로 하나님의 품으로. 그리
고 먼저 가신 父母님과 여러 사람 곁으로
가는 것이다.
(마지막 遺言)
父母님 곁에 묻혀 주기를 바란다
一九七八. 一一. 二四.
(10×20)

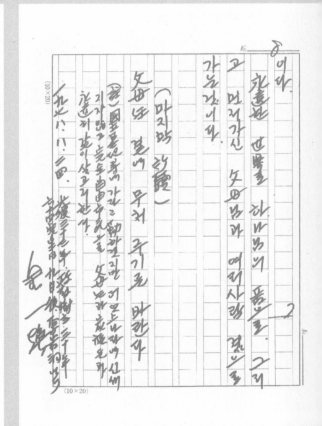

나의 인생을 마치는 글

나의 인생을 정리하며 기억하고픈 것은 첫째, '하나님께서 주신 소중한 생명'이다. 하나님의 뜻대로 헛되지 아니하게 살기 위하여 오늘날까지 애써 왔다. 그러나 나의 지은 죄는 너무나도 많다. 지금 나는 언제라도 하나님께서 부르신다면 즐겁게 따라갈 것이다. 이 세상에 아무 미련도 없고 다만 그 은혜에 감사하고 감사할 뿐이다.

둘째, '부모님께서 나아 주고 키워 주신 사랑'이다. 두 분의 생존 시 제대로 봉양하지 못하여 나는 이것을 항상 한으로 느껴 왔다. 부친께서는 6·25전쟁 시에 서울에 잔류 중 발병되어 수복하여 곧장 별세하셨고(1950년 11월 2일 후암동 자택에서), 평생 말할 수 없이 고생하신 모친께서는 역시 동란 시 서울에 계셨고 4·19 후 나의 옥중 기간에 발병하여 별세하셨다(1962년 7월 5일 후암동 자택에서). 그리고 두 분 모두 66세에 타계하셨으니, 나는 참으로 불효막심하다. 죄송하고 죄송함을 금할 길 없다.

셋째, '많은 사람들로부터 받은 사랑'이다. 오늘날까지 국내외의 그 많은 사람들로부터 신세 진 것을 더 말할 나위가 없다. 그중 해방 당시 만주에서 소련군의 포로가 될 전후 구사일생으로 구해 준 그곳 사람들을 잊을 수 없다. 또한 우리나라에 돌아와 거의 사고무친四顧無親 같은 형편에서 이날까지 나를 인도하고 사랑하여 주신 여러 어르신, 친구 그리고 협조하여 주신 많은 분들께 감사와 경의를 드릴 뿐이다.

넷째, '가족의 사랑'이다. 만주에서 환국還國하기까지 6여 년간 고생하며 나를 내조하여 준 분과 오늘날까지 30여 년간 내조하여 주느라 수고한 분, 이 두 분의 힘이 나의 전부라고도 할 수 있을 만큼 큰 사랑을 나는 평생 느껴 왔다. 그리고 하나같이 착한 자식들, 이들에게 특히 미안한 것은 나의 생활방식이 남과 달라 필요 이상 고생을 시킨 것이다. 나의 동기들도 마찬가지다. 나의 사랑하는 가족. 고맙다. 또 고맙다. 미안하다.

끝으로, '이 세상 끝나는 날'이다. 나는 너무나 남의 신세를 많이 진 사람이다. 이 세상에서 나만큼 많은 사랑을 받은 사람은 없을 것이라고 믿는다. 나는 이를 보답하기 위하여 진실과 근면으로 살려고 노력하였다. 그러나 그 빚은 이 세상에서 다 갚지 못하고 떠날 것 같다. 죄송하기 끝이 없다.

겸허한 마음으로 이 세상을 하직할 때 조용히 가는 것이다. 나그네로 와서 나그네로 돌아가는 것이다. 영원한 세계로, 하나님의 품으로, 그리고 먼저 가신 부모님과 여러 사람 곁으로 가는 것이다.

마지막 소원으로, 나를 부모님 곁에 묻어 주기를 바란다.

(국립묘지 등에 가라고 권하겠지만 더 이상 나라에 신세 지지 않고 완전한 자유 시민으로 부모님과 가족들과 영원히 같이 살고자 한다.)

1978년 8월 24일
광복 33주년, 정부 수립 30년
64세 생일 9일 후 후암동에서

정리를 마치며

역사와 새롭게 대화하는 계기가 되기를

2010년 김세중 교수의 소개로 김일환 장관의 회고록을 정리하는 영광스러운 기회를 갖게 되었다. 미군정으로부터 이승만 정부까지 중요한 건국 프로젝트의 하나였던 토지개혁을 둘러싼 정치 갈등과 헌법 규범에 대한 연구가 계기였다. 근대 한국 역사가 시작된 시기인 해방, 건국 그리고 이승만 정부에 관심이 있던 나에게 이 시기를 관통하는 김일환 장관의 삶은 역사적 사료 그 자체였다. 독립운동가인 아버지를 따라 시작된 만주와 연해주에서의 경험, 해방과 건국, 6·25전쟁 그리고 1950년대에 5년 여에 걸쳐 세 번의 장관직을 수행하면서 경제 발전을 위해 헌신하기까지 1인칭 시점으로 서술된 그의 삶은 역사적 편견으로부터 자유롭게 이 시기의 역사를 읽을 수 있는 소중한 기회였다.

본 회고록은 김일환 장관이 친필로 작성한 원고지 1,000여 매 분량의 친필 회고록과 각종 자료를 토대로 필자가 일부 중복되는 부분과 어구를 편집하여 정리한 것임을 우선 밝힌다.

우리 사회는 4·19 너머의 역사에 익숙하지 않다. 식민 지배와 해방, 건국에 이은 6·25전쟁과 분단 그리고 근대적 국가 건설을 둘러싼 이 시기에 대한 논쟁은 현재까지 계속되고 있다. 탈식민주의, 반공주의, 민주주의, 그리고 산업화라는 특정한 정치적·이념적 지향에 따라 재단된 일부분의 역사만을 기억하고 있는지도 모른다. 그래서 고난과 도전의 근대 역사를 관통하는 김일환 장관의 증언은 역사적 관점에 구애되지 않고 근대 한국 역사의 단면을 읽어 낼 수 있는 중요한 사료적 가치를 가진다.

그 가운데서도 특별히 주목한 것은 나라 잃은 민족의 개인이 겪어야 했던 고난과 선택이다. 독립운동을 하는 아버지를 따라 만주와 연해주에서 성장한 김일환 장관은 만주국이 설립되면서 어쩔 수 없이 만주군에 통역사로 징용되었다. 당시 많은 한인들이 연해주와 만주로 이주한 이유는 일제의 탄압과 빈곤을 벗어나기 위해서였다. 그럼에도 일본의 영향하에 있던 남의 나라 군인이 된다는 것이 얼마나 큰 고뇌였겠는가? 그의 솔직한 고백은 나라 잃은 민족의 한 개인이 짊어져야 했던 거대한 역사의 무게를 다시금 되새기게 한다.

이어지는 문제는 우리 사회가 다시금 숙고해야 할 불편한 사실이다. 최근까지 일부 한국 사회에서 계속되고 있는 논쟁에도 불구하고 건국 초기 건군 과정에서 만주군 출신자들의 역할은 매우 중요했다. 김일환 장관도 그중 한 명이다. 그가 고백하듯 만주군에서의 학습과 경험은 이후 6·25전쟁, 지금은 수송, 석탄 개발 등 한국의 근대화 과정에서 중요하게 발휘되었다. 그 이유는 자명하다. 식민 통치 시기 근대적 민족 인재 양성을 위한 교육 체계는 부실했다. 그래서 민족의 인재들은 만주에서 그리고 일본에서 근대를 경험하고 학습할 수밖에 없었으며 이들은 후일 한국 근대화의 주역이 되었다. 이는 강경한 반일노선에도 불구하고 일제시대 관료와 일본 유학자들을 중용할 수밖에 없었던 이승만 정부의 어려운 선택의 문제와도 연관되어 있다.

또 한 가지는 한국의 산업화 과정에서 이승만 정부가 가지는 의미다. 이승만 정부는 정치는 물론 경제적 측면에서도 긍정적인 평가를 받지 못했다. 그 가장 큰 이유 중 하나는 경제적 성과가 이 시기를 평가하는 중요한 잣대가 되어 왔기 때문이다. 그러나 김일환 장관의 삶은 제약된 조건 가운데 전후 재건과 경제 발전을 위해 노력했던 당시 상황을 생생하게 증언한다. 그는

1955년 9월 16일부터 1958년 8월 27일까지 3년간 제9대 상공부 장관으로 재직했다. 그리고 7개월 여의 내무부 장관을 거쳐 1959년 3월 20일부터 1960년 4월 28일까지 교통부 장관으로 재임하는 등 5년간 핵심 부처의 장관으로 재직하며 한국의 산업 발전과 사회 발전을 이끌었다. 그의 역동적 삶은 당시 사회적 조건에 대한 이해와 경제적 성과에 평가의 간극을 줄일 수 있는 중요한 단초를 제공한다.

마지막으로 군인, 관료, 리더로서의 면모다. 존경할 수 있는 리더를 찾기 힘든 시대가 되었다. 더구나 관료 사회는 각종 부정부패와 무능으로 비판의 대상이 되어 왔다. 정치적 이익을 우선하는 관료와 정치로 인해 우리 사회는 논쟁 사회가 되었다. 그래서 인연을 소중히 여기고, 공사公私를 분명히 하며, 청렴결백과 현장주의를 최고의 덕목으로 삼았던 그의 삶은 많은 생각을 하게 한다. 중국계 만주군과의 교우로 절체절명의 순간에서 무사할 수 있었던 장면은 인연의 소중함을 극적으로 대변한다. 1946년 귀국 이후 군인과 관료로 국가 발전의 중책을 맡았고 1962년 출감 이후에도 줄곧 중요한 공직에 발탁된 것은, 공사를 분명히 하고 직무에 최선을 다하는 삶을 살았기 때문일 것이다. 고위층의 특권을 철폐하기 위해 자택의 특선을 가장 먼저 끊었던 것이나 내무부 장관으로서 정치적 압력에도 불구하고 공정선거를 위한 소신을 굽히지 않았던 것, 그리고 부정선거의 책임을 피하지 않았던 자세는 현재의 우리 사회에 귀감이 되기에 충분하다. 개인적으로 특히 인상적이었던 것은 그와 함께 일했던 많은 이들이 후에 정부의 요직을 맡아 대성했다는 사실이다.

토인비Arnold J. Toynbee가 지적했듯이 역사는 과거와 현재와의 끊임없는 대화다. 이념적·정치적 이유로 재단된 역사는 현재에 면면이 이어지는 역사적 유산의 의미를 부정하는 것일 뿐이다. 근대 한국 역사를 관통하는 김일환 장관의 삶을 통해 이념, 정치 그리고 편견과 논쟁으로 재단된 4·19 너머 역사를 새롭게 조망하고 대화할 수 있는 계기가 되기를 바란다.

김일환 장관의 육필원고를 정리하는 시간은 학자로서뿐만 아니라 개인적으로 많은 가르침을 받을 수 있는 기회였다. 또 훌륭한 유가족을 만나 뵙게 된 인연에 진심으로 감사드린다.

2014년 8월 4일

윤대엽■

■ 연세대학교 정치외교학과를 졸업하고 동 대학원에서 비교정치경제를 전공하여 박사학위를 받았다. 일본 게이오대학과 타이완 국립정치대학에서 방문연구원으로 연구하였고, 한국고등교육재단에서 연구위원 및 국제학술부장으로 재직하고 있다. 2014년 가을학기부터 베이징대학 국제관계학원에서 방문학자로 연구하고 있다.

약력

1914.8.15	강원도 철원군 철원읍 중리 236번지에서 아버지 김명제(金命濟, 경주 김씨, 1884~1950)와 어머니 이하경(李夏卿, 장기 이씨, 1897~1962)의 5형제 중 장남으로 출생 철원애국단 사건에 연루되어 1918년 남만주로 피신한 아버지를 따라 1919년 가을, 할머니, 어머니, 동생과 함께 철원을 떠나 남만주 안동성 하이룽현 산청쯔(현재 중국 요령성 매하구시 산성진)에서 아버지와 재회 독립운동으로 8개월간 옥고를 치른 아버지를 따라 1921년 봄 러시아 블라디보스토크로 이주 1923년 가을 하얼빈으로 이주하여 1946년까지 만주와 러시아에서 거주 금강소학교(현재 다오리조선족중심소학교) 졸업(1929) 및 고등과 2년 수료 후 빈강濱江 YMCA 학원 진학
1932.10~1935.5	한인통역원으로 일본군에 징용되어 사단사령부 관리부에 배치 1934년 하얼빈 군관구 사령부 고문부 주임고문과 사령부 부관처 근무
1935.6~1945.8	하얼빈 군관구 교도대 만계 제5기 군관후보생으로 입대하여 군사 기초훈련을 받은 후 9월 펑티엔군관학교에 입교하여 경리교육 이수 1936년 9월 신설된 신징(新京, 현재 창춘長春) 육군경리학교에 전교하여 1937년 11월 육군 소위 임관 만주군 소위, 중위(1940.3), 대위(1943.3) 복무

1945.8~1946.3	1945년 8월 15일 조국 광복을 맞아 1945년 12월 11일 피난민단의 부단장을 맡아 하얼빈을 출발하여 펑티엔, 안동(현 단동), 신의주, 평양을 거쳐 1946년 3월 18일 서울 도착
1946.5~1948.9	1946년 5월 1일 국방경비대 재정처 및 국방부 재정국(겸무) 부임(계급 정위, 군번 10093), 6월 1일 군정청軍政廳 국방부 재무관 부임 6월 28일 통위부 남조선경비대 총사령부 재정처장, 9월 14일 초대 재정국장 부임(1946.9.14~1947.6.28) 소령(1946.11.1), 중령(1947.2.1), 대령(1948.3.1) 진급
1948.9~1951.6	대한민국 국방부 제3국장(관리) 육군 준장(1950.9), 육군 소장(1951.5) 진급
1951.6~1953.11	국방부 차관 차관 임기 동안 이기붕·신태영·손원일 장관을 모심
1953.11~1955.9	육군본부 관리부장 1953년 11월 23일 육군에 신설된 관리부장(중장, 참모부장급)으로 임명되어 다시 군인의 신분으로 바뀜 육군본부 관리부장 재임기간 동안 육군참모총장으로 백선엽 대장과 정일권 대장을 모심 육군 중장 진급(1954.5) 이승만 대통령을 수행하여 한미회담에 참석하여(1954.7.25) 원조협상을 하였으며, 군보급절약운동을 추진하였고, 대통령령 제10호(1954.12.5)에 따라 대한석탄공사 군파견단 단장 겸직(1954.12.28~1955.9.16)

1955.9~1958.8

제9대 상공부 장관

1955년 9월 16일 현직 군인으로서는 처음으로 상공부 장관에 임명되어 1958년 8월 8일까지 제9대 상공부 장관으로 재직

'생산 증강과 그 동력인 전기 석탄 자원의 개발에 주력하고 기간산업의 건설 및 중소기업의 육성과 아울러 교역의 진흥과 해양 발전을 강력히 촉진한다'를 시정요강으로 정하고 무역 진흥, 광업 개발, 석탄산업 개발, 전기산업 발전, 시멘트산업 발전, 유리산업과 비료산업, 제련산업, 수산업 육성을 위해 노력하였으며 국산품장려정책 시행

1958.8~1959.3

제17대 내무부 장관

1958년 8월 27일부터 1959년 3월 19일까지 재임

'행정 명랑화와 반공체제 강화'를 시정방침으로 정하여, 경찰기관을 시민에게 친근감 있고 신임받는 조직으로 변화시키고 중립성을 확보하는 한편, 휴전 이후 북한과 첨예한 대치 상황에서 자유와 민주를 수호하고자 함

1959.3~1960.4

제8대 교통부 장관

1959년 3월 19일 제8대 교통부 장관에 취임하여 1960년 4월 28일까지 재임하면서 항공교통 정비와 관광업 진흥을 위한 시책 시행

현장제일주의를 시정방침으로 하여, 교통안전에 특별한 주의를 기울였고 현장 직원의 사기 앙양, 시설 보강, 승객 만족을 최우선으로 함

1956~1960	경주김씨종친회 제4~6대 회장
1957.1~1960.4	대한수상경기연맹(현재 대한수영연맹) 회장
1957.1~1959.11	대한민국재향군인회(당시 대한상무회) 제5대 회장
1960.5~1962.8	1960년 5월 20일 구속, 1962년 8월 13일 8·15 특사로 출감
1963.1~1965.6	이수산업㈜(학교법인 이화학당 소유) 사장
1963.4~1981.6	㈔강원도민중앙회 제6대 회장
1964~1982	경주김씨종친회 제10대 회장
1965.6~1970.3	국제관광공사(현재 한국관광공사) 제4대 총재
1965.8~1983.12	한국군인복지봉사회 이사장
1966.1~1975.2	대한민국재향군인회 제13~17대 회장
1967.7~1970.5	한국관광협회 제4대 회장
1968.5~1984.9	학교법인 인하학원(현재 인하대학교 재단) 이사
1969.5~1977.3	유엔한국참전국협회 회장
1970.4~1971.6	한국전력주식회사(현재 한국전력공사) 사장
1970.4~1971.6	대한전기협회 회장
1971.2~1973.2	대한연식정구협회(현재 대한정구협회) 회장
1971.9~1973.7	한동판유리판매㈜ 사장
1972.1	중화민국 문화대학교 명예철학박사
1972.12~1976.11	초대국민회의 대의원, 운영위원

1973.10~1984.2	한진관광㈜ 사장
1976.1~1982.1	한국관광협회 제10~12대 회장
1976.1~1995.2	유엔한국협회 부회장
1976.7~	대한예수장로회 후암교회 장로
1976.12~1980.11	제2대 국민회의 대의원, 운영위원
1977.10~1984.2	정석기업㈜(현재 한진그룹 계열) 사장
1978.2~1980.2	학교법인 이화학당(현재 이화여자대학교 재단) 감사
1979.2~1995.5	학교법인 경흥학원(현재 경기여자상업고등학교 재단) 이사장
1980.8~2001.10	학교법인 이화학당 이사
1981.6~1993.6	민주평화통일자문회의 자문위원
1982.8~1997.9	교회와 산업사회연구원 이사장
1984.3~1987.3	국립중앙박물관회 회장
1984.5~1992.12	한국해외선전연구회 회장
1984.5~1992.12	월간 금월今月의 한국 명예회장
1986.8~1998.11	교통신문사 회장
1986.4~1992.4	사회복지법인 한국어린이재단 이사장
1990.1~1992.6	사단법인 한국국제기아대책기구 이사
1995.3~1999.6	사단법인 한국외국어능력평가원 이사장
1996.5	이화여자대학교 명예법학박사
1997.10~2001.1	용산문화원 초대원장
2001.10.1(음력 8.15)	이화여대 목동병원에서 소천

상훈

을지무공훈장 J000439 1952.6.30

충무무공훈장 J000002 1950.12.30

충무무공훈장 J003153 1950.12.30

무공포장 B002691 1956.10.29

일등보국훈장 제269호 1970.10.1

은탑산업훈장 1982.9.27

동탑산업훈장 제158호 1970.3

스웨덴적십자훈장 1953.9

필리핀대통령훈장 1955.12

미국대통령공로훈장 1956.6

이디오피아훈장 1969.5

중화민국훈장 1972.5

인도네시아훈장 1973.1

기리는 글

고 김일환 장관 탄생 100주년을 기념하며

전 국방부 장관, 현 애국단체총협의회 상임의장

이상훈

우리 군의 대선배이며, 본인이 가장 존경하고 또한 저의 가족과 각별한 인연이 있는 김일환 장관님의 탄생 100주년에 남다른 감회를 느낍니다.

장관님은 군에서 조달, 휼병恤兵, 재정 등의 분야에서 큰 업적을 남기며 국방 차관을 역임하였고, 뛰어난 역량을 발휘해 이승만 대통령 시절 내무부, 상공부, 교통부 장관을 두루 역임하였습니다.

장관님과 본인은 워낙 연배 차이가 많이 나, 함께 모시고 근무할 기회는 없었습니다. 그러나 당시 자유당 제4대 국회의원이던 본인의 장인(안덕기安德基)과 친분이 있던 장관님이 1962년 당시 대학 졸업반이던 본인의 처를 저에게 소개해 주어, 그때부터 장관님과는 남다른 인연을 간직해 오고 있습니다.

본인은 결혼 후에도 기회가 있을 때마다 후암동 장관님 댁을 방문하여 많은 가르침과 조언을 들었습니다. 장관님에 대해서는 그 청렴성과 강직함이 이미 익히 알려져 있었으나, 직접 방문드릴 때마다 장관을 세 차례씩이나 지낸 분이 작은 집에서 청빈하게 사는 모습을 보고 장관님에 대한 존경심을 더욱 깊이 새기게 되었습니다. 또한 뼛속까지 군인이었던 장관님은 철두철미한 자기 관리와 엄격한 생활신조를 실천하며, 깊은 믿음으로 독실한 신앙인의 모습을 늘 보여 주었습니다.

후배들에게 늘 경험담을 들려주고 참고가 되는 교훈과 가르침을 주기를 주저하지 않았으며, 진정어린 애정과 사랑으로 대해 주었습니다. 본인이 1974년 장군으로 진급하게 되어 장관님께 인사차 들렀을 때, 부모님 같은 마음으로 기뻐해 주며 미리 장군 계급장을 준비해 축하해 주었습니다. 그 후 진급이나 보직이 변경될 때마다 부부가 함께 장관님께 인사를 드리고 조언을 구하여 왔습니다. 1983년 제가 대장으로 진급하여 방문했을 때는 "나도 군에서 대장이 되지 못하였는데 자네가 대장이 되었으니, 내가 된 것과 같다"며 크게 기뻐하던 기억이 지금도 생생합니다. 1988년 본인이 국방부 장관에 임명되어 육군본부광장에서 취임식이 열렸을 때도, 저의 부모님과 함께 참석하여 장관님의 국방차관 시절을 회고하며, 저에게 귀한 조언을 해주었습니다.

장관님과의 인연은 그 후에도 계속 이어졌으며, 장관님의 삶의 궤적을 늘 간직하며 살아왔던 본인은 장관님이 박정희 대통령 시절 11년 이상이나 재직한 바 있는 재향군인회 회장직을 2000년부터 6년간 맡게 되었습니다.

본인이 회장이 된 직후 국군을 창군하고 최초로 국군의 면모를 갖추는 데 기여하신 창군 주역 십여 분으로 창군동우회를 창설하였으며, 이로 인해 창군동우회 주요 멤버인 장관님을 자주 만나 뵐 수 있었습니다. 그 후 얼마 되지 않아 장관님이 노환으로 입원하게 되었고, 이대목동병원에 제 아내와 함께 병문안을 갔던 날이 장관님을 마지막 뵌 날이 되었습니다.

저에게는 가정을 이루게 해주었고 부모님 같은 애정을 쏟아 주신 각별하신 장관님이며, 또한 향군회장을 11년간 역임하신 전임 회장님의 가시는 길을 최대한의 예우로 모시고자 향군에서 장례 절차를 성실히 모셨고, 대전 현충원의 하관식에서 저희 부부가 마지막 고별인사를 올렸습니다.

세월이 흘러 어느덧 장관님이 탄생한 지 100년, 작고한 지 13년이 되었습니다. 국가에 큰 업적을 세우고, 후배들에게 귀감이 되었던 장관님. 지금도 쾌활하고 자신감에 찬 음성으로 본인에게 길을 제시해 주던 장관님이 그립습니다. 생존해 계실 때 좀더 잘 모시지 못한 것이 아쉽습니다. 이제 장관님의 탄생 100주년을 맞이해 다시 한 번 장관님을 생각해 보며, 하늘나라에서도 이 나라와 후배들을 올바르게 지도하고 인도해 주시기를 간절히 기원드립니다.

진정한 어른을 기리며

한국기독교선교100주년기념교회 담임목사
이재철

생전의 김일환 장로님을 생각하면 늘 한 마리의 선학仙鶴이 연상되곤 했습니다. 장로님의 고매한 인품과 고고한 기상이, 제 마음속에서 신선이 타고 다녔다는 선학의 이미지와 맞닿아 있었던 것입니다. 그러나 장로님의 회고록을 읽는 동안 제 생각이 잘못되었음을 깨달았습니다. 김일환 장로님께서는 선학이 아니라, 한 그루의 청송靑松이셨습니다.

날고 움직일 수 있는 학은 저 좋은 곳을 찾아다닙니다. 싫은 곳은 피하거나 아예 가지 않습니다. 고고해 보이는 선학도 따지고 보면, 저 좋은 대로 사는 여느 다른 새와 다를 바가 없는 것입니다. 그러나 날 수도 움직일 수도 없는 청송은 주어진 자리를 피하는 법이 없습니다. 모진 비바람과 폭염 그리고 엄동설한에 시달리면서도 청송은 주어진 자리에서 푸르름을 잃지 않고, 자신의 의무와 책임을 묵묵히 다하며 사람들에게 쉼과 안식의 그늘을 제공해 줍니다. 오랜 세월 온갖 풍상을 이겨낸 한 그루의 청송이 우리를 숙연케 하는 이유가 여기에 있습니다.

나라 잃은 백성으로 태어나 독립운동하던 부친을 따라 어린 시절 조국을 떠나 만주와 블라디보스토크를 거쳐 하얼빈에 이르기까지의 유랑생활은 말할 것도 없고, 해방 후 귀국한 뒤에도 장로님께서는 당신에게 유리한 양지를 찾아 삶의 자리를 피하거나 선택하시지 않았습니다. 장로님께서는 당신의 유有·불리不利를 떠나, 어떤 자리든 주어진 자리를 정의와 공익과 양심을 좇아 지키는 청송이셨습니다. 창군創軍과 건국에 당신을 던지시며 군 요직과 세 개 부처의 장관을 역임하셨고, 그 이후에도 오랜 기간 동안 국가기관과 국영기업의 장으로 재직하시면서 당신의 사익을 위한 단 한 건의 부정부패에도 연루되지 않고 청렴의 표본이 되실 수 있었던 것은, 장로님께서 일평생 청송이셨기에 설명 가능한 그분의 이력입니다. 그 청송의 그늘에서 많은 사람들이 안식하였음은 두말할 나위도 없습니다. 장로님께서 일평생 그와 같은 청송의 삶으로 일관하실 수 있었던 것은 어머니로부터 물려받은 신앙 덕분이었습니다.

장로님의 회고록은, 해방 이후 혼돈과 혼란의 정국 속에서 대한민국의 건국과 창군을 위한 당신의 도구로 사용하시기 위해 장로님을 해방 전부터 준비시켜 오신 하나님의 손길로 점철되어 있습니다. 하나님께서는 일본군·소련군·중국 국민당 군대·중국 공산당 팔로군의 도전과 위협 속에서 장로님을 단련시키시고, 죽음의 비행기 사고와 자동차 사고 속에서도 장로님을 붙들어 한국 현대사를 위한 당신의 수족으로 사용하셨습니다. 장로님께서는 그 하나님께 정의와 바른 신앙 양심으로 응답하셨고, 결과적으로 많은 사람들에게 넉넉한 그늘을 제공해 준

진정한 믿음의 어른으로 우리 앞에 우뚝 서셨습니다.

오늘날 우리 사회에 존경하고 본받을 만한 어른이 없다는 한탄이 시작된 것은 어제 오늘의 일이 아닙니다. 그런 만큼 시대와 공간을 초월하여 역사적으로나 신앙적으로나 어른의 표상이셨던 김일환 장로님은 더없이 귀한 청송이셨고, 그분의 회고록은 노인이 아니라 어른으로 자신의 삶을 마무리하기 원하는 모든 이를 위한 삶의 지침서입니다. 하루하루 나이 들어가는 이 세상 모든 사람들에게 진정한 어른을 만나 뵙는 기쁨과 견줄 수 있는 것은 아무 것도 없습니다. 특히 구별된 신앙의 세계에서는 더더욱 그러합니다.

해제

현대사의 한 실체, 진솔하게 모습을 드러내다

전 연세대 교수, 현 계간 〈시대정신〉 발행인
김세중

한때 한국 현대사에서 1950년대는 주로 그늘로 뒤덮인 시기로 이해되었다. 정치적으로는 이승만이라는 억압적 통치자의 지배 아래 민주주의는 질식되고, 무능한 정부 아래 분단과 6·25전쟁으로 피폐해진 경제는 절망적 침체로 빠져들기만 하던 시기로 규정된 것이다. 다시 말해, 1960년대 이후 대한민국이 달성한 산업화와 민주화라는 눈부신 성과는 온전히 '1950년대의 침체'를 극복한 결과물로만 이해되었다. 그러나 근자에 활성화된 한국 현대사에 대한 새 연구 성과는 1960년대 이후 세계를 놀라게 한 대한민국의 성취가 기본적으로 1950년대의 성과를 배경으로 하는 것임을 보여 준다.

예를 들어, 1950년대의 험난한 여건에도 불구하고 대한민국이 자유민주주의와 자본주의를 정체성으로 하는 공동체로 확립되고, 놀라운 외교력으로 미국과의 한미상호방위조약 체결을 통해 국가 안보의 토대를 구축하고, 획기적 교육 정책의 도입으로 교육인구를 급속하게 확충했다는 점은 그 후 민주주의 발전을 위한 근원적 토대를 마련한 작업으로 평가된다.

경제와 관련해서는 종전 이후 4, 5년에 걸치는 시기가 '전후 부흥기' 또는 '경제 재건기'로 일컬어질 정도로 적극적 경제적 변화가 있었던 시기였음이 재조명된다. 전후 경제 부흥은 다음 세 분야로 정리될 것이다.

첫째는 산업 생산에서의 큰 진전이다. 전후 산업 생산의 증가는 사활의 과제임에도 침체를 못 벗어났는데, 당시 석탄 생산도 매우 부진한 상태에 머물렀다는 사실은 특기할 만하다. 석탄 증산은 전력 증산을 가능하게 하고 일반 제조업의 생산 활동을 촉진하는 원천적 힘으로 작용한다는 면에서 이는 치명적 상황 전개였다. 그러나 1955년부터 석탄 생산은 비약적으로 증가하고 이와 함께 시멘트, 판유리, 비료를 비롯한 다양한 제품 생산에 커다란 진전을 보인다. 당시 상공부 장관이던 김일환은 본 회고록이 보여 주듯 석탄 증산과 그 외 전후 산업 생산의 활성화를 주도한 인물이었다.

둘째는 재정 안정의 영역이다. 인플레는 1945년 해방 이후 만성적 현상이었고 이는 경제 운영과 경제활동을 심각하게 가로막는 요인이었다. 그러나 1950년대 중반에 접어들며 정부 부처 예산 지출 삭감, 통화 증발의 억제 등을 위주로 하는 재정 안정계획이 본격적으로 집행된 결과, 1958년에는 물가 안정 추세가 확실히 정착된다. 김현철 당시 재무부 장관은 국회와 각 부처 등의 격렬한 반대를 무릅쓰고 재정 안정계획을 뚝심으로 밀고 나간 주역이었다.

셋째는 장기적이고 종합적인 시각에서의 경제 운영을 위한 제도가 도입된 것이다. 건국 이후 경제 운영은 상황의 긴박성을 반영하여 대증적對症的 성격을 강하게 띠게 되고 단기적 시계視界를 벗어날 수 없었다. 1957~1958년을 전후로 생산 증가와 물가 안정의 징후가 뚜렷해진 반면, 미국 원조의 감소 추세가 본격화되며 장기적 관점에서 체계적으로 경제를 관리하려는 움직임이 싹튼다. 이는 1958년 4월 장기경제개발계획의 작성을 임무로 하는 산업개발위원회의 설립으로 이어진다. 당시 부흥부 장관 송인상이 주도한 이 위원회는 설립 1년 만에 1960년을 제1차 연도로 하는 경제개발계획의 시안을 완성한다.

아쉽게도 1958년부터 본격화된 미국 원조의 감축과 그 무렵 권력 구조의 핵심을 장악한 이기붕을 중심으로 하는 자유당 과두 지배집단의 수구적이고 권력 지향적 국정운영 행태에 짓눌려 세 영역에서의 성과는 자유당 치하에서 결실의 계기를 찾지 못한다. 그러나 이상의 고찰은 1950년대가 경제적으로도 불모와 불임의 시대가 아니라 1960년대 이후 가시화되는 '산업화를 향한 대질주'를 가능케 한 토대가 일정 부분 구축된 시기임을 보여 준다. 아울러 김일환, 김현철, 송인상은 1950년대를 넘어서는 역사 발전에 기여한 실세임을 보여 준다.

김일환 회고록은 전후 경제 부흥기 역사의 한 축을 이끌었던 김일환의 진솔한 역사 증언록이다. 이 회고록은 산업 발전의 실세로서 김일환의 역할이 1954년 육군본부 관리부장으로 재직 중이던 그를 이승만이 육군파견단장으로 석탄공사에 파견하면서 본격적으로 개시되었음을 증언한다. 당시 한국 산업 발전의 관건이었던 석탄 생산이 지리멸렬한 상태를 벗어나지 못하자 이승만은 그를 통해 국면 타개를 모색했던 것이다. 파견과 함께 그는 불과 1년 만에 5배의 경이적 생산 증가 실적을 올리는데, 회고록은 철저한 현장제일주의 원칙에 따른 그의 리더십이 이를 가능하게 한 요인임을 여실히 보여 준다. 이어서 그는 1955년 9월 상공부 장관에 임명되어 1958년 8월까지 만 3년 봉직한다. 이 기간은 산업 발전의 명실상부한 실세로서 석탄을 포함한 광업, 전기산업, 시멘트, 판유리, 비료, 제련 분야에서의 생산 제고提高에 결정적 기여를 한다. 이 과정에서도 역시 '지시 5퍼센트, 확인 95퍼센트'라는 현장주의 지도원칙에 따른 리더십이 철저히 실천되는데, 1960년대 상황에 익숙한 독자들은 이것이 1960년대 이후 '산업화 대질주기'를 이끈 리더십과 동일한 유형에 속하는 것임을 쉽게 깨달을 것이다.

주목할 것은, 이 회고록이 그가 산업 발전에서 발휘한 리더십이 독특한 교육 배경과 오랜 기간의 경험이 축적된 결과임을 보여 준다는 점이다. 그는 만주군관학교에서 경리병과, 그리고 뒤이어 신설된 육군경리학교를 졸업한다. 이런 교육을 배경으로 미군정 시는 통위부의 재무처장, 건국 후 국방부에서는 제3국장 후 육군본부 관리부장 등 보직을 담당하게 되는데, 이는 계속해서 군의 재정과 보급 등을 책임지며 끊임없이 경영과 행정 리더십을 연마하고 실적을 쌓아 왔음을 의미한다. 이런 면에서 김일환 회고록은 망국과 건국의 혼란 속에서 한 인간이 근대성을 섭취하고 그것을 키워 가는 과정에 대한 흥미진진한 기록이기도 하다. 회고록은 물론 이렇게 한 인간에게 축적된 근대성이 발휘되기에 걸맞은 자리를 배려할 수 있었던 이승만의 혜안에 대한 증언이기도 하다.

그 밖에 김일환 회고록은 굴곡 많은 한국 현대사를 반영하여 한 한국인 가족이 만주로까지 이주해야 했던 사정, 그리고 일제 패망 이후 귀국 과정에서의 파란만장한 여정, 국군 창설 과정과 6·25전쟁 시 벌어졌던 비사秘事들, 예를 들어 한국은행 금괴가 안전하게 후송되는 과정 등에 대한 흥미진진한 이야기를 담고 있다.

동시에 회고록은 1950년대 후반 한국 정치의 암울했던 모습에 대한 몇몇 중요한 증언을 담는다. 이미 언급했듯 김일환, 김현철, 송인상은 전후 재건기에 높은 경륜과 소신으로 한국 경제의 기초를 쌓는 데 기여한 한국 현대사의 실세들이다. 그러나 1950년대 후반에 정파적 국정 운영에 단호한 태도를 견지했던 이들 가운데도 특히 김일환과 김현철은 자유당 실세에게는 눈엣가시 같은 존재로 자유당 지도부의 직접적 모략의 대상이 되기도 한다. 이 때문에 겪게 되는 어려움에 대한 회고록의 묘사는 1950년대 후반의 혼탁한 정치 상황, 나아가 한국 정치의 한계에 대한 생생한 증언이라 할 수 있다. 특히 내무부 장관 재임 당시였던 1959년 영월 재선거 개표 과정에서 벌어진 자유당에 의해 주도된 불법과 그에 맞선 김일환의 원칙에 따른 소신 있는 처신, 이에 대한 이승만과 자유당 지도부의 상이한 반응은 한국 정치의 한 단면을 보여 준다.

특기할 것은 회고록은 이승만도 1950년대 후반에 접어들며 정치 현실의 메커니즘 속에서 자유당 지도부의 요구에 어느 정도 타협하는 모습을 보이게 됨을 시사한다는 점이다. 그런 와중에도 이승만은 김일환에게 상공부 장관 이후에도 내무부 장관과 교통부 장관의 중책을 계속 맡기는데, 이는 효율적 국정 운영에 대한 관심을 이승만이 사임하는 시점까지도 견지하고 있었음을 알려 준다.

김일환의 회고는 4·19와 그 후 2년 4개월에 걸친 형무소 생활을 마치고 출감

하는 시점에서 종결된다. 이는 그가 6, 70년대에도 국제관광공사 총재, 대한민국재향군인회 회장, 한국전력주식회사 사장 등 공인으로서의 막중한 역할을 계속했다는 면에서 아쉬운 대목일 수 있다. 그러나 1950년대까지의 기록만으로도 한 인간으로서, 그리고 공인으로서의 그의 모습을 이해하는 데 부족한 점이 없다는 면에서 아쉬움을 달랠 수 있다고 본다.

마지막으로 강조할 것은, 회고록은 진솔한 기독교 신앙인으로서 김일환의 모습과 체취까지도 감동적으로 느끼게 한다는 점이다. 독자들은 성실과 겸손, 타인에 대한 배려의 면에서 기독교적 휴머니즘의 한 전형을 발견하게 될 것이다.

▪ 부록 1은 일부 가족 사진을 제외하고는 김일환 장관의 약력에 따라 사진과 사진 설명글로 구성·편집 한 것이다.

부록 1

사진으로 회고하는 60년대 이후

성탄절을 맞아 가족과 함께 김활란 이화학당 재단 이사장 댁을 방문하여.
김 이사장은 한 달 보름 후인 1970년 2월 10일 소천하였다. 나의 딸 의정義晶과 의성義珹의 이름을 지어 주기도 한 그분을 나는 어머님처럼 여겼고, 나 스스로를 '수양아들'로 자부하였으며, 그분에 대한 마지막 봉사로 장례위원회 위원장직을 맡았다. 1962.11.18.

나는 4·19 이후 '다시는 관직에 나가지 않겠다'고 결심하고 학교나 교회 일로 사회를 위한 조그마한 봉사를 하려 했다. 그러나 뜻하지 않은 박정희 대통령의 부름을 받고 국제관광공사 총재로 일하게 되었다.
정일권 총리로부터 총재 임명장을 받으며.
1965.6.

한국을 방문한 미국 험프리 부통령을 만나
환담을 나누며.
1966.

국제관광공사 총재 재임 시 영빈관■ 개관식에서(현재 서울 장충동 신라호텔 자리).
왼쪽부터 육영수 여사, 박정희 대통령, 김종필 총리.
1967.2.28.

■ 국빈國賓 전용 숙소. 1959년 1월 이승만 대통령의 발의로 짓기 시작했으나 4·19와 5·16으로 공사가 중단되었다. 1965년 2월 박정희 대통령 지시로 다시 착수했다. 2만 8,000평 부지에 연건평 1,000여 평의 규모에다 수많은 관상수로 미관을 갖추었다. 영빈관의 첫 손님은 유럽의 국가원수로 한국을 처음 방문한 뤼프케 독일 대통령 내외였다.

재향군인회 회장으로서 세계재향군인회 제4차 아시아
및 태평양 지역회의에 참석하여.
1968.11.12.

국제관광공사 총재 시절, 박정희 대통령과 육영수 여사를 모시고 조선호텔 개관 기념 테이프 컷팅식을 거행하며. 1970.3.10. 완공

한국전력 사장 재임 시, KBS-TV 〈임택근 모닝쇼〉에
출연하여 겨울철 전력 사정을 설명하는 모습.
1970.11.3.

한국 최초의 원자력발전소인 고리원자력발전소
기공식에서. 1971.3.19.

통일주체국민회의 대의원 선거 당시 입후보자 벽보.
나는 거주지인 서울 용산구 제1선거구에서 출마하여
강영숙(아나운서 출신, 기호 5번), 박병규(해태제과 사
장, 기호 6번) 씨와 함께 선출되었다. 1972.12.5.

베트남전쟁에 참전한 한국군 격려차 주월사령부를
방문한 예비역 장성들과 그곳의 우리 군인들과 함께.

강원도민회장으로 도민회에 참석하여. 왼쪽부터 장덕진 전 농수산부 장관, 본인, 최각규 전 부총리, 최규하 전 대통령, 태완선 전 부총리.

한국관광협회 회장 재임 기간 중 타이페이에서 열린
제9차 한·중 여행업 집행위원회 회의에 참석하여.

후일 한국을 방문한 윌리엄 원 경제조정관을 환영하는 자리에서.
왼쪽에서 두 번째는 김정렬 전 국방부 장관, 네 번째는 오재경 전 문화공보부 장관, 다섯 번째는 윌리엄 원 조정관, 일곱 번째는 구용서 전 상공부 장관, 아홉 번째는 본인, 열 번째부터 백낙준 전 문교부 장관, 김진형 전 산업은행 총재, 송인상 전 재무부 장관, 이한빈 전 부총리.

프란체스카 여사 생신을 맞아 전직 장관들과 이화장에 모여. 여사 양옆으로 양자 이인수 박사 내외, 뒷줄 왼쪽부터 김정렬, 신현확, 송인상, 홍진기, 본인, 최재유, 구용서.

김옥길 이화여자대학 총장 자택에서. 김동길 박사(뒷줄 오른쪽에서 두 번째)의 저서 《링컨의 일생》 출간 기념. 1976.7.

한국관광협회 회장 재임 시, 서울 중구 새마을 시민 결혼식에서 주례를 서는 모습. 형편이 여의치 않았던 신혼부부들을 이런 자리를 통해서나마 축복하고 격려해 주었다.

1978.9.27.

후암교회에서 장로 장립식 모습. 환갑을 넘어선 늦은 나이에 하나님의 사역자인 장로 직분을 받아, 다시금 주어진 사명에 감개무량하였다.

1976.7.3.

평소 존경하던 한경직 목사(맨 오른쪽)와 함께
예배드리며.

인천의 한국기독교100주년기념탑에서. 오른쪽에서 세 번째는 한경직 목사와 함께 한국 교회를 위해 헌신한 최창근 장로.
1986.3.30.

한국 기독교 100주년 기념사업 가운데 하나인 선교기념관 건립 과정에서 건축위원회 위원으로 참여한 것은 내게 큰 영광이었다.

〈100주년기념사업총람〉 372쪽(1987.3.1. 발행)

2. 기념관개요

건립취지 및 건립경위

양화진 외국인 묘지 공원내에 들어선 선교기념관은 한국에 복음을 전해준 역대 선교사들의 숭고한 희생정신과 선교업적을 길이 기념하고 아울러 개화기에 서구의 문물을 들여와 한국의 근대화에 공헌한 구미 각국 인사들의 업적에도 감사하는 뜻으로 세워졌다.

1985년 1월 14일 재단법인 한국 기독교 100주년 기념사업협의회는 제 5 차 총회에서 한국교회와 성도들의 성금으로 양화진 외국인 묘역에 기독교 100주년을 기리는 큰 사업의 하나로 한국기독교 선교기념관을 건축키로 결의, 건축위원회를 구성하고 그해 6월 28일 기공예배와 함께 공사에 착수했다. 1년 2개월만인 1986년 8월 20일에 건조물 및 토목공사가 준공되고 9월 10일까지 조경공사까지 완료, 10월 10일에는 헌당예배가 있었다.

규모 및 시설

토목공사와 건축공사비로 5억 2 천 5 백만원 · 조경비로 3천만원, 총 5억 5 천 5 백만원이 쓰여진 선교기념관은 조형면적 1천 5백평, 지하 1층 · 지상 3층에 연건평 350평의 규모로 묘지공원 동쪽언덕에 2호선 전철과 한강을 마주보고 거대한 탑과도 같이 우뚝 솟아있어 양화진 일대의 빼어난 경관과 한데 어울려 보는 이들에게 경건한 마음을 자아내게 해준다.

전면의 외관은 합죽선을 펴듯 가장 높은 중심선에서 약간 후진하며 종으로 단(段)을 이루어 연속성을 나타냄으로써 하나님을 경배하는 자세가 강조되었다. 건물 외부재료는 우리나라 고유의 내구성이 강한 화강석을 사용해 기념성과 상징성을 드러냈고 주요 창문은 스테인드 글래스를 사용하여 아름답고 우아한 분위기를 이루고 있다.

기념관의 중심은 2층과 3층의 대강당겸 외국인 연합교회 예배처소이며 1층에는 선교기념실, 자료전시실, 중 · 소 회의실, 교육실, 목회자실 등이 있고 지하층에는 친교실과 식당, 기관실, 다목적실 등이 있으며 기념관 밖에는 야외행사 공간과 주차장, 관리인 숙소, 휴게실 등이 갖추어져 있다.

이 기념관은 동양건축주식회사의 설계와 감리로 삼풍건설주식회사가 시공했으며 기념관 준공에 때맞춰 기념관 앞뜰에 세워진 기념비문은 소설가 정연희집사가 지었다.

선교기념관 개요

1. 착공 1985. 6. 28
2. 헌당 1986. 10. 10
3. 조형면적 1,500평
4. 연건평 350평 (지하 1층 · 지상 3층)
5. 공사비 5억 5 천 5 백만원
6. 건물내용
   1층 : 선교기념실 · 자료전시실
   2층 : 대강당 · 예배소 (3층 일부포함)
   3층 : 회의실 · 교육실 · 목회자실
   지하 : 식당 · 친교실 · 다목적실 · 기관실

■ 건축위한 재정위원회 위원장 최창근, 부위원장 김경래 유상렬, 위원 강병훈 강성모 고평식 김덕윤 김동수 김인득 박순양 박용학 박치순 서정한 신영균 양광석 유상근 이병익 이형자 장치혁 정해숙 주경효 최기만 최태섭 최 훈

■ 건축위원회 위원장 최순영, 부위원장 이창로 오 건, 위원 김일환 김정철 박창원 배태준 이 준 정이숙 지원상, 상임이사 강병훈, 사무국장 전재성, 담당실무국장 김경래

372

이화여자대학에서 윤후정 총장으로부터 명예법학박사 학위를 수여받으며. 이화여자대학교 개교 110주년에 맞추어 학위를 받음으로 김활란 박사님을 위해 내 할 바를 다했다는 뿌듯함이 들었다.
1996.5.31.

이화여자대학교에 십장생도 병풍을 기증하며 장상 이화여자대학교 총장(왼쪽), 정의숙 이사장(오른쪽)과 함께.
1998.5.13.

봄, 가을에 경주 김씨 종친회장으로 경주에서
제를 올리는 모습.

여든네 번째 생일을 맞아.

1998.8.15.

아침에 후암동 자택에서.
평소 나는 아침 5시 반에 기상해 줄넘기를 500번 이상 해왔다. 사무실에서도 손님과 이야기하는 시간 외에는 장시간 앉아 있는 시간을 줄이고 책상 앞에 선 채로 결재하거나 업무를 보며 건강을 챙겼다. 체력은 창조하는 것이고, 건강은 관리하여 재생산하는 것이다.

1959년 당시 서울대 미대 재학 중이던 5촌 조카 이만익 화백이 여름날 후암동 집에 들렀다가 그려 준 그림.

아이들 새학기가 시작된 무렵, 아직 돌이 안 된 막내까지 온 가족이 모여.
왼쪽부터 시계방향으로 의득, 의광, 의창, 의영, 의순, 의정, 의성.
1960.4.

어머니 회갑을 맞아. 당시 직계 가족이 모두 모이기에 집이 비좁아 이웃집을 빌렸다. 사진 뒷줄 왼쪽부터 둘째 제수 이영자, 둘째 동생 정환, 첫째 동생 철환, 처 안경신, 본인, 둘째 여동생 보환, 둘째 매제 조성근, 셋째 여동생 은환, 셋째 매제 홍순우, 큰 여동생 옥환, 첫째 제수 안선. 앞줄 왼쪽부터 아들 의창, 조카 의홍, 아들 의광, 조카 의만, 조카 정경숙, 딸 의정을 안고 계신 어머니, 조카 홍리매, 아들 의순, 아들 의득, 조카 정창규, 아들 의영.

1957.5.19.(음력 4.20.)

성탄절을 맞아. 맨 앞줄 왼쪽부터 손녀 시양, 손자 민종, 승종, 근종, 휘종, 명종. 둘째 줄 왼쪽부터 장남 의창, 장녀 의정, 손녀 시운, 아내 안경신, 본인, 장모 양선숙. 셋째 줄 왼쪽(사진 가운데)부터 차녀 의성, 둘째 며느리 조승미, 손자 우종, 셋째 며느리 서혜숙. 맨 뒷줄 왼쪽부터 넷째 의득, 손녀 오용, 넷째 며느리 최향미, 첫째 며느리 박기준, 셋째 의광, 둘째 의영, 손녀 오수, 다섯째 며느리 배용주, 다섯째 의순. 1978.12.25.

인천 앞바다에서 아내와.
"나 혼자만이 그대를 알고 싶소…… 나 혼자만을 그대여 사랑해 주…… 영원히 영원히 변함없이 사랑해 주."
(애창곡 〈나 하나의 사랑〉의 한 소절)

"나를 사랑하시고 나의 죄를 다 씻어,
하늘 문을 여시고 들어가게 하시네.
날 사랑하심, 날 사랑하심, 날 사랑하심,
성경에 써 있네."

– 찬송가 411장 〈예수 사랑하심은〉 2절 가사가 비석 하단에 새겨짐.

대전 현충원 장성묘역 소재.

육군중장 김일환의 묘
예수 사랑하심은
나를 사랑하시고
날 사랑하심 날 사랑하심
날 사랑하심
성경에 써 있네

▪ 부록 2는 김일환 장관의 기고글 목록 및 그 일부 내용을 담았다. 그가 상공부 장관 및 국제관광공사 총재로 재임하던 시절, 당시 시대 상황, 산업 현황, 정책 방향 등을 좀더 구체적이고 객관적으로 살펴볼 수 있는 자료로 구성하였다. 여기에 있는 그림과 표는 원 자료에 있는 그대로 사용했다.

부록 2

김일환 기고글 목록

"한국 중소기업의 현황과 발전 분야" 〈국회보〉 제9권, 1956년 12월, pp. 143–145.

"한국 광업 개발의 현황과 전망" 〈지방행정〉 제5권 제2호, 1956년, pp. 32–42.

"전원개발계획과 국내 전기 사정에 대한 전망" 〈재정〉, 1956년 2월, pp. 44–49.

"중소기업 육성의 실적과 계획" 〈지방행정〉 제6권 제3호, 1957년, pp. 24–27.

"4290년도 상공정책의 전망" 〈지방행정〉 제6권 제1호, 1957년, pp. 39–41.

"국영기업체의 민영화와 생산성 향상에 주력" 〈지방행정〉 제7권 제1호, 1958년, pp. 35–38.

"국산품 애용에의 구체적 방책: 신생활문제" 〈국회보〉 18, 1958년 3월, pp. 93–97.

"취임사: 내무부 장관 김일환" 〈지방행정〉 제7권 제61호, 1958년, pp. 4–5.

"예산면에 비추어 본 신년도 교통사업전망" 〈기업경영〉 3:1, 1960년 1월, pp. 9–10.

"관광사업에 대한 관민의 협조와 관광시설의 확충: 제2차 경제개발5개년 계획의 전망" 〈경영연구〉 30, 1966년, pp. 23–25.

"재향군인회의 현황과 전망: 제1회 향군의 날을 맞이하여" 〈국회보〉 56, 1966년 6월, pp. 47–49.

"도시 관광사업의 실태와 문제점" 〈도시문제〉 제3권 제19호, 1968년, pp. 2–11.

"우리나라 관광사업 진흥을 위한 제문제" 〈국회보〉 83, 1968년 9월, pp. 42–45.

"향토방위와 향군무장" 〈국회보〉 77, 1968년 3월, pp. 66–69.

"반공하면서 건설하는 길: 향토예비군 설치와 자주국방" 〈지방행정〉 제176호, 1968년 6월, pp. 32-35.

"승공과 우리의 자세: 예비군의 입장에서" 〈雁行〉 15, 1969년, pp. 4-5.

"한국 관광 현황과 EXPO'70 관광객 유치책" 〈국회보〉 100, 1970년 3월, pp. 48-52.

"송년수상: 농어촌 전화사업에의 큰 보람" 〈지방행정〉 제19권 206호, 1970년, pp. 132-135.

"김일환 국제관광공사 총재 인터뷰" 〈세대〉 제8권 제81호, 1970년, pp. 112-117.

"비상사태와 향군의 사명: 우리는 자주, 자립, 자위의 선봉임을 자각한다" 〈세대〉 제103호, 1972년 2월, pp. 121-125.

"국제정세의 변동과 독자적 안보체제: 민족 주체로서의 사명과 자세" 〈국민회의보〉 1, 1973년, pp. 132-135.

"초대 통일주체 국민회의대의원이 되고 나서" 〈통일생활〉 제32호, 1973년, pp. 21-28.

"유신5년과 대의원" 〈국민회의보〉 20, 1977년, pp. 50-53.

"관광진흥을 위한 범국민적 참여를" 〈현대해양〉 89, 1977년, pp. 22023.

"미래를 향한 한국관광" 〈지방행정〉 제26권 제283호, 1977년, pp. 94-99.

"향토문화개발과 관광자원: 향토문화개발의 의의" 〈지방행정〉 제27권 298호, 1978년, pp. 48-55.

"80년대, 10억 불 기반 다져야" 〈상의〉 208, 1978년, pp. 16-17.

"건전한 국민관광과 국민생활 향상" 〈지방행정〉 제27권 제300호, 1978년, pp. 62-67.

한국 광업 개발의 현황과 전망

〈지방행정〉 5권 2호 (1956)

상공부 장관 김일환

1. 서론

광업은 지하에 매장되어 있는 광물을 채굴하여 처리하는 만큼 위험률이 많고 거대한 시설과 많은 인원을 동원하여 산간벽지에서 광석을 채굴해야 하며 물량이 많은 이 광석을 장거리로 운반하여 처리·공급하게 되므로 많은 자본을 필요로 한다. 또 회전기간이 장기간이므로 영세한 개인자본으로는 실제 운영하기 극히 곤란한 사업이다. 국가경제상태가 불안할 때일수록 개인은 장기투자를 기피하게 되므로 광업은 더욱 운영하기 곤란하고 국가적으로 장려하기 곤란한 사업이다. 그러므로 국가 정책적인 입장에서 광업을 장려하여야 할 필요성이 있을 때에는 제반 산업 중 가장 우선적으로 조성책을 강구하여야 할 것이고, 또 때에 따라서는 수지타산을 도외시하고라도 국가에서 보호 육성해야만 그 정상적인 발전을 기대할 수 있을 것이다.

2. 한국 광업의 현황 및 전망

한국은 다행히 광산물의 매장량이 풍부하고 극동에서 광산국으로서의 명성이 높은 바 있으며 국가의 경제적 입장에서 볼 때 광업 개발은 대단히 긴급한 과제의 하나이다. 국가산업건설에서 광물은 원재료로 공급해야 하고 또 잉여분은 수출하여 외화 획득에 기여해야 하므로 기타 산업보다 광업은 선행되어야 한다. 특히 우리나라와 같이 역사적으로 현대문명이 급격히 발달한 중요한 시기에 타민족의 질곡에 얽매여 제반 산업이 발달하지 못하고 원시적인 범주를 벗어나지 못한 데다가 전쟁으로 약간 있는 기존 산업시설마저 파괴되어 금후 재건 부흥을 위해서는 무엇보다도 광업 개발이 긴급한 단계에 있다.

또 주요 자원의 비중을 따져볼 때 농산물은 전 국민의 8할이 이에 종사하고 있고 그로써 국민의 식량을 자급자족하고 있는 점에서 제일 중요하다고 볼 수 있겠으나, 광산물은 그 다음 가는 위치를 점하고 있다고 볼 수 있고, 그 생산 실적은 표 1과 같으며 도 수출실적은 표 2와 같은바

단기 4286년 총수출액 44,720,694불 51센트 중 광산물 수출액 35,353,577불 96센트, 총 수출액에 대한 비율 79%

단기 4287년 총수출액 25,911,898불 08센트 중 광산물 수출액 18,132,647불 89센트, 총 수출액에 대한 비율 69%

단기 4288년 8월 말 현재 총 수출액 12,459,310불 47센트 중 광산물 수출액은 7,439,842불 70센트로 전체 수출액의 59%를 차지하였다.

작년 8월 말까지의 광산물 수출 실적이 비교적 저위低位에 있음은 중석을 현재의 생산능력에 비하여 3분지 1 정도로 제한 수출하고 있음에 기인하나 이를 자유로 방임한다면 70% 이상을 점할 것은 확실하다. 이 경우 광산물은 총 수출액 중 70% 이상을 점령하는 가장 큰 외화획득을 위한 자원이다. 그리고 과거 일제 식민시기에는 일본인들이 중요 광산을 독점하여 항구적인 대책 없이 자국의 정책적인 이유에 의하여 수시 필요한 부문에만 광업을 운영하였으므로 정상적으로 발달하지 못하고 파행적인 형태로 개발되었다. 해방 후 중요 광산의 대부분이 귀속 광산으로 방치되어 그중 일부를 관리인을 선정하여 운영시키고 있으나 관리인의 동태는 광업권이 자기 개인 것이 아니고 또 장래 소유권 취득에 대한 보장도 없으므로 본격적인 개발을 주저하게 되어 자연 소극적이고 고식적으로 운용되고 있는 형편이다.

현재 국내 광산 운영 현황을 단적으로 논한다면 대체로 휴면 상태에 있다고 하여도 과언이 아니며, 다소 유리한 환경에 있을 때는 가동하다가 일시 불리한 징조가 보일 때에는 모두 휴광休鑛하여 운영이 불안정하다. 또 이러한 현상은 광업자의 무성의뿐만 아니라 민족자본의 미약과 경제상태의 불안정으로 장기투자를 기피하는 데도 그 원인이 있는 것이다.

그러므로 정상적이고 활발한 광업 개발을 위해서는 정부에서 과감한 시책이 있어야 하고 또 민족자본의 축적을 기다려야 할 것인바, 현재 국가경제적인 여건과 재정상의 제약으로 급격한 증산책을 도모함은 곤란하므로 현 실정에서 가능한 한도 내에서 제반 애로를 타개해 가면서 점진적으로 증산을 기도하기 위하여 광산물5개년증산계획을 수립하고 다음과 같은 면에 주력하고자 한다.

(第一表) **重要鑛山物生產計劃與實績對比表** (4286~4288)

鑛種名	單位	4286年 計劃	4286年 實績	4286年 對比	4287年 計劃	4287年 實績	4287年 對比	4288年 計劃	4288年 實績	4288年 對比
金	g	3,000,000	494,403	17%	5,000,000	1,632,000	32%	2,000,000	1,234,747	60%
銀	〃	3,000,000	1,623,773	54	25,000,000	1,552,095	64	8,000,000	1,962,713	25
銅鑛	M/T	12,000	11,136	91	17,000	7,047	41	17,000	11,569	70
電氣銅	Kg	1,400,000	199,076	14	860,000	204,720	24	860,000	216,589	25
鉛鑛	M/T	6,000	255	5	1,200	116	9	600	1,327	217
亞鉛鑛	〃	42,000	30	0.3	2,400	—	—	2,400	30	12
重石	〃	4,600	7,441	125	15,000	3,828	27	6,500	2,425	37
水鉛	Kg	50,000	16,305	32	200,000	17,924	9	160,000	9,343	13
蒼鉛鑛	M/T	500	666	123	700	382	55	400	332	83
金屬蒼鉛	Kg	130,000	305,122	230	170,000	160,376	94	170,000	97,858	57
鐵鑛	M/T	26,000	18,971	74	40,000	30,996	78	40,000	23,045	56
망강鑛	M/T	6,000	3,058	50	6.000	1,581	27	3,000	2,779	98
모나즈鑛	〃	600	776	113	800	1,005	125	2,000	501	25
니켈鑛	〃	1,500	1,116	73	1,700	140	8	500	—	—
重晶石	〃	5,400	1,098	20	3,000	305	1	3,000	846	30
鱗狀黑鉛	〃	2,200	68[illegible]	31	3,000	714	23	1,000	—	—
土狀黑鉛	〃	47,000	18,774	40	32,000	13,206	40	18,000	79,356	444
螢石	〃	11,200	11,012	99	12,000	8,872	75	12,000	10,076	82
高領土	〃	24,000	7,805	32	20,000	9,457	50	20,000	13,452	70
滑石	〃	15,800	8,599		19.000	8,326	42	15,000	5,434	40
蠟石	〃	21.600	15,888	73	32,000	10,694	34	20,000	4,583	25
硅砂	〃	10,000	—	—	20,000	—	—	20,000	100	0.5
石綿	〃	1,000	—	—	1,500	—	—	400	60	15
硅藻土	〃	—	222	—	1,000	1,219	13	1,600	3,438	150
石灰石	〃	—	—	—	300,000	9,007	3	100,000	8.098	8
無煙炭	〃	9,200,000	866,706	94	1,782.300	800,970	50	1,614,000	1,035,686	64

중요광산물 생산계획 및 실적대비표

(第二表) **鑛產物輸出實績與輸出總額에對한鑛產物의比重表** (4286~4288 8月現在)

品種	4286年 數量 M/T	4286年 金額 $	4286年 輸出總額에 對한比率	4287年 數量 M/T	4287年 金額 $	4287年 輸出總額에 對한比率	4288年 數量 M/T	4288年 金額 $	4288年 輸出總額에 對한比率
土狀黑鉛	20,515.96	570,527.19	1%	43,701.600	849,538.60	3.3%	72,372	1.363,840	11%
鱗狀黑鉛	328.400	27,034		990	55,568		150	15,000	
高領土	3,700	78,700		6,555	130,417.50		4,220	93,005	
螢石	8,796	303,747		10,071.166	346,078.42		10,175.1	384,867.65	
滑石	7,835.400	220,452.95		6,973	180,752		6,246.7	163,663.85	
石綿	—	—		—	—		—	—	
硅石	0.285	10,545.00		0,742	26,780		—	—	
蠟石	12,500	180,660		11,712	174,404		6,481.2	87,154.60	
其他原鑛物	7,454.52	284,168		2,880.58	196,184			158,875	
鐵鑛石	26,381,900	324,161		30,031	347,288		16,160	196,995	
古鐵	—	—		—	—		—	—	
其他鐵物	16,755	449,085		19,523	447,113		9,815	227,723	
重石	7,874,965	30,579,893	68%	3,634.050	13,096,352.12	51%	1,775	2.951,192.90	24%
水鉛	12,500	16,350		115	12,620.40		567	65,163.28	
滿俺	2,783,600	95,876.25		—	—		4,680	123,800	
金屬蒼鉛	172.689	609,213.24		121	441,817.88		230	342,263.97	
銅鑛	7,097.60	320,593.87		4,880	208,747		7,930	382,522.60	
亞鉛鑛	—	—		—	—		—	—	
鉛鑛石	50	3,500		300	7,500		1,253	100,213.20	

電氣銅	30	24,247.20		434.038	265,444.9		155	130,128.95	
精鉛	—	—		56	13,300		—	—	
其他非鐵金屬	5,197.7	75,514.24		4,250.222	574,300.07		2,497	430,815.50	
無煙炭	782,202	1,172,921.50	3%	62,234.320	749,3[illegible]2.97	2.9%	24,010.1	323,003.30	2.6%
合計			79%		18,132,649.86	68%		7,433,842.70	59%
輸出總額		44,723,694.51			25,911,898.08			12,459,310.47	

광산물 수출실적 및 수출총액에 대한 광산물의 비중표

(第三表) 一般鑛產物五個年生產計劃表

鑛種名	規格單位	4288年	4289年	4290年	4291年	4292年
金	100%G	2,000,000	4,000,000	6,000,000	700,000	10,000,000
銀	100%G	8,000,000	2,000,000	25,000,000	28,000,000	30,000,000
銅鑛	6 M/T	17,000	20,000	25,000	26,000	30,000
電氣銅	99.9 M/T	850	860	1,000	1,200	1.500
鉛鑛	30 〃	600	700	1,000	1,200	1,500
亞鉛鑛	40 〃	2,400	2,800	3,000	3,500	5,000
蒼鉛精鑛	40 〃	400	450	500	500	800
金屬蒼鉛	99.8 〃	170	190	210	250	340
鐵鑛	50 〃	40,000	90,000	100,000	120,000	150,000
滿俺鑛	35 〃	3,000	4,000	5,500	6,800	7,000
니켈鑛	3 〃	500	1,500	1,600	1,800	2,000
重石鑛	65 〃	6,500	6,500	6,500	6,500	8,000
水鉛鑛	90	160	18[illegible]	200	28[illegible]	350
鱗狀黑鉛	ABC 〃	1,000	1,300	1,500	1,800	2,500
土狀黑鉛	75 〃	18,000	24,000	36,000	45,000	60,000
石綿	각급 〃	400	600	1,000	1,500	2,400
蠟石	SK 〃	20,000	22,000	25,000	27,500	30,000
滑石	각급 〃	15,000	20,000	23,000	25,000	30,000
螢石	80 〃	12,000	15,000	18,000	20,000	25,000
重晶石	90 〃	3,000	3,500	3,800	4,300	5,400
硅藻土	〃	1,600	2,000	2,500	3,500	4,500
高嶺土	SK 〃	20,000	25,000	28,000	30,000	35,000
石灰石	50 〃	100,000	150,000	200,000	250,000	300.000
硅砂	95 〃	20,000	22,000	25,000	30,000	35,000
紅柱石	SK 〃	4,800	5,000	5,300	5,800	6,100
모나즈鑛	30 〃	2,000	26,000	3,000	3,500	5,000
綠柱石	10 〃	45	50	60	70	100
지리콘鑛	30 〃	340	400	500	600	700

일반광산물 5개년생산계획표

(1) 금 · 은 및 동광 개발 문제

현재 금본위는 아니라 하더라도 국가경제에서 금이 가진 중요한 역할이 완전히 없어진 것은 아니어서 어느 정도 한국은행에 확보되어야 할 것이다. 특히 우리나라가 IMF에 가입한 현재 더욱이 그 필요성이 요청된다. 또 금광은 광업에서 약 7할을 점하고 있으며 은, 동, 아연, 철 등 중요금속광물을 항시 수반하여 산출되므로 금광을 개발치 않고는 광산물을 증산할 수 없는 조건하에 있어, 이를 적극 조성하여야 한다.

과거 금광의 운영 실태를 보면 해방 후 휴광 상태로 방치한 것을 정부 수립 후 국유 광산의 일부에 관리인을 선정하였고, 또 개인 광산도 가동을 시작하게 되어 점차 금광 열기가 앙양昂揚된 바 있다. 그러나 6·25사변으로 일시 중단되었던 것이 수복 이후에 점차 재가동되어 일부 광산은 운영을 개시하였다. 그러나 그 당시의 금의 시중시세는 저위에 있었으므로 채굴 조건이 좋은 일부 광산이 근근 운영된 데 불과한 것이었으나 단기 4287년 5월 4일부터 산금집중産金集中 조성 요령을 실시하여 한국은행에서 금의 국제공정가격인 매와당每瓦當 1불 12센트로 불화弗貨로 매입하고 같은 금액의 불화를 대부하여 금광업자의 손실을 보전하도록 하였다. 이로써 일시 금광개발을 촉진하였던바, 이도 제반 사정으로 불과 5개월간 효과를 보았을 뿐 동년 10월에 중지하고 11월부터 원화로 매와당 854환으로 매입하기로 되어 현재까지 실시하고 있다. 이 가격은 금의 시중 시세보다 현저히 저위에 있고 또 점차 증설되는 생산원가보다 하회하는 것으로 인정되어 한국은행에 매각하는 경우가 거의 없는 상태이다.

그러나 정부에서 금광을 장려하여야 할 필요성이 인정되고 또 한국은행에서 매입하려면 직접이든 간접이든 금광업자에게 가는 소득이 최소한 생산원가 이상이 되어야 할 것은 당연하다. 직접적인 방법은 매입가격의 인상 또는 매입가격의 인상이 곤란하면 생산원가와 매입가격과의 차액은 국고보조 등을 고려하여야 할 것이고, 간접적인 방법은 기타 조성책을 고려해야 할 것이다. 그런데 국고보조라는 것은 국가재정상 과중한 부담이 될 뿐만 아니라 생산 장려를 하는 방법으로서 항구적인 시책이 되지 못하는 것이다. 간접적인 방법으로는 자금의 융자, 자재의 알선 기타 행정적인 방법으로 광업자를 조성하여 생산원가를 저하하도록 하는 방법인데, 현 단계로서는 어느 일방적인 방법으로는 목적을 달성하기가 심히 곤란할 것으로 인정되고 양자 적당히 절충적인 방법이 유효할 것으로 사료되나 근본 방침에서는 어디까지나 후자를 위주로 한 시책이어야 할 것이다. 그리고 은동광 문제는 국내 수요가 많고 또 금광 문제와 관련지어 고려해야 할 것이며, 특히 동광은 금광 제련에서 절반씩 혼합해야만 되는 기술적인 관련성이 있으므로 금광과 같은 보조로서 조성해야 할 것이다.

(2) 중석광 개발 문제

한국은 세계적으로 중요한 중석 생산국이며 자유진영 국가의 약 3분지 1을 차지하고 있고 외화 획득을 위한 가장 중요한 자원이다. 한국중석의 수출정책 여하에 따라 국제 중석 시세를 좌우하고 있는 만큼 그 수출 문제는 신중을 기하여야 할 것이다. 과거 한국동란을 계기로 한미중석협정이 체결되어 단기 4285년 4월부터 4287년 3월 말일까지 만 2년간에 긍하여(걸쳐) 계약량 15,000톤 전량을 수출 완료하여 약 35,000,000불에 해당하는 외화를 획득하였다. 휴전 이후 중석 시세가 현저히 하락

되었으므로 일시 정세를 관망하기 위하여 수출을 금지하고 있는 것을 작년 1월부터 수출을 재개하여 본년 1월 말까지 13차에 긍하여 국제입찰을 한 결과, 양으로 3,772톤, 금액으로 순수입액 7,197,000불에 해당하는 중석을 수출하여 외화 획득에 크게 기여한 바 있다. 그러나 현재로는 중석의 국제 시세가 낮으므로 생산 가능량의 약 3분지 1 정도로 제한수출을 하고 있으나 이후 국제정세의 변천에 따라 신축성 있는 수출을 할 수 있다.

이전까지 중소광산 생산 중석도 대한중석광업주식회사에서 일괄하여 수출하고 있었으나 중소광산은 중석 생산량이 월 100톤 미만이어서, ① 자유 수출하도록 방임하여도 대세에 영향이 없을 것이고 ② 대행기관에서 일괄 수출함에 따라 입고 분석하고 그 결과에 따라 해외에 안내장을 송부하여 입찰에 부하는 등 수속이 복잡하여 중석 수출 위탁자에게 자금순환이 되는 것은 상당히 장기를 요하여 어려움이 많은 형편이고, ③ 한 거래에서 대량을 입찰하므로 가격은 시세보다 현저히 저위에서 낙찰될 우려가 있고, ④ 중소광산 생산 중석도 질적으로 상당히 향상되어 국제적 성가聲價를 훼손할 우려도 적고, ⑤ 대행기관인 대한중석광업주식회사도 일괄취급으로 인하여 업무 수행상 각종 지장이 있음으로 대한중석광업주식회사가 생산하는 중석은 종전과 동일한 방법으로 수출을 계속하더라도 중소광산 생산 중석은 이를 분리하여 각 생산업자가 독자적인 견지에서 자유로이 수출하도록 하였다.

(3) 기타 국내 수요가 많은 광종의 개발 문제

연, 아연, 고령토, 납석, 활석, 명탄석, 철, 흑연, 규조토 및 유화철 등 국내 수요가 많은 광종을 우선적으로 증산하고자 추진 중인바, 원래 광석은 국내 수요에 충족하는 이외는 원광석으로 수출하는 것보다 이를 국내에서 처리하여 반제품 또는 제품으로 수출함으로써 수익을 증가할 수 있는 것이므로 금후 이러한 면에 주력하여 국내에서 직접 수요에 공급하지 않더라도 원광석을 처리하여 제품화할 수 있는 것은 가급적 제품화하여 수출하도록 보호 육성하고자 한다.

(4) 수출 대상 광물 개발 문제

아국我國은 다양한 광물이 생산되고 특히 최근 과학기술의 발달에 따라 급격히 수요가 고조된 희유稀有원소 등이 도처에서 발견되어 중요 수출자원이 되고 있으나 국내 산업이 후진성을 띠고 있어 원광석을 국내에서 처리치 못하는 광물이 많다. 장차 국내에서 처리할 수 있는 시기까지는 해외에 수출하여 외화를 획득함으로써 산업 재건에 소요되는 중요 기재를 도입할 수 있으므로 수출 대상이 되는 광물은 적극 증산을 기도하여야 할 것으로 인정된다.

(5) 장항제련소 운영 문제

장항제련소는 남한에서 유일한 건식 제련소이고, 이 제련소의 운영 여부는 금속광업에 미치는 영향이 크며 그 생산원가도 현저히 저하시킬 수 있는 것이다. 그러므로 제련소의 시설 확충에 주력하고자 하며 현재 대외원조사업 또는 국고보조로서 시설의 보수 및 확충을 추진 중에 있으며, 종래 제련소가 원활히 운영되지 못하고 광업자 역시 자금난, 수송난 등 제반 애로가 있음에 감鑑하여 불리한 것을 인식하고도 고품위 광석만 선광하여 채취율이 심히 불량한 자가 제련에 의존하는 등 제련소와 광업자 간에 연계가 희박하여 양자 모두 큰 손실을 입고 있다.

광업이 정상적으로 운영되지 못한 일례가 되고 있으므로 제련소 운영을 일층 원활히 하기 위하여 수시로 필요한 융자를 고려하기로 하고 매광買鑛 대금을 급속히 지불하게 하여 광업자의 자금 순환을 신속히 하도록 하고자 한다. 장항제련소에 대한 융자 특히 매광 자금의 융자는 간접적인 광업자에 대한 융자로도 볼 수 있을 것이나, 일방 제련소의 시설의 개량 등을 기도하여 제련비를 저하하도록 하여야 할 것이며, 또 광업자가 매광할 때 당면하는 제반 애로 즉 수송 문제, 매광 수속의 간이 등을 해결하여 주도록 하고 이상 제반 조건이 순조로이 운행되지 않고도 정상적인 광업 운영을 기대할 수는 없을 것이다.

(6) 대외 원조 사업에 의한 개발 문제

전술한 바와 같이 아국은 풍부한 지하자원을 보유하고 있으면서도 민족자본의 빈약과 국가재정의 제약으로 적극적인 개발과 육성은 곤란한 바 있다 하였으나 다행히도 FOA 및 UNKRA 등 외국 원조기관의 원조로 빈약한 민족자본과 국가재정의 부족을 보전할 수 있었다. 그중에서도 특히 UNKRA로부터는 1953년부터 1955년 3년간에 긍하여 14,141,479불의 원조를 얻어 대전분석소의 설치, 운영을 위시하여 기타 중요 광산물의 생산 및 제련에 필요한 시설, 자재, 보수, 기술과 시추 등 다각도로 다대한 성과를 거두고 있는 중이다. 그러나 1956년부터는 대외 원조기관으로서 앞의 두 기관은 해체되고 대신 ICA(International Cooperation Administration)가 등장하게 되어 금후 계속 원조사업을 적극 추진하고자 관계기관과 협의 중에 있다.

3. 석탄5개년증산계획

석탄은 제반 산업의 원동력이므로 석탄을 원활히 공급하여야 한다는 사실은 산업 발전을 위하여 절대적인 요소이다. 아국은 전쟁을 계기로 거의 전멸 상태에 함입하였던 제반 산업시설이 기간산업을 비롯하여 점차 복구와 건설 중에 있어서 석탄의 수요는 일익증가하고 있다. 종래 가정연료로 임산연료를 주로 사용하던 것을 석탄으로 전환하게 되어 최근에 이르러 급속도로 그 수요가 증가되고 있다. 또 유연탄은 생산되지 않으므로 종래 공업용, 발전용 및 기타 특수공업용으로 유연탄을 월 약 80,000톤 정도 수입하고 있으나 금후 연차적 계획에 의하여 철도 및 발전용은 원칙적으로 무연탄 사용으로 전환하도록 하고 특수부문도 부득이한 경우를 제외하고는 무연탄으로 전환하도록 계획 중이므로 무연탄은 대폭 증산하여야 할 단계에 처하여 단기 4288년을 시발점으로 하는 석탄증산5개년계획을 수립하고 최종 년인 단기 4292년에도 초년에 비하여 약 2배 반 정도 증산을 기도하고 있다.

본 계획 완수를 위하여 첫째 대한석탄공사 소속 탄광의 증산을 도모함과 둘째 민영 탄광의 보호 육성이 있어야 할 것이다.

① 대한석탄공사 소속 탄광의 증산 문제 = 국내 석탄 생산량의 약 6할은 석탄공사 산하 탄광에서 생산되고 또 질적으로는 민영 탄광에 비하여 단연 우수하다. 석탄공사 산하 탄광의 생산에 주력해야 할 것인바, 원래 이들 탄광에 부설된 시설은 빈약하고 또 노후하기 때문에 시설 복구에 주력을 경주하여 원상복구가 진행 중이며 또 1953년부터 대외원조사업으로 시설 복구·확충을 위한 자금이 배정되어 사업이 진행 중에 있고 선진국의 탄광기술자로 고빙雇聘할 것을 계획 중에 있다.

② 민영 탄광의 보호 육성 문제 = 석탄공사 산하 탄광의 증산을 기도하는 일면 증산 계획량의 약 4할을 점하는 민영 탄광의 증산책을 강구해야만 소기의 성과를 거둘 수 있을 것이므로 우선 시설의 확충과 시추 조사에 주력하고자 한다.

(ㄱ) 민영 탄광의 시설 확충 및 보수

현재 민영 탄광의 운영 상태는 원시적인 방법을 벗어나지 못하고 대부분의 탄광은 수굴手掘을 위주로 하여 비능률적인 운영을 하고 있으나 이와 같은 방법으로는 도저히 증산을 기대할 수 없을 것이므로 금후 탄광시설 확충에 주력하고 있으며, 1954년 및 1955년도 대외원조사업에도 편입되어 추진 중에 있는 외에 가능한 한 소요자재의 알선, 융자의 알선 등 조성책을 강구하고자 한다.

石炭增産五個年計劃表（會計年度別）

年度別	國營炭礦	民營炭礦	拂下炭礦	新開發炭礦	計
四二八八年度	一、〇九二、〇〇〇噸	五〇〇、〇〇〇噸	二二、〇〇〇噸	｜噸	一、六一四、〇〇〇噸
四二八九年度	一、三六二、〇〇〇	六〇〇、〇〇〇	四四、〇〇〇	一一〇、〇〇〇	二、一一六、〇〇〇
四二九〇年度	一、七二〇、〇〇〇	七〇〇、〇〇〇	六六、〇〇〇	二九一、一〇〇	二、八二七、一〇〇
四二九一年度	二、一六〇、〇〇〇	一、〇二七、〇〇〇	八九、〇〇〇	三一〇、〇〇〇	三、五八六、〇〇〇
四二九二年度	二、六四〇、〇〇〇	一、二〇七、〇〇〇	一二六、〇〇〇	三六〇、〇〇〇	四、三三三、〇〇〇

■ 석탄증산 5개년계획표(회계연도별)

(ㄴ) 민영 탄광의 시추 조사

탄광을 개발하기 위해서는 그 전제조건으로 매장량과 품질을 확인하고 그를 토대로 하여 계획적인 생산을 하지 않으면 맹목적인 개발이 되여 막대한 자본과 노력을 허실하는 결과밖에 되지 못한다. 현재 민영 탄광의 대부분이 시추 조사함이 없고 또 개인의 미약한 자본으로는 시추 조사를 해가면서 탄광 운영을 함은 곤란한 실정이므로 국가 광업 정책상 중요 탄전지대의 민영 탄광에 대하여 연차적으로 시추 조사를 하고자 단기 4287년도에 국고보조로서 30,000,000원이 계상되어 4개 탄광에 대하여 조사를 완료한 바 있고, 단기 4288년도에 30,000,000원이 계상되어 시추 조사를 하고자 추진 중에 있다.

(ㄷ) 석탄의 소비 문제

끝으로 석탄 소비 문제에 대하여 언급하면, 국내에서는 유연탄이 생산되지 않으므로 철도용, 발전용 및 기타 특수공업 부문의 수요에 응하기 위하여 연간 약 100만 톤의 유연탄을 수입하고 있으나 이는 막대한 외화의 낭비가 되므로 연차적인 계획에 의하여 철도용, 발전용은 원칙적으로 무연탄으로 전환하고 특수공업용도 가능한 한 무연탄으로 전환하고자 계획 중이다. 또 각종 유류를 낭비하고 있으므로 이도 무연탄으로 전환하도록 단속할 계획인데, 생산을 증강하는 반면에 소비면도 적절히 규제하고자 한다.

4. 결론

이상과 같이 한국에서 광업이란 산업은 국가적으로 대단히 중요한 비중을 점하고 있고 기타 산업보다 선행되어야 하므로 적극 조성하여야 하나 이를 정상적으로 개발 운영하기 위해서는 해당 기업의 특수성에 비추어 소극적인 단순한 장려로써는 소기의 성과를 기대하기 곤란한 것이다. 그래서 진일보하여 국가에서 계획적으로 중요 자금, 자재를 알선하고 운영 자체에까지 참여하여 생산을 계속할 수 있는 환경을 조성해 주도록 하여야 할 것이다. 그러나 현재 우리나라의 국가재정 상태 또는 경제적 조건으로 많은 애로가 산재하여 있고 급진적인 보호 조장은 불가능하므로 긴급한 부문부터 중점적으로 조성책造成策을 강구해야 할 것으로 사료된다.

4290년도 상공정책의 전망

〈지방행정〉 6권 1호 (1957)

상공부 장관 김일환

1. 서론

우리나라 산업의 기초를 공고히 하고 균형 있는 경제발전을 도모하기 위하여 신년도에는 전기·석탄의 증산과 기간산업의 건설을 촉진하는 외에 물가안정과 고용확대를 위하여 기존 중소생산시설을 완전 가동케 하고 양의 증가와 질의 향상, 원가의 저하를 독려함으로써 국내 시장을 확보할 뿐만 아니라 일부 공산품에서는 광산물, 수산물과 더불어 국제시장에 진출하게 하여 최대한 외화를 획득하여 대외수지의 개선이 이루어지도록 매진하고자 하며, 이에 대한 구체적인 방책은 다음과 같다.

2. 전기·석탄과 기간산업에 대하여

현재 16만kw의 발전출력은 작년의 7만5천kw에 비하여 비약적인 출력을 보이고 있으나 명년도에는 수력 개발에 일층 박차를 가하여 괴산발전소의 준공과 화천발전소의 증설 공사로써 2만3천kw를 신규로 증가하고자 하며 기존 발전시설의 보수 및 송·배전의 손실 방지와 아울러 배전의 합리화를 꾀함으로써 전력 확보에 만전을 기할 것이다.

석탄에 있어서는 금년도 생산 계획량 150만 톤은 거의 완수하였으며, 명년도에는 200만 톤 목표를 달성하고자 하며, 탄질 향상을 위하여 선탄選炭시설의 확충을 기도하고 있는 외에 유류, 유연탄을 국산무연탄 사용으로 전환하는 시책을 계속 실시할 것이다.

위에서 말한 전기와 석탄의 계획 목표량은 능히 확보할 수 있으나 전기요금과 탄가가 일반물가에 비하여 저렴함으로 인하여 채산採算이 맞지 않아 기업체 운영에 막대한 지장이 있으므로 이 점에 대하여 특별한 관심과 협조가 있기를 바라마지 않는다.

기간산업에서는 최근 조업을 개시한 대한중공업공사를 위시하여 비료, 시멘트, 판유리, 화약 공장 건설이 순조로이 진행되고 있으며, 신년도에는 제2, 제3 비료공장, 제철제강공장, 석유정제공장, 가성조달苛性曹達공장 등이 건설계획을 추진함으로써 과거 수입에 전력으로 의존하였던 중요 물자를 국내 생산으로 조달하여 외화를 대폭적으로 절약하고자 한다.

3. 중소기업과 국내 상업에 대하여

우리나라 산업에서 중소기업이 점하는 비중은 대단히 크며, 물가안정과 고용수준 인상에 미치는 영향이 매우 크므로 신년도에는 기존 시설을 완전 가동하기 위하여 생산자금을 최대한 확보하고 이를 효율적으로 방출하는 외에 물품세를 합리적으로 조정함으로써 생산을 대폭 증강하고자 한다.

한편, 증산되는 국산품의 국내 시장 확보를 위하여 상업자금과 생산기업과의 연결을 피하는 동시에 우량품의 장려와 선전을 위하여 상표제의 독려, 각 도 상공장려관의 개관 촉진, 창고와 창하증권倉荷證券의 활용, 상품시장의 질서확립을 도모하고자 하며 판로 확대를 위하여 군수품 국내 조달은 물론 일부 공산품에 대하여는 적극적인 해외 진출을 촉진하겠다.

4. 광산, 수산과 교역, 해운에 대하여

우리나라 외화획득의 대종인 광산물에서 중석을 위시하여 금, 동, 흑연, 원자 광물 등 적극 개발이 요청되므로 생산능률과 원가저하를 도모하기 위하여 기계화를 촉진할 뿐만 아니라 유일한 제련시설인 장항제련소에 대하여 결손보상을 함으로써 원활한 운영을 기할 것이며, 양양과 삼화철산을 적극 개발하여 국내 제철사업의 수요에 대비하는 외에 잉여분을 수출할 계획이며, 종전에 국유와 광진鑛振 소유로 있었던 689개 광산을 조속히 불하하여 민유민영民有民營의 원칙을 확립하고자 한다.

수산물 어획에서도 명년도 30만 톤을 돌파하고자 하며, 수산물 가공시설의 개량, 증설을 추진하여 외화획득에 일조하고자 한다.

광산물, 수산물과 일부 공산품을 포함하여 수출5개년계획을 이미 책정하였으므로 본 계획의 원활한 진행을 위하여 우방국가와의 통상협정 체결, 수출업자에 대한 우대조치, 물가선도물자의 수입 조정, 동남아 지역에 민간시찰단 파견 등을 계획 및 추진 중에 있다.

교역량의 확대와 아울러 항만시설과 항로 표지시설을 조속히 복구하여 대형 선박이 자유롭게 기항할 수 있는 체제를 갖추는 동시에 노후선박을 신조선新造船 또는 도입선으로 대체함으로써 국내 항로는 물론 이와 외국 항로의 개척에 노력하겠다.

5. 결론

이상으로써 신년도에서의 상공행정 방향을 말씀드렸으나 요는 생산을 증강함으로써 국내 수요를 충족하고 물가안정에 기여하는 데 그칠 것이 아니라 품질 향상과 원가 저하를 꾀함으로써 해외 시장에서 경쟁할 수 있는 수출국가로의 전환을 목도目途로 제반시책을 강구·추진하고자 하며, 이에 대하여는 과학적인 자원 조사와 연구가 병행되어야 하므로 지질광물연구소, 중앙공업연구소, 중앙수산시험장, 중앙수산검사소, 특허국 등 각 기관에서 시설 확충과 능률 향상을 가일층 실시·독려하고자 한다.

특집_ 새해의 새로운 행정 구상

국영기업체의 민영화와 생산성 향상에 주력

〈지방행정〉 7권 1호 (1958)

상공부 장관 김일환

4290년(1957년)도에 있어서는 외원外援 당국의 협조를 얻어 관계기관과 국민 일반이 일치단결하여 생산 증강에 매진한 결과 생산 각 분야에 긍하여 좋은 성과(4289년 9월까지의 대비 전력 20%, 석탄 28%, 제조업 35%, 수산업 22% 증산)를 거두었다.

우리나라 자립경제의 토대를 더욱 공고히 하고 국제수지를 맞추기 위하여 신년도에는 전력, 석탄의 증산은 물론이고 기간공장의 신규건설을 촉진하고 기존 중소생산시설의 완전가동을 꾀하는 외에 광산물, 수산물과 일부 공산품을 해외시장에 진출하게 하여 외화를 획득하는 동시에 국내시장을 국산품으로써 충만케 할 뿐만 아니라 기업의 민영화와 경영합리화를 도모하며 기술자의 훈련과 기존 연구시설의 확충에 적극 노력할 것이며, 이에 대한 구체적인 방책은 다음과 같다.

1. 전력과 석탄의 증산에 대하여

4290년도의 발전출력은 평균 146,651kw이며 4289년도 평균 127,312kw에 비하여 15%의 출력 증가를 보았으나, 산업시설의 재건 확충과 지방수요 증가에 대비하기 위하여 신년도에는 수력발전소 건설을 목표로 충주, 여주, 2개 지점의 기술조사 실시에 병행하여 DLF로서 2천5백만 불에 의한 수력발전소 건설자금 확보를 추진하는 외에, 발전되는 전력을 보다 더 합리적으로 공급하기 위하여 현재 배전회사의 전력 평균 손모율損耗率 33.19%를 더욱 감소토록 조치할 것이며, 전력 사용 절약에서 일반 국민의 적극적인 협조가 있기를 바라마지 않는 바이다.

석탄에서는 4290년도에는 월평균 18만 7,187톤을 생산하고 있어 해방 후 최고 기록을 시현하고 있는바 신년도에는 연간 310만 7,000톤(월 평균 25만 9,000톤) 생산을 목표로 외원자금에 의하여 채탄시설의 확충, 탄전의 시추 조사, 선탄시설의 완성을 기하며, 국비로써 민영 탄광의 채광갱도시설을 확충하는 외에 유류와 유연탄 사용을 억제하여 무연탄으로 전환하는 방책을 강구할 것이다.

2. 기간공장의 건설 촉진과 중소기업 육성에 대하여

1) 외원자금으로 건설한 문경시멘트공장, 인천판초자(硝子, 유리)공장은 9월 말에 준공을 보아 가동, 생산 단계에 이르렀으며, 국비로 건설한 대한중공업공사의 평로平爐는 작년 말부터 가동하여 8월 말 현재 16,000톤의 강괴를 생산하였고, 동同 압연시설 공장은 11월을 기하여 기초공사에 착수하였으며, 삼화제철은 12월부터 선철 생산을 개시할 단계이며, 조선기계제작소의 디젤기관 제작시설과 인천 화약공장의 제2차 공사 「다이나마이트」 생산시설은 속속 입하 중에 있다.

충주비료공장은 10월 말 현재 40% 시공되었으며 나주비료공장 건설 계약 문제는 서독 회사간에 상당한 진척을 보아 신년도에는 상술한 각 기간공장의 건설 완료와 운영에 대비하여 필요한 조치를 할 뿐만 아니라, 외원에 의하여 건설될 것이 기대되고 있는 제2비료공장, 제철소, 인견사人絹絲공장 등의 건설계획을 촉진할 것이며, 정유공장의 보수건설을 외자도입으로써 추진할 것이다.

2) 생산 증강과 고용 확대에 절대적인 비중을 점하고 있는 중소기업에 대하여는 정부와 국회의 특별한 대책으로 4290년도 귀속재산특별회계기금과 외원자금에 의한 기금 방출로 인하여 재생의 기회를 얻게 되어 신년도에는 계속 동同 기금의 설정 확보와 효율적인 방출을 실시할 것이며, 나아가서는 중소기업의 육성에 긴요한 제도의 법제화를 도모할 것이다. 외원자금에 의한 중소기업시설의 도입 역시 우리나라 산업 구성에 좋은 성과를 이루고 있으므로 신년도에도 동同 시설의 도입을 적극 추진할 것이다.

3. 광산, 수산, 공예, 군납과 수출진흥

국제수지의 균형상, 외화획득은 초급한 과제인바 중석, 금, 동, 철광석, 원자 광물 등을 적극 개발하며 원가의 저하를 위하여 장항제련소의 제련비에 대하여 그 결손을 보상하여야 할 것이다.

수산물에 있어서 신년도에는 종래 등한시되었던 천해개발, 내수면內水面 개발사업을 추진하는 동시에 원양어업을 극력 장려함으로써 국내 소비에 충당할 뿐만 아니라 활선어, 염건어, 굴, 통조림 등의 형태로 수출액을 증가할 계획이다.

비누, 모포, 타이어, 자동차 부속품 등 군납품은 국제경쟁 입찰에 불구하고 4289년도 840만 불, 4290년도에 575만 7천 불의 실적을 올리는 외에 타이어, 모포 등은 동남아 지역에 대한 미군 원조물자로써 등장하게 되어 우리나라의 공산품이 국제수준에 달하였음을 선양하는 것이므로 신년도에는, 각종 공산품의 군납과 수출을 독려할 것이다.

우리나라 공예품의 판로 확장은 이미 뉴욕에 한국 공예품 직매장을 설치함으로써 해외에 선전된 바 있으므로 신년도에는 본 직매장의 운영을 강화하는 외에 소규모 제작시설을 외원자금으로 도입하여 공예품 생산의 기계화를 도모하며 국내에서 외국인에 대한 직매장으로 중앙상공장려관의 일부를 충당할 계획이다.

이와 같은 광산물, 수산물, 일부 공산품의 해외 시장 진출과 외화 획득을 위하여 국제박람회에의 적극 참가, 우방 국가와의 통상협정 체결, 시장 시찰단의 파견 등을 계획 중에 있다.

4. 항만시설 보수와 조선해운의 발전

항만시설의 완비와 조선사업의 진흥은 곧 수산업과 해운 발전의 기초이므로 하역능력을 증대하기 위하여 신년도에는 중요 항구 및 지방항의 방파제 물양장物揚場의 시설을 보수 개량하는 외에 중요 항구의 준설 작업을 실시할 것이다.

국내 선박의 대부분이 노후하여 항해 위험률이 증가일로인 실정에 비추어 노후선의 대체를 촉진하고 조선공사의 조선 시설을 조속 완료하여 선박 수리 및 건조선에 일층 박차를 가할 것이다.

5. 국내시장 질서의 확립과 상도덕 앙양昻揚

생산 증강에 수반하여 국내 시장에서의 외래품을 구축驅逐하고 국산품으로서의 대체를 촉진하기 위하여 생산면에서 품질 향상, 상표등록이 여행勵行되어야 함은 물론이며, 유통면에 있어서 가격 구성의 적정·정찰제의 실시, 점포 경영의 합리화, 정규 도량형기의 사용 등이 요청되므로 상공회의소, 백화점협회, 기타 상업단체를 통하여 그 실시를 독려할 것이며, 상업자금의 확보로써 생산기업과의 연결을 기도할 것이다.

6. 기술자 양성과 연구기관 확충

외원자금에 의하여 기간공장이 건설 중에 있으나 이를 담당하는 기술자의 양성이 긴급함에 따라 UN 기술원조 계획 또는 ICA 기술원조계획을 극력 활용하여 순차적인 계획을 수립하여 해외 파견을 실행할 것이며, 기술전시회를 속행하여 국민 일반에게 기술을 애호하는 정신을 양성할 것이다.

발명 및 기술에 관한 연구와 시험기관인 특허국, 중앙공업연구소, 중앙지질광물연구소의 시설을 개량 확충할 뿐만 아니라 일반에 공개, 소개함으로써 국민에게 활용하는 기회를 주도록 할 것이다.

7. 기업의 민영화와 생산성 향상

문경시멘트, 인천판초자(유리)공장은 이미 실수자實需者가 결정되었으며 조선공사, 해운공사는 이미 국회에서 통과되어 진행 중에 있으며 경전京電, 남전南電, 조선기계, 대한철광, 조일운수, 삼성광업 등의 민영화도 추진 중에 있으며, 기타 직할기업체도 가급적 민간자본을 동원, 투자하게 하여 국가 재정부담을 감소하며, 민간인의 창의로써 경영하도록 할 것이며, 국유광산, 귀속광산의 매각은 신년도 중에 완료할 것이다.

우리나라 기업에서 시설 및 기술 분야의 후진성은 주시하는 바이나 경영에서의 후진성 역시 면할 수가 없을 것이다. 기업의 수지성收支性과 기업 운영에 대한 진단력의 부족, 기업의 생산성에 대한 훈련의 미숙을 극복하기 위하여 국내 해당 연구기관의 육성에 진력할 것이며, 외국 제도의 연구와 소개에도 아울러 주력할 것이다.

김일환 국제관광공사 총재 인터뷰

〈세대〉 제8권 통권 81호 (1970.4)

대담_ 신영철(본지 주간)

의 · 식 · 주 · 행

웃는 얼굴에 티가 없다. 곱게 다듬어진 백발이 돋보인다. 누구하고도 쉽게 친숙해질 수 있을 것 같은 분위기를 가진 총재. 그러나 그는 몹시 일을 쫓고 또 일에 쫓기고 있었다. 아무튼 많이 움직이는 분인 듯했다. 김 총재 자신의 표현을 빌자면 일하는 것만이 취미라 한다. 그날 그날을 바삐 지내다 보면 일하는 것 외엔 뭣 하나 손대는 것이 없다 한다. 그래서 취미는 완전 무라는 답. 동석한 서명석 이사가 말을 보탠다.

"얼핏 보기에 관광이란 비행정적인 것 같지요. 하지만 이 일처럼 아주 행정적인 것이 없습니다. 미국에선 그런 성격이 대단히 두드러지고 있습니다만. 아무튼 이렇게 말할 수 있을 겁니다. 김 총재께선 바로 그것을 실천하고 계십니다만 관광이란 일이 5%라면 확인하는 것이 95%입니다. 그러니까 끊임없이 확인을 계속하는 성질의 일이라 할 수 있습니다. 일에 쫓길 수밖에요." 다음은 다시 빙그레 웃으면서 김 총재가 말한다.

"이제 관광은 인간생활에서 필요 불가결하게 됐습니다. 예전에는 사람이 산다는 기본요건으로 의식주의 세 가지를 들었습니다만. 지금은 다릅니다. 오늘날엔 거기에다 행行이란 것을 하나 더 보태야지요. 그게 바로 관광입니다." 행이란 곧 관광이며 그것은 오늘날 인간생활의 기본 요건화되었다는 말. 그럴듯한 말이다.

그러면 그 자신은 얼마나 관광을 즐기고 있는가. 서 이사의 말로는 총재 자신은 관광을 거의 못 즐긴다 한다. 총재는 너무 많이 움직이기 때문에 그렇다 한다. 또 일을 만들고 다시 그것을 확인하는 일에 쫓기다 보니 그렇다 한다.

"사실 그렇습니다. 직업의식이란 묘한 거지요. 외국엘 나가도 나는 자연보다도 인위적인 것에 더 관심을 쏟습니다. 가령 호텔 구조는 어떤가. 손님들에게 편리한 서비스를 위해 어떤 시설을 어떻게 움직이고 있는가. 이런 것들을 저녁에 아무도 없을 때 메모를 하곤 합니다. 정말 즐긴다는 게 뭔지를 모릅니다." 아마도 김 총재에겐 행(관광)한다는 게 썩 어울리지 않는 모양이다. 김 총재는 또 빙그레 했다.

관광 성장률 20%

한국 관광은 어느 지점까지 왔나. 총재의 풀이는 이렇다. 국제관광공사가 발족한 것이 1962년. 따라서 우리 관광은 엄밀한 의미에서 아직 유년기인 셈. 말하자면 유치원에서 국민학교 초학년 정도로 보아야 한다고 한다. 병이 걸리지 않도록 예방을 하여야 하며, 잘 자라도록 영양을 주는 등 조심스러운 성장이 필요한 때라 했다.

그는 한국 관광의 명암을 계속 다음과 같이 풀이한다. 다행히 우리는 65년에 관광중흥의 계기를 휘어잡을 수가 있었다. PATA(Pacific Asia Travel Association) 총회가 역사상 최초로 서울에서 개최되어 5백 명의 관광전문가들이 한국을 찾았고, 한국관광의 장래를 축복해 주었다. 뿐만 아니라 그 해는 한·일 국교가 정상화된 해이다. 그 때문에 우리는 65년에서 66년에 이르는 한 해 동안 관광성장률에서 103% 증가라는 놀라운 기록을 세울 수 있었다. 이 기록은 유엔연감에도 수록되어 있지만 단연 그것은 세계 제일이었다. 물론 절대 인원수에서는 65년에 우리나라를 찾은 관광객 수가 3만3천이요, 66년이 6만7천이었으니까 그렇게 대단스러울 건 없다. 하지만 그 성장률, 그 한 해의 의미만은 우리 관광사에 오래오래 기록될 것이다.

한편 68~69년의 성장률은 20%이었고, 관광객 수는 10만6천에서 12만6천으로 늘어났다. 이것도 세계의 평균증가율이 6.5%인 데 견주어 보면 상위국에 속하는 성장률이다. 이렇게 우리의 관광 성장률은 고무적이다.

다음 숫자를 보자. 아시아 지역에서 관광수입이 으뜸가는 곳은 홍콩이며, 다음은 일본, 자유중국, 태국, 한국, 필리핀, 월남의 순서다. 그런데 일본은 작년에 9천만 달러를 벌어들인 데 반해 해외 사용이 1억 천만 달러에 이르렀다. 즉 관광적자를 나타냈다. 물론 그 가운데는 방대한 해외선전비가 포함되어 있다.

그러나 우리의 경우는 3천4백만 달러를 벌어들였다. 해외사용분은 거의 없는 것이나 다름없다. 이렇게 본다면 우리의 관광은 그 나이에 비해 밝은 면을 많이 보여준다. 그리고 우리를 찾는 관광객의 40%는 미국인이며, 24%쯤이 일본인이다. 이렇게 보면 우리의 주된 관광시장은 미·일이라 할 수 있으며, 이러한 추세는 향후 10년간쯤 지속될 것으로 보인다.

하지만 문제는 아직도 산적되어 있다. 이것은 어두운 면이다. 한마디로 관광은 국력의 총화가 배경으로 된다. 첫째로 각 부면의 발전이 병행되고 있어야 관광은 견실하게 성장한다. 물론 호텔만 가지고 관광이 될 수는 없다. 예를 들면 바가지요금이 없어야 하며, 기생 팁이 합리화되어야 하며, 서비스가 개선되어야 하며, 식·음료가 고루 우수하게 갖추어져야 한다. 뿐만 아니라 도의道義, 정책, 국민의 평균수준 같은 모든 것이 관광과 직결된다. 다시 총재의 말이다.

"관광은 국력의 총화 위에 서는 겁니다. 총화 위에."

관광·산업·선전

"미국, 일본, 이탈리아, 프랑스 같은 나라에서는 관광은 오직 외화수입과 관련된 산업이면 됩니다. 그러나 우리는 다릅니다. 우리는 거기에다 첨가시킬 것이 있습니다. 우리는 우리 국력과 국가를 관광을 통해 소개·선전해야 합니다. 재작년에 이런 일이 있었지요. 세계 대학 총장회의가 서울에서 열렸을 때 미국의 어떤 총장은 한국에 호텔이 있느냐, 더운 물이 나오느냐 하는 것을 문의해 온 적이 있었습니다. 이 얼마나 답답한 일입니까. 아무튼 우리를 알린다는 데 오늘보다 더 중요한 때가 없을 겁니다."

국력의 총화를 위해서는 관광을 다시 총력으로 몰고 가자는 뜻인 듯했다. 한편 그는 일부의 인식 부족도 지적한다.

"생각해 보세요. 관광은 일반 수출산업 이상의 산업입니다. 올해 우리의 수출 목표가 10억 달러지요. 그런데 합판이면 합판 하나의 경우를 들어 봅시다. 합판은 1억 2천 달러가 수출됩니다마는 실질 가득액이 얼마나 됩니까. 거의 0에 가까울 겁니다. 그런데 관광 수입은 92%가 실질 가득액입니다. 금년에 우리는 5천1백만 달러의 관광 수입을 목표로 하고 있습니다. 얼마나 훌륭한 산업입니까. 이탈리아에선 12억 달러를 한 해에 벌어들입니다." 결국 총재의 논리는 훌륭한 산업은 훌륭한 정책이 뒷받침되어야 한다는 것이다. 그에 의하면 한국 관광의 주요 장애는 높은 관광요금(물가고 포함)이다. 그런데 정부는 관광업에 저리 융자의 혜택을 주고, 호텔 식음료에 면세조치를 하고, 가득외화 중 25% 이내에서 자유로운 물품 구매를 허가해 주는 등 몇 가지 조치를 강구 중에 있다. 이것이 모두 해결되면 한국 관광의 전망은 훨씬 밝다.

그리고 서울-부산 간 하이웨이의 개통은 또 다른 중요성을 갖는다 했다. 즉 그것은 산업도로이면서 관광도로이다. 그렇게 간주하여야 한다. 그렇게 되면 어떻게 되겠는가. 시모노세키에서 부산을 거쳐 서울로 찾아드는 일본의 마이카 관광객, 수학여행단 등이 급증하게 될 것이다. 그러니까 앞으론 고급호텔만 지을 것이 아니라 5달러, 10달러로 들 수 있는 저렴한 숙박시설도 마련해야 한다. 유스호스텔, 모텔 등의 건설 계획을 하루 빨리 입안하고 또 그 건설에 착수하여야 한다. 총재의 풀이는 계속된다.

"뿐만 아닙니다. 우리는 거의 모든 부면에서 세심한 신경을 써야 합니다. 첫째로 위생 문제입니다. 큰 호텔은 다릅니다만, 지방엘 가면 불평이 대단합니다. 그것도 국력의 총화와 관련됩니다만, 우선 지방과 중앙의 격차가 좁혀져야 할 것입니다. 서비스 면도 그렇지요. 서울의 몇 군데는 좋습니다. 그런데 지방은 그렇지 않습니다. 값은 같은데 말은 안 통하지, 시커먼 접시에다 서비스를 하지 않나, 말이 아닙니다. 그런데 사람들이 좋은 점은 어디 좀처럼 코멘트합니까. 그저 나쁜 점만 지적하지요. 그리고 한국 전체를 나쁘게 평하지요." 그 문제는 대단히 중요한 문제이다. 일본이나 미국 같으면 도시와 도시, 중앙과 지방의 시설이 비교적 평준화되어 있고 서비스 면에서도 별다른 격차가 없는데 우리네 사정은 좀 다르다. 역시 국력의 총화와 관련되는 만큼 하루아침에 시정될 수도 없다. 그러고 보면 총재의 걱정이 남의 걱정이 아니다.

"간판 문제도 그렇습니다. 한글 간판이 많아지고 보면 일본인이나 미국인이나 장님이 거리를 걷는 격이라 하지 않겠어요. 영어로 좀 표현해 주면 좋겠어요. 그리고 이런 문제도 있습니다. 음식 문제지요. 박 대통령께서도 교통부 장관에게 강력히 지시하셨습니다만 기생파티나 한정식집을 가보세요. 20가지 이상의 음식이 즐비하게 나옵니다. 외국인들도 한번쯤은 그 수효와 색조 같은 것에 놀라움을 나타낼 겁니다. 얼마나 불합리합니까. 그것을 다 먹기를 합니까 아니면 싸가기를 합니까. 제도를 바꾸어야 합니다. 그 밖에 팁 문제도 있지요. 외국에선 10%에서 15%의 팁이면 족합니다. 그런데 우리는 1천 원짜리 음식을 먹고 1천 원의 팁을 주고 나옵니다. 이게 뭡니까. 이것이 다 우리를 찾는 관광객들에게 심리적 압박을 주는 요인입니다."

새삼 관광은 어렵다 하는 것을 실감할 수밖에 없었다.

성격화와 계열화

관광자원이란 무엇인가. 하이웨이, 고층건물, 이런 것들은 한낱 수용조건에 불과하다. 참다운 자원은 문화재이다. 그것도 사찰, 도자기같이 일본이나 중국이나 그 밖에 어디서나 볼 수 있는 유형문화재가 아니라 무형문화재이다. 우리의 무용, 풍습, 생활양식이 모두 훌륭한 관광자원이다. 따라서 민속문화를 앞세워야 한다. 그렇게 볼 때 홈 비지트 프로그램이 중요한 의미를 지니게 된다. 그리고 민속공연이 중요시된다. 한편 관광대상의 하이라이트로는 동대문시장 같은 것이 된다. 그다음이 덕수궁이며 창덕궁이다. 김 총재의 관광자원론은 누구의 눈에도 종래의 그림엽서 방식을 완전히 벗어나 우리의 고유하고 토색적인 생활과 예술의 리듬에 착안하고 있는 것으로 비쳐진다. 매우 적극적인 개발의 태도이며 해석의 태도이다. 새로운 성격화의 노력이라 할까. 한편 그는 관광자원의 성격화와 함께 그 지역·대상의 계열화가 필요하다 했다.

"이런 말입니다. 제주도 같은 곳은 자연경관과 토색도土色度가 강한 민속적 관광지역으로 삼자는 겁니다. 지붕, 담, 해녀, 방목 모두가 토색을 진하게 풍기지 않습니까. 그리고 경주 같은 곳은 문화를 하이라이트로 하는 문화지역으로 삼고, 서울, 인천처럼 근대화·산업화된 곳은 상업관광도시로 삼으면 되지요. 물론 설악산 같은 곳은 완전히 자연경관 위주로 하고 수렵관광지역으로 충남이나 제주를 정해야 할 겁니다.”

즉 지역의 특수성을 살려 그것을 최대한도로 개발·활용하자는 말이었다.

“물론 이런 면도 참고되어야 할 것입니다. 우리나라에 고고를 추려고 오는 관광객이 얼마나 되겠습니까. 역시 초현대적인 것보다는 한국적인 것이 더 어필할 겁니다. 미니도 그렇지요. 그것은 한국의 것이 아닙니다. 한국의 것은 역시 모시 같은 의상입니다. 가령 기생파티가 왜 성합니까. 그것은 이른바 나이트클럽의 호스테스와 다른 점이 있으며, 일본의 게이샤와도 또 다른 점이 있기 때문이 아닐까요. 그러니까 우리의 매력을 다시 정리·조화시킬 필요가 있습니다.” 한국적인 것의 개발, 지역적인 특수성의 신장, 매력의 정리·조화 이런 것들이 모두 한국 관광을 성격 짓고 계열화시키는 일들이라는 총재의 견해였다.

미국이나 유럽에서 볼 수 없고 그들이 못 가진 것이 무엇인가. 가장 동양적이고 가장 한국적인 것이 무엇인가. 이 물음을 심리적 분위기와 관련시켜 놓고 볼 때 그것은 ‘친절’이라는 것이 총재의 또 다른 견해이다. 가장 인간적인 서비스, 이것을 우리의 장기로 삼아야 하겠다는 견해인 것이다.

“사실 미국 호텔 같은 곳에 가보면 서비스가 불충분하고 기계적입니다. 키 박스에서 키를 집어주는 데 5분도 걸리지 않습니까. 60노인이 일하고 있으니 그럴 수밖에요. 뉴욕 힐튼 호텔도 아침에 가보니 청소가 돼 있질 않아요. 이게 무슨 일이냐고 물었더니 청소부가 대답하는 말이, 근무는 9시부터라는 거예요. 만사가 그렇게 기계적이고 구석구석에 친절이 미치질 못합니다. 만약 그런 서비스를 우리 반도호텔이나 워커힐에서 했다면 신문에 나는 등 야단이 날 겁니다. 그러니 우리는 외국에서 볼 수 없는 헌신적인 서비스를 장기로 삼아야 한다는 말입니다.”

총재 자신도 시인하고 있지만 우리의 관광시설은 전반적으로 볼 때 외국의 10분의 1에도 미달하는 경우가 있다. 그러나 한국에서밖에 볼 수 없는 것이 무한한 친절이다. 일본인이 친절하다 하지만 그들의 친절도 멀지 않아 소멸될 전망 아래 있다. 그러므로 한국적인 서비스의 개발은 한국 관광 중흥의 생명선과 같은 것일지도 모른다. 그러나 관광업소 종업원들에게 헌신적인 봉사를 요구하려면 그에 앞서 해결되어야 할 과제가 있다. 그것은 자질을 향상시키는 일이며 수입을 증대시키는 일이다. 서 이사가 말한다.

“배가 고파서야 누구에게 절을 합니까. 또 집에 둔 가족의 호구糊口 걱정을 하는 터에 오퍼레이터가 어떻게 친절한 메시지를 남길 겁니까. 방법은 있습니다. 정부가 관광 업주에게 세제나 금리 면에서 혜택을 주고 그 대신 업주에게 높은 봉급 지급을 의무화시키는 겁니다.” 그리고 이 문제는 급증되는 전문요원의 확보 문제와도 직결되는 문제라 했다. 오늘 현재 우리의 관광호텔은 3천5백의 객실을 갖고 있다. 그것이 내년 말이면 6천5백으로 늘어난다. 그러니까 객실 하나에 1.5명이 필요한 기준으로 따진다면 내년 말까지 4천5백 명의 종업원이 필요하게 된다. 자질 향상의 문제, 수입 증대의 문제는 따라서 긴급한 문제가 아닐 수 없다는 말이었다.

EXPO'70의 의미

“올해는 기어이 한국 관광이 커다란 전환을 이룩해야 할 해입니다. 또 올해는 어떤 의미에서나 한국 관광에 고비가 되는 해입니다. 올해를 기점으로 하여 한국 관광은 명실공히 고도성장 과정으로 들어서야 합니다.” 말하자면 EXPO'70은 한국 관광 중흥에 역사적 의미를 갖는 것으로 판단하고 있는 듯했다. 아닌 게 아니라 지금 우리의 관광업계는 총력전을 벌이고 있다. 5만의 EXPO 손님을 맞을 태세이다. 그리하여 도쿄에 단 하나의 해외지사밖에 가지지 못하고 있는 관광공사는 해외 선전의 결정적인 공백을 일본의 국제관광진흥회 해외선전망으로 메우고 있다. 일본의 동 진흥회는 연간 10억 원의 예산으로 세계 16개소에 해외지사를 두고 자국 관광 선전에 임하고 있다. 이 망을 우리가 이용하게 되었다. 물론 우리의 노력도 노력이지만 일본은 한국을 한데 묶는 광역관광으로 보다 많은 관광객을 유치키 위한 한국 관광 선전에 협조하게 된 것이다.

그 밖에 국내적으로도 EXPO'70 준비는 면밀하게 짜여 있다. ① 간편한 출입국 절차 ② 저렴한 관광요금 ③ 편안하고 안전한 시설 ④ 친절·신속·정확한 봉사 ⑤ 흥미 있고 고유한 관광 대상. 이상과 같은 기본 방향의 시설에 따라 많은 문제들이 속속 해결돼 가고 있다. 관광호에도 영어와 일어를 구사하는 친절한 안내원들이 탄다. 호텔쯤 등급을 매기고 큰 호텔엔 외국인 조리사를 두도록 한다. 민속놀이, 경기, 무용 등을 정기공연한다. 승용차를 증차한다. 외국인 손님에 대해선 10%의 유흥 음식세를 면세한다. 업소에도 현행요금의 인하를 위해 보수, 증축, 기자재도입에 면세조치한다.

그야말로 고비를 맞은 한국 관광은 총력전을 벌이고 있는 느낌이다. 그러나 참다운 총력전은 관광 개발이 국토 개발과 동렬에 서고 문화 정책과 표리를 이룰 때 비로소 기해질 것으로 보인다. 김 총재가 ‘관광은 국력의 총화 위에 서는 겁니다. 총화 위에’ 하고 역설한 의미가 되살아난다. 그리고 유난스럽게 EXPO'70이 갖는 의미가 되살아난다. 한국 관광과 1970년. 총력전은 이미 개시되었고, 김 총재의 집념은 계속 불타오른다.

색인

인명 색인

ㄱ

ㅈ

ㅊ

ㅌ

ㅍ

ㅎ

인명 외 색인

김일환 회고록

The Memoirs of Kim Il-hwan

2014. 8. 15. 초판 발행
2015. 4. 10. 개정판 발행

지은이 김일환
펴낸이 정애주
국효숙 김기민 김의연 김준표 박세정 박혜민
송승호 염보미 오민택 오형탁 윤진숙 임승철
정한나 조주영 차길환 한미영

펴낸곳 주식회사 홍성사
등록번호 제1-449호 1977. 8. 1.
주소 (121-885) 서울시 마포구 양화진4길 3
전화 02) 333-5161
팩스 02) 333-5165
홈페이지 www.hsbooks.com
이메일 hsbooks@hsbooks.com
트위터 twitter.com/hongsungsa
페이스북 facebook.com/hongsungsa
양화진책방 02) 333-5163

• 잘못된 책은 바꿔 드립니다.
• 책값은 뒤표지에 있습니다.

ISBN 978-89-365-1039-8 (03300)

홍성사.